Historia de Persia

Una guía fascinante sobre el auge y la caída del Imperio persa y la vida de Ciro el Grande

Índice

PRIMERA PARTE: LOS PERSAS 1

INTRODUCCIÓN 2

PRIMERA SECCIÓN: PERSAS Y MEDOS 4

CAPÍTULO 1: LOS ORÍGENES DE LOS MEDOS Y LOS PERSAS 5

CAPÍTULO 2: DE DEYOCES A ASTIAGES: EL IMPERIO MEDO 12

SEGUNDA SECCIÓN: LOS PERSAS - AUGE Y APOGEO 19

CAPÍTULO 3: CIRO EL GRANDE 20

CAPÍTULO 4: CAMBISES II Y LA CAÍDA DE EGIPTO 27

CAPÍTULO 5: DARÍO I: MIRANDO HACIA OCCIDENTE 36

CAPÍTULO 6: JERJES I: EL IMPERIO PERSA EN SU APOGEO 44

CAPÍTULO 7: ARTAJERJES I Y LA REVUELTA EGIPCIA 51

CAPÍTULO 8: DARÍO II Y LA PARTICIPACIÓN PERSA EN LA
GUERRA DEL PELOPONESO 59

TERCERA SECCIÓN: LOS PERSAS - EL CAMINO HACIA EL
COLAPSO..67

CAPÍTULO 9: ARTAJERJES II: UN PERIODO TURBULENTO 68

CAPÍTULO 10: ARTAJERJES III: LA INESTABILIDAD CONTINÚA 77

CAPÍTULO 11: ARSÉS Y DARÍO III: LOS ÚLTIMOS REYES Y LA
DISOLUCIÓN DEL IMPERIO...84

CUARTA SECCIÓN: ARTE, RELIGIÓN Y CULTURA 93

CAPÍTULO 12: ARTE Y ARQUITECTURA......................................94

CAPÍTULO 13: RELIGIÓN 104

CAPÍTULO 14: EJÉRCITO..112

CAPÍTULO 15: LAS LENGUAS Y LA CUESTIÓN DE LA VERDAD.........119
CAPÍTULO 16: GOBIERNO DEL IMPERIO..126
CONCLUSIÓN...132
SEGUNDA PARTE: CIRO EL GRANDE...135
INTRODUCCIÓN..136
CAPÍTULO 1: LOS PERSAS ANTES DE CIRO...140
CAPÍTULO 2: VIDA TEMPRANA DE CIRO Y REFERENCIAS
MITOLÓGICAS..151
CAPÍTULO 3: LA CONQUISTA DEL IMPERIO MEDO...........................157
CAPÍTULO 4: LA CONQUISTA DEL IMPERIO LIDIO............................165
CAPÍTULO 5: LA CAÍDA DE BABILONIA...175
CAPÍTULO 6: EL GOBIERNO DEL IMPERIO...182
CAPÍTULO 7: TOLERANCIA RELIGIOSA...196
CAPÍTULO 8: EL CILINDRO DE CIRO..209
CAPÍTULO 9: MUERTE Y ENTIERRO...216
CAPÍTULO 10: EL LEGADO DE CIRO EL GRANDE..............................223
CONCLUSIÓN...228
VEA MÁS LIBROS ESCRITOS POR ENTHRALLING HISTORY..................232
BIBLIOGRAFÍA..233

Primera Parte: Los persas

Una apasionante guía de la historia de Persia y su imperio

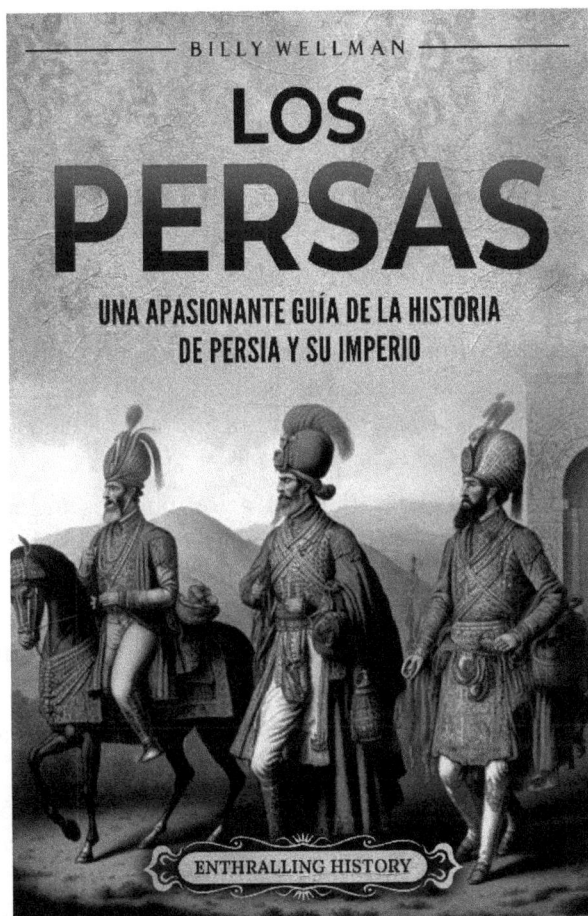

Introducción

Tradicionalmente conocida como Persia, la meseta iraní cuenta con una rica y antigua historia. Los testimonios escritos se remontan al Imperio asirio, que comenzó a finales del siglo X a. e. c. Sin embargo, la historia de la región se remonta mucho más atrás, a los desplazamientos de muchas tribus nómadas a la meseta iraní que establecieron imperios en esta tierra fértil y estratégica.

El propio término «Persia» designa a los pueblos indoeuropeos que emigraron a la región y crearon sus asentamientos bajo el dominio asirio y, más tarde, medo. Más tarde, esta civilización establecería su propia dinastía. El Imperio persa se refiere al reino que se extendió durante más de dos siglos y que, con razón, se considera el mayor imperio de la Antigüedad.

La historia de la meseta iraní se divide en tres fases, dada la extensa y rica sucesión de civilizaciones que albergó. El periodo prehistórico comprende los primeros indicios de civilización en la región, que se remontan a unos 100.000 años antes de Cristo. Le sigue el periodo protohistórico, que comenzó en el primer milenio a. e. c. El último periodo se basa en el dominio del Imperio aqueménida, del que existen numerosos registros escritos. Este imperio abarcó desde el siglo VI hasta el IV a. e. c.

Aunque la región albergó muchos imperios diferentes a lo largo de estos tres periodos, los imperios no existieron de forma aislada. En realidad, estos imperios coexistieron a menudo y se movieron a través de los anales de la historia en diversas capacidades, a veces como subyugados y más tarde como gobernantes. Como la región atrajo la migración de muchas tribus nómadas, llegó a poseer una historia rica e ilustre, que ha contribuido a la cultura, la religión y las lenguas actuales de la región.

La historia de Irán comienza con el Imperio asirio, que dominó Mesopotamia y los diversos grupos étnicos que la habitaban hasta su caída. A continuación, la historia sigue el ascenso de los medos, una tribu nómada aparentemente desprevenida que emigró a Irán y vivió en relativa paz hasta que un día se alzó para gobernar vastas tierras. El Imperio medo experimentó un ascenso meteórico, pero también cayó rápidamente para dar paso al mayor imperio de la historia antigua.

Este libro explica con detalle el ascenso del Imperio persa y cómo consiguió expandir sus dominios hasta abarcar gran parte de Asia y África. A pesar de lo notable de este logro, este libro también explora la caída de uno de los mayores imperios que han existido. Este texto analiza el impacto del Imperio persa en el paisaje sociocultural de Persia y su constante influencia en la actualidad. El Imperio persa sigue siendo recordado, mucho después de su desaparición, por su arte, religión, ejército, lengua y gobierno.

PRIMERA SECCIÓN: PERSAS Y MEDOS

Capítulo 1: Los orígenes de los medos y los persas

El comienzo de la Edad de Hierro en Irán estuvo marcado por un importante cambio cultural e histórico que se produjo en la región y que se experimentó mucho antes que en ningún otro lugar de Oriente Próximo. Aunque este cambio comenzó alrededor del año 1250 a. e. c., los artefactos de hierro no aparecieron en la meseta iraní hasta mucho más tarde, durante el siglo IX a. e. c. Dado que no existieron verdaderos registros escritos en la región hasta la llegada del Imperio asirio, gran parte del conocimiento histórico de Irán durante esta época procede de las excavaciones arqueológicas.

Uno de los movimientos culturales más notables en Irán durante esta época, como indican las referencias históricas indirectas encontradas entre las antiguas civilizaciones vecinas, fue la migración de los grupos étnicos medos y persas. Los medos y los persas se convirtieron en los dos grupos dominantes en Irán a mediados del siglo IX. Los medos ocuparon zonas más extensas y su importancia aumentó considerablemente.

El ascenso de los medos

Se cree que los grandes grupos de emigrantes que llegaron a Irán durante el II milenio son los antepasados de la mayoría de los iraníes actuales. Aunque en un principio se creyó que estos emigrantes eran arios, las pruebas arqueológicas recientes sugieren que los arios descendían de las tribus que emigraron originalmente a Irán desde el norte.

Alrededor del siglo VII a. e. c., el Imperio asirio trató de conquistar Irán desde el este hasta el oeste y encontró la mayor parte de Irán oriental ocupada por los medos hasta la actual Hamadán. En Irán occidental, los medos ocuparon regiones entremezcladas con pueblos indígenas no iraníes. Los medos ya se habían infiltrado en gran parte de la región oriental de los Zagros y avanzaban hacia el oeste, alcanzando en algunos puntos las fronteras de Mesopotamia.

El movimiento de los medos y otros pueblos iraníes puede rastrearse de este a oeste por el paso que proporciona la topografía montañosa natural de la región. La población local se resistió a la infiltración de esta nueva y creciente potencia, y a menudo contó con la ayuda de los asirios, los elamitas y los urartianos del noroeste de Irán. Estas potencias estaban dispuestas a ayudar a contener una amenaza creciente y a promover sus propios intereses.

Origen de los medos

Las escasas pruebas escritas y arqueológicas han suscitado algunas dudas sobre el verdadero origen de los medos. Se trata de un pueblo indoario que comenzó a desplazarse desde el extremo occidental de la meseta iraní. Una de sus primeras menciones figura en los registros asirios de Mesopotamia. Los medos fueron súbditos de los asirios hasta que el Imperio asirio fue derrocado por los medos en el siglo VII a. e. c.

A menudo se cree que Media fue el primer reino iranio, que acabó apoderándose de las diversas tribus que poblaban la región, unificándolas bajo un mismo estandarte. Gran parte de esta percepción del éxito de los medos se debe a su posición geográfica, ya que estaban situados cerca de Mesopotamia. Aparecían mencionados en los registros escritos de los mesopotámicos, mientras que otros reinos anteriores no. Esto sugiere que los medos pueden no haber sido el primer reino iranio, sino simplemente el primero que apareció en las crónicas de los imperios vecinos.

Mitología

Una versión sobre el origen del nombre Media afirma que procede del nombre de la hechicera Medea en la mitología griega. Es hija del rey Eetes de Cólquida y nieta del dios del Sol, Helios. Medea está dotada de visión profética y acepta ayudar a Jasón, el líder de los argonautas, a robar el vellocino de oro a su padre. A cambio, tiene que llevarse a Medea con él.

Medea se casa con Jasón, pero más tarde mata a sus dos hijos en un arrebato de ira para castigar a Jasón cuando lo descubre con otra mujer. Después huye a Atenas para empezar una nueva vida. Más tarde abandona Grecia tras fracasar en su intento de establecer a su hijo como rey de Atenas. Se dice que los medos tomaron su nombre de Medea, ya que depusieron a los asirios, al igual que Medea depuso al rey de Corinto, padre de la nueva esposa de Jasón.

Los persas

En el siglo X a. e. c., los persas, junto con los medos, habían emigrado a Persis, la actual Fars. La dinastía persa se remontaba hasta Aquémenes, aunque no hay constancia histórica de la existencia de tal personaje. La primera referencia a los persas aparece en los documentos asirios, donde se refieren a un pueblo que vivía en la región sumeria.

Los persas estaban formados por cinco tribus principales, la más importante de las cuales era Pasargada, de la que los aqueménidas eran un clan. Tras su entrada en Irán, en el I milenio a. e. c. los persas se habían establecido en el suroeste del país. Los persas fueron conquistados por los asirios y más tarde por los medos, que derrocaron a los primeros para establecer su propio reino. Pero bajo el gobierno de Ciro el Grande, los persas se rebelaron y derrocaron a los medos para establecer el Imperio aqueménida.

Origen de los persas

Muchos creen que los persas eran nómadas a caballo que se asentaron pacíficamente en Parsa durante unos quinientos años. Sin embargo, hay pocos datos sobre cómo llegaron a la meseta iraní. En cualquier caso, en el siglo VII a. e. c. ya se habían apoderado de Anshan, un territorio elamita, para establecer su dominio. Sus líderes pasaron a ser conocidos como reyes de Anshan, aunque siguieron siendo súbditos de los asirios y, más tarde, de los medos.

Los persas estuvieron involucrados en la caída final de Asiria. Tras el derrocamiento del Imperio neoasirio a finales del siglo VII a. e. c., el Imperio medo se concentró en torno a Media, una región de poder político e influencia cultural. Los persas permanecieron bajo la autoridad de los medos hasta su revuelta en 552 a. e. c. Después, los persas extendieron su reino por el resto de la meseta iraní, asimilando también a los pueblos indígenas no iranios: los elamitas y los mannai.

Base mitológica

Se cree que el nombre Persia tiene su origen en la mitología griega con Perseo, el fundador de la dinastía Perseida. La mitología lo describe como el héroe que mató a la gorgona Medusa y fundó la ciudad de Micenas. Se lo considera uno de los mayores héroes griegos.

Perseo era un semidiós nacido de Zeus, el dios del trueno. Se casó con Andrómeda, hija de Cefeo y Casiopea, soberanos de la mítica Etiopía. Sus descendientes gobernaron Micenas, la ciudad más poderosa del Peloponeso. Se cree que los persas conocían la historia, ya que uno de los reyes aqueménidas, Jerjes I, intentó aprovecharla para poner a Argos en contra de Grecia y contribuir así a la invasión persa de la región.

Los elamitas y los asirios: Precursores de los persas

Antes de los medos y los persas, Irán había acogido a otras dos grandes dinastías que moldearon su historia y su cultura. Primero fueron los elamitas, una civilización que abarcó miles de años, desde el tercer milenio hasta el siglo VI a. e. c. aproximadamente. Cuando la civilización elamita empezó a declinar, el Imperio asirio comenzó a crecer, tomando el poder alrededor del siglo X a. e. c.

La civilización elamita

La civilización elamita ocupaba las regiones de las actuales provincias iraníes de Ilam y Juzestán. Aunque los elamitas se referían a su tierra como Haltamti, la región aparece mencionada varias veces en la Biblia, refiriéndose tanto a una tierra como al nieto de Noé. Existe un gran debate sobre el origen de los elamitas, aunque la mayoría de los historiadores creen que eran originarios de la meseta iraní.

No se sabe mucho sobre la civilización, ya que su lengua no se compara con ninguna otra de la época y aún está por descifrar. La mayoría de las referencias a la región se encuentran en textos acadios, asirios y sumerios. En ocasiones, estos textos contradicen las pruebas arqueológicas, lo que limita la comprensión del verdadero alcance de la civilización elamita.

Más que una región unida, la civilización elamita estaba compuesta por pueblos repartidos por una región específica y gobernados bajo el liderazgo separado de varias ciudades. Entre ellas se encontraban Anshan, Awan, Susa y Simashki. Los historiadores dividen la civilización en cuatro periodos distintos:

- Período protoelamita
- Antiguo periodo elamita
- Periodo elamita medio
- Periodo neoelamita

Los artefactos y las pruebas arqueológicas sugieren que los elamitas desarrollaron amplias relaciones comerciales con el subcontinente indio, así como también con Mesopotamia y las regiones orientales. El imperio elamita fue establecido por Shutruk-Nakhunte y tomó forma durante el periodo elamita medio. El imperio se extendía por el oeste de Irán y gran parte de Mesopotamia.

La caída de los elamitas se produjo tras su alianza con los medos en la toma del Imperio neoasirio, que ayudó a establecer el Imperio medo. La civilización elamita no desapareció del todo hasta el surgimiento del Imperio sasánida en el siglo III de nuestra era. Hasta entonces, los elamitas siguieron existiendo bajo diversos imperios, aunque ya no eran gobernantes.

La civilización asiria

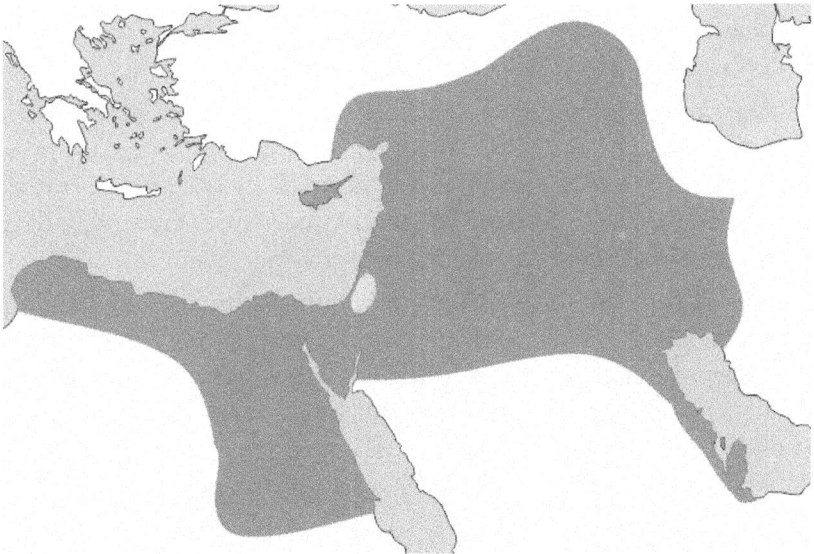

Imperio neoasirio

Puffoco, CC BY-SA 4.0 <https://creativecommons.org/licenses/by-sa/4.0>, vía Wikimedia Commons; https://commons.wikimedia.org/wiki/File:Neo_Assyrian_Empire_671_B.C.gif

El Imperio asirio ocupó regiones del actual norte de Irak, Asia Menor (actual sureste de Turquía) y partes de Egipto entre los siglos X y VII a. e. c. La civilización nació en la ciudad babilónica de Aššur, donde los mercaderes se hicieron ricos e influyentes gracias al comercio en la península de Anatolia. Se cree que el nombre deriva originalmente del dios mesopotámico del mismo nombre.

Dada la influencia del primer reino antiguo de Mesopotamia, los asirios hablaban y mantenían registros escritos en acadio hasta que adoptaron el arameo, originario de Siria. Siendo una de las mayores civilizaciones mesopotámicas, el Imperio asirio se caracteriza por un gran crecimiento económico y militar. El dominio asirio es dividido por los historiadores en tres periodos:

- El Imperio antiguo
- El Imperio medio
- El Imperio tardío o Imperio neoasirio

El Imperio antiguo comenzó con la ciudad de Aššur, que existía desde el III milenio a. e. c. y estaba ocupada por pueblos nómadas. La fecha de la formación oficial de la ciudad se asocia con la construcción del templo de Aššur por Erishum I hacia el 1900 a. e. c. Fue un importante centro comercial, especialmente el puerto de Kanesh, que resultó muy lucrativo para la ciudad. El puerto albergaba una gran actividad comercial, con mercaderes que establecían y gestionaban amplios negocios.

Con la riqueza obtenida a través de este comercio y las relaciones comerciales establecidas con Anatolia, Asiria pudo ganar poder e influencia. El comercio con Anatolia permitió a los asirios conocer el hierro y perfeccionar su trabajo, forjando armas como espadas, jabalinas y lanzas, lo que los ayudó a alcanzar la superioridad militar.

Durante el Imperio medio, Asiria cayó temporalmente bajo el dominio mitaniano. Los mitanianos se alzaron en torno al siglo XV a. e. c. Después de que el reino mitaniano fuera tomado por los hititas, el rey asirio Eriba-Adad I ganó influencia en la corte hitita. Los asirios vieron una oportunidad. Comenzaron a planear la expansión de su reino fuera de Aššur, a zonas anteriormente ocupadas por los mitanianos.

El rey asirio Adad-nirari I, que derrotó al rey vasallo Shattuara I de Mitani y amplió el control asirio, instauró una política de deportación para evitar futuros levantamientos. Se diseñó cuidadosamente para evitar un trato inhumano, pero su objetivo era expulsar a la población local de la región para sustituirla por asirios. Los deportados eran cuidadosamente asignados a una región específica en función de sus habilidades y de dónde serían más útiles. Nunca se separaba a las familias.

Este tipo de indulgencia no duró en el Imperio neoasirio. El imperio experimentó una expansión despiadada. Aunque los asirios utilizaban tácticas militares decisivas, sobre todo la guerra de asedio, no maltrataban a sus prisioneros. Todos eran tratados como ciudadanos, ya fueran asirios de nacimiento o adquiridos mediante conquista.

Los medos y los persas

Finalmente, los persas establecieron su imperio y desarrollaron una de las dinastías más influyentes y exitosas de Oriente Próximo. La conquista de los medos por los persas unió al pueblo iraní bajo un mismo gobierno. Antes de esto, los persas habían existido en grupos dispares, procedentes de diferentes regiones e imperios pasados y con estilos de vida nómadas.

Persas y medos habían existido de forma independiente, aunque sus movimientos en Irán se solaparon durante gran parte de la historia. Ambos pueblos trajeron a la meseta iraní sus propias culturas, tradiciones y lenguas, y ambos ejercieron una gran influencia en la región. Aunque faltan fuentes escritas anteriores al Imperio aqueménida, lo que dificulta trazar el verdadero alcance del Imperio medo, las pruebas disponibles sugieren que ambas civilizaciones contribuyeron a la cultura y el crecimiento de la meseta iraní. Sin embargo, el poder, la influencia y la identidad de los medos se disolvieron bajo el estandarte unificador de Persia.

Capítulo 2: De Deyoces a Astiages: El Imperio medo

El noreste de Irán, el actual Irak, así como el sur y este de Anatolia cayeron bajo el dominio del Imperio medo. La falta de registros recuperados ha hecho difícil descubrir mucho sobre el imperio, y lo poco que se sabe se basa en los registros de dinastías vecinas, como los mesopotámicos. Se cree que los medos hablaban una lengua muy parecida al persa antiguo. También se cree que practicaban el politeísmo, aunque con influencias zoroástricas.

A menudo se atribuye la creación del imperio a Deyoces, quien fue capaz de unir a varias tribus de la región en el siglo VII a. e. c. Además, se cree que fundó el Imperio medo. También se cree que fundó su capital, Ecbatana, que se convirtió en el centro del reino medo. Sin embargo, otros historiadores creen que fue su nieto, Ciáxares, quien reunió a las tribus medas y derrotó definitivamente a los asirios. Aunque el imperio acabó siendo derrocado por los persas, dejó un legado duradero que sigue siendo objeto de estudio y debate.

Resumen del Imperio medo

El primer milenio a. e. c. fue testigo del desplazamiento de pastores nómadas desde Asia central hasta la meseta iraní. Hablaban una lengua aria no especificada y se infiltraron en la parte norte a lo largo de los Zagros, asentándose entre los lugareños. El rey asirio Salmanasar III menciona por primera vez la existencia de este pueblo en su reino, aunque eran percibidos como forasteros hostiles.

En realidad, los medos existían en tribus dispersas, que se extendían desde el Zagros hasta el borde del monte Damavand. Como los consideraban enemigos, los jefes tribales asirios lanzaron ataques contra los medos y lograron someter a muchos de ellos. Sin embargo, no pudieron conquistar a todas las tribus medas, y los historiadores creen que esta serie de ataques asirios unió a las diferentes tribus medas y acabó provocando la caída de Asiria.

El estilo de vida nómada de los medos, que los llevó a la meseta iraní en primer lugar, cambió a residencia permanente por otra razón. La región ocupada por los medos ofrecía acceso directo a las rutas comerciales con Babilonia.

Dado que Media controlaba la ruta este-oeste, obtuvo muchos beneficios económicos. Los medos hicieron del comercio una de sus principales ocupaciones, junto con la agricultura, y empezaron a ganar influencia en la región. También propició el auge de Ecbatana como importante centro comercial.

En cuanto a la agricultura, los medos encontraron tierras inmensamente fértiles en la región de Zagros. Sus valles y llanuras eran conocidos por producir trébol de gran calidad. Las fructíferas tierras podían mantener una gran variedad de ganado vacuno, ovino, caprino y equino, así como grandes poblaciones. Los medos se encontraban en una región económicamente estratégica, lo que contribuyó a su posterior dominio del norte de Irán.

Las tribus medas

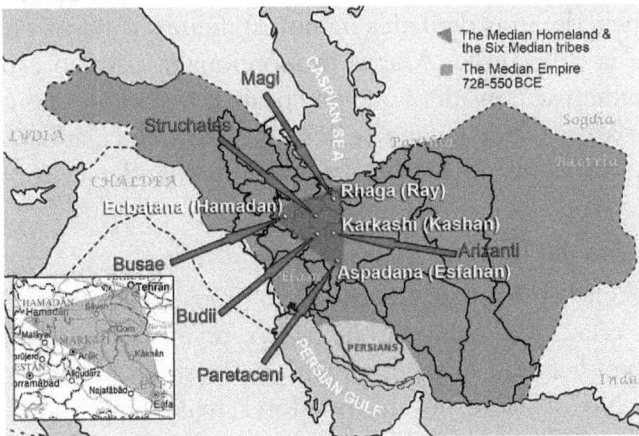

Media

Se cree que la civilización meda estaba formada por seis tribus, que más tarde se unificaron en una sola nación y fueron gobernadas por Deyoces. Las seis tribus residían en lo que se conocía como Media propiamente dicha, una región triangular comprendida entre Ecbatana, Aspadana y Rayy. Más allá de su ubicación geográfica, poco se sabe de las tribus, aparte de algunos datos básicos.

La tribu Busae se encontraba en la capital Ecbatana y sus alrededores, cerca de lo que hoy se conoce como Hamadan. La tribu Struchates también se encontraba en Ecbatana. La tribu Paretaceni se encontraba en Aspadana y sus alrededores, lo que hoy se conoce como Ispahán.

La tribu Arizanti vivía en la provincia de Kashan y en sus alrededores. La tribu de los magos residía en Rayy, la actual Teherán. De las seis tribus, solo se sabía que los magos formaban parte de una casta sagrada que velaba por las necesidades espirituales del pueblo.

Lengua y religión medas

Se cree que los medos hablaban una lengua persa antigua llamada meda. Sin embargo, no se han descubierto textos escritos en esta lengua. Algunos registros posteriores muestran ejemplos de literatura meda, así como descubrimientos que algunos creen que son cláusulas escritas en las que Deyoces basó su gobierno. Aunque no se ha descubierto la lengua meda propiamente dicha, se encuentran palabras de origen medo en lenguas persas antiguas.

En cuanto a su religión, los medos eran paganos. Sin embargo, el zoroastrismo, una religión henoteísta (un dios principal con la posibilidad de la existencia de otras deidades menores), tiene sus raíces en esta época. Se cree que la tribu de los Magos proporcionaba consejo espiritual a los medos. También se considera que practicaban tradiciones comunes con la religión zoroástrica, por lo que se los considera vinculados a ella. En el siglo VI, el zoroastrismo había empezado a extenderse por el oeste de Irán.

Auge y caída del Imperio medo

Se cree que el Imperio medo duró unos 130 años. Durante ese tiempo, se cree que gobernaron cuatro reyes. Sin embargo, existen pruebas contradictorias sobre la identidad de estos reyes y la duración de su reinado. No obstante, los historiadores han identificado y calculado que cada uno de los cuatro reyes y su periodo de gobierno fueron los siguientes:

- Deyoces, siglo VII a. e. c.
- Fraortes, mediados del siglo VII a. e. c. (22 años)
- Ciáxares, finales del siglo VII a. e. c. hasta principios del VI a. e. c. (40 años)
- Astiages, de principios del siglo VI a. e. c. a mediados del VI a. e. c. (35 años)

El gobierno de Deyoces

A Deyoces se le atribuye la unificación de los medos, pero sería más exacto decir que los medos se unieron y luego lo eligieron a él como líder. Era un juez de renombre y se lo consideraba justo e infalible. Cuando los medos empezaron a rebelarse contra las incursiones asirias, Deyoces aprovechó la oportunidad para intentar establecer un sistema de justicia en su propio pueblo.

Esta empresa pronto se extendió a otras aldeas medas, y a menudo se acudía a él para que ayudara a resolver problemas locales. Abrumado por la fama que había acumulado como juez y árbitro, dimitió. En respuesta, los medos decidieron nombrarlo rey, y gobernó durante aproximadamente 53 años.

Deyoces nombró guardias para su protección y se dispuso a construir la capital meda, que estaba rodeada por siete círculos concéntricos. Ecbatana debía ser el punto de unión de los medos dentro de Media propiamente dicha. Dentro de la ciudad, Deyoces también construyó un castillo fortificado, desde donde podía gestionar los asuntos del imperio. La ley y el orden de Deyoces incluían el nombramiento de «observadores» y «oyentes», algo similar al término «ojos y oídos del rey».

Al establecer su propio reino, Deyoces se convirtió en el primer rey medo en independizarse de los asirios. Sin embargo, sus actividades también llamaron la atención del rey asirio, Sargón II. Deyoces se convirtió en una amenaza más importante para Sargón cuando ofreció su lealtad al rey de Urartu, Rusa I, contra los mannai, aliados de Asiria. Su anterior participación en una fallida rebelión contra los mannai selló su destino. Sargón entró en Media, capturó a Deyoces y lo exilió a la actual Siria.

El legado de Deyoces: Fraortes

El segundo rey del Imperio medo ocupaba originalmente el cargo de jefe de la aldea de Kar Kashi. Durante su reinado, se cree que siguió librando guerras contra los asirios, aunque no logró derrocar a ese imperio. Fraortes estableció una alianza con los cimerios, una tribu nómada del este de Irán, contra los asirios.

Se cree que durante sus veintidós años de gobierno, Fraortes conquistó a los persas y a otras tribus asiáticas menores de la época. Sin embargo, poco se sabe en realidad de su gobierno debido a los relatos poco fiables y a las escasas pruebas. Sus sometimientos se produjeron bajo la dirección del Imperio asirio hasta que rompió la alianza temporal y entabló batalla contra ellos. Los asirios tomaron la ofensiva y Fraortes murió en el campo de batalla. Los asirios tomaron entonces las tierras que él había conquistado como parte de su propio imperio.

El legado continúa: Ciáxares

A Fraortes le sucedió su hijo Ciáxares hacia el año 625 a. e. c. Se alió con los babilonios y emprendió la lucha contra los asirios, sitiando su capital, Nínive, en la Alta Mesopotamia.

El asedio duró tres meses antes de que el ejército invasor pudiera romper las defensas de la ciudad. La ciudad cayó rápidamente, y fue incendiada y saqueada por los medos y los babilonios. El rey asirio, Sin-shar-ishkun, murió en la batalla, y Ashur-uballit II, posiblemente hijo de Sin-shar-ishkun, ocupó el trono.

Se cree que la caída de Nínive supuso un duro golpe para el Imperio asirio. Durante los tres años siguientes, el Imperio neoasirio luchó, pero finalmente cayó ante los medos y los babilonios. En las décadas siguientes, el Imperio asirio desapareció casi por completo.

Ciáxares fue un líder militar de éxito y lanzó campañas contra asirios y escitas. Se centró en la eficiencia militar, reorganizando el ejército en base a las designaciones de arqueros, lanceros y caballería. También instituyó uniformes distintos.

Durante sus cuarenta años de gobierno, sometió al reino de Mannai y a los urartianos, que vivían en la actual Armenia.

Tras la caída de Nínive y Nimrud, la alianza medo-babilónica se apoderó de las tierras asirias, que se repartieron entre los dos para gobernar. Los medos tomaron Harrán, que se convirtió en la capital asiria tras la caída de Nínive. Así pues, fue Ciáxares quien finalmente derrotó a los asirios y estableció el Imperio medo como una fuerza considerable.

La caída de los escitas

Los escitas eran un pueblo del este de Irán que emigró de Asia central a la estepa póntica. Su habilidad para la guerra a caballo les permitió dominar a los cimerios de la región y cruzar el Cáucaso. Esto llevó a los escitas a invadir Asia occidental con frecuencia. Tras invadir Oriente Próximo, se asentaron en la región de Mannai, en el noroeste de Irán.

Al principio, los escitas utilizaron sus habilidades marciales como mercenarios y tuvieron mucho éxito en Oriente Próximo y Asia Menor. Los escitas también dirigieron un ejército contra los asirios en Mannai a principios del siglo VII a. e. c., pero acabaron siendo derrotados.

Tras perder Mannai, los escitas lanzaron una serie de ataques contra los asirios, llegando hasta Egipto, que había estado bajo dominio asirio. El entonces rey de Egipto, Psamético I, sobornó a los invasores para que se retiraran a Siria. Al mismo tiempo, los asirios se enfrentaban a una crisis provocada por las guerras civiles y la campaña medobabilónica.

Los asirios forjaron una alianza con los escitas, que les ayudaron durante el asedio a Nínive. Esto condujo a una batalla entre medos y escitas, que se saldó con la derrota de los medos. Esta derrota llevó a Ciáxares a buscar venganza, e invitó a un gran número de escitas a un banquete. Allí se embriagaron y fueron asesinados por los medos.

El último rey de Media: Astiages

Astiages, hijo de Ciáxares, fue el último de los reyes medos. Antes de su muerte, Ciáxares había librado una guerra de cinco años con el reino lidio en Anatolia occidental. La batalla de Halys (también conocida como la batalla del Eclipse) puso fin a la guerra a favor de los medos justo antes de la sucesión de Astiages al trono. Como resultado, heredó un vasto imperio, que incluía muchas tierras asirias.

Los relatos existentes sobre el gobierno de Astiages ofrecen imágenes contradictorias: algunos lo describen como cruel y otros como un líder benévolo. Una creencia común, que muchos consideran un mito, es que Ciro el Grande era nieto de Astiages a través de su hija. Astiages intentó matar a Ciro cuando aún era un niño basándose en un sueño que indicaba su caída a manos de Ciro. Sin embargo, no hay pruebas sólidas que respalden esto.

Astiages fue derrotado a manos de Ciro el Grande, que dirigió una guerra contra él hacia mediados del siglo VI a. e. c. Los medos se defendieron y acabaron sitiando y saqueando Ecbatana. Los medos contraatacaron, lo que condujo al asedio y saqueo de Ecbatana. Astiages fue hecho prisionero y la caída de la capital del imperio marcó su fin. El otrora gran Imperio medo cayó bajo el dominio persa.

El legado del Imperio medo

El Imperio medo no duró mucho. Comparado con el Imperio persa que le siguió, el Imperio medo fue un parpadeo en la historia de Irán. Sin embargo, no se pueden subestimar las aportaciones del imperio a la historia, la cultura y la religión de la región. La caída del Imperio asirio a manos de los medos cambió el curso de Irán y allanó el camino para el siguiente gran imperio.

Los escasos testimonios escritos sobre el Imperio Medo dificultan la posibilidad de conocer con detalle los acontecimientos ocurridos durante su gobierno. Lo poco que se sabe sobre el imperio a partir de las pruebas arqueológicas recuperadas y los escritos de civilizaciones vecinas demuestra que la monarquía meda experimentó un gobierno exitoso. Su economía y su ejército prosperaron. Justo antes de su caída, había acumulado una gran extensión geográfica. Pero esta región cayó bajo el dominio persa.

SEGUNDA SECCIÓN:
LOS PERSAS - AUGE Y APOGEO

Capítulo 3: Ciro el Grande

La dinastía aqueménida fue uno de los imperios más poderosos del mundo. El éxito de Ciro II (más conocido como Ciro el Grande) se refleja en la expansión militar y geográfica del Imperio persa. El Imperio aqueménida creció hasta convertirse en el mayor de su época, extendiéndose desde Anatolia hasta el subcontinente indio y Asia central.

A Ciro el Grande también se le atribuye la introducción de muchas prácticas innovadoras en su reino. Aunque un mito popular cree que Ciro descendía de Astiages, como nieto destinado a derrocar el Imperio medo, fuentes históricas sugieren que descendía de Teispes, hijo de Aquémenes, a quien se atribuye la fundación del clan aqueménida.

El desarrollo del Imperio persa comenzó con las conquistas de Ciro el Grande. Aunque continuó creciendo y avanzando después de su gobierno, el liderazgo de Ciro creó los cimientos del mayor imperio del mundo antiguo.

Los primeros años de Ciro el Grande

Ciro el Grande

Ciro el Grande nació de Cambises I en el siglo VI a. e. c. Antes de él, su padre, su abuelo (Ciro I) y su bisabuelo (Teispes) ocuparon el trono de Anshan. Ciro se casaría más tarde con Casandana, hija de Farnaspes, que le dio dos hijos, Cambises II y Bardia, y tres hijas, Atosa, Artistona y Roxane. Tras la muerte de su esposa, Ciro declaró luto público, que duró seis días.

Aunque muchos eruditos creen que Ciro no estaba emparentado con Astiages, sigue siendo una creencia popular y merece la pena estudiarla. Según la leyenda, Astiages soñó que su nieto crecía para derrocar su reino y matarlo. Temeroso de que esto se hiciera realidad, ordenó el asesinato de su nieto, operación que finalmente fracasó. En lugar de matar a Ciro, el niño fue entregado a una familia de pastores.

Cuando Astiages descubrió que Ciro seguía vivo cuando el niño tenía diez años, decidió no matarlo. Ciro fue devuelto a su verdadera familia y, al parecer, pasó mucho tiempo en la corte de Astiages. Si damos crédito a la leyenda, el sueño de Astiages acabó haciéndose realidad, ya que Ciro creció y derrocó al Imperio medo. La verdad sobre la ascendencia de Ciro sigue siendo objeto de debate, y es probable que la historia de Astiages intentando matar a Ciro en su infancia no sea más que una leyenda.

El ascenso de Ciro II

Cuando Ciro se convirtió en rey de los aqueménidas a mediados del siglo VI, el trono era vasallo del rey medo Astiages. No está claro qué fue lo que provocó finalmente el conflicto entre los medos y los persas, que aún guardaban lealtad a los medos. En cualquier caso, Astiages envió un ejército, bajo el mando de su general Harpago, para atacar a Ciro.

Sin embargo, Harpago guardaba cierta enemistad con Astiages. En lugar de atacar a Ciro, lo animó a rebelarse. Desertó a favor de los persas, llevando consigo a la mitad del ejército bajo su mando. Se cree que la revuelta persa duró unos tres años. Terminó con la toma de la capital meda, Ecbatana.

La batalla de Hyrba

La batalla de Hyrba fue el primer enfrentamiento entre persas y medos. Fue durante esta batalla cuando Harpago se volvió contra Astiages. Según la leyenda, Harpago informó a Ciro de la batalla con antelación, dándole tiempo para prepararse.

Ciro habría escrito a su padre pidiéndole que preparara la caballería y la infantería. Llevó a estos hombres a Hyrba, donde destruyeron a los medos. Astiages se dio cuenta de que ya no se trataba de una revuelta, por lo que trató de invadir y destruir a los persas. Ciro había demostrado su valía y comenzó a expandir su imperio.

Batalla de la Frontera Persa

Tras la batalla de Hyrba, los persas se dirigieron a la frontera persa para protegerla de los medos. Astiages marchó a la frontera y se enfrentó a los persas en combate.

Esta batalla no fue tan intensa ni emocionante como la de Hyrba. Duró dos días y Cambises luchó junto a su hijo. Aunque los persas demostraron su valía, no fue una victoria muy convincente. Aun así, estaba claro que los medos estaban en desventaja.

No está claro cuántas batallas libraron los medos y los persas, aunque se cree que la lucha duró tres años. Al final, Ciro salió victorioso al capturar la capital, Ecbatana. También capturó a Astiages y lo llevó de vuelta a su patria en Persia, donde permaneció hasta su muerte. Tras esta victoria, Ciro construyó la ciudad de Pasargada, que serviría de capital. La ciudad constaba de varios edificios monumentales, dos palacios y las tumbas de Ciro y Cambises II.

Principales conquistas de Ciro el Grande

Además de los medos, Ciro logró conquistar otros dos grandes imperios: el reino anatolio de Lidia y el imperio babilónico de Mesopotamia. Bajo el gobierno de Ciro, los reinos de Oriente Próximo se unieron en una sola nación, creando el mayor imperio de su época. Su hijo, Cambises II, pudo adquirir más tarde regiones del noreste de África.

La habilidad y eficacia con que Ciro expandió su reino hablan de su capacidad como gobernante y líder militar. Sentó las bases de un imperio que duró más de dos siglos.

Conquista de Lidia

Antes de la ascensión de los medos, Lidia había sido aliada de los asirios. Durante la campaña meda contra Asiria, los medos forjaron una alianza con los cimerios. El reino lidio había sufrido constantes invasiones cimerias, por lo que la alianza entre medos y cimerios no ayudó en nada, y las dos naciones siguieron en guerra durante el dominio medo. Cuando los persas conquistaron a los medos, los lidios se fijaron en la potencia emergente. Su rey, Creso, dudaba de la llegada de Ciro al poder.

Siguiendo un mensaje divino del oráculo griego de Delfos, Creso decidió liderar una campaña contra los persas. A mediados del siglo VI, lanzó un ataque sorpresa contra los persas a través del río Halis, creyendo que estaba destinado a destruir el imperio en ascenso. La batalla de Pteria no tuvo un resultado concluyente y el ejército lidio se retiró hacia su patria.

En un movimiento estratégico, Ciro persiguió a los lidios con la esperanza de lanzar un ataque sorpresa en su capital, Sardes. Los dos ejércitos se encontraron en Timbrea. Aunque los lidios estaban desprevenidos, superaban ampliamente en número a los persas. La batalla de Timbrea fue el último enfrentamiento entre persas y lidios. Ante la desventaja numérica, Ciro recurrió a la táctica. Durante la batalla, los persas colocaron en primera línea sus camellos de equipaje, montados por soldados de caballería. El hedor de los camellos repelió a los caballos lidios, desbaratando su ataque.

Los persas lucharon y sitiaron durante catorce días Sardes, donde los lidios se habían retirado. La ciudad cayó y los persas conquistaron Lidia, poniendo fin a más de seis siglos de independencia.

En lugar de destruir la nación recién conquistada, Ciro mantuvo su actitud tolerante. Permitió que continuaran las culturas, leyes, religiones y tradiciones locales y admitió a Creso en la corte de Ciro. La actitud tolerante de Ciro ayudó al gobernante persa a ganarse la lealtad del pueblo lidio.

La caída de Babilonia

La caída de Babilonia está marcada por la batalla de Opis, que tuvo lugar alrededor del año 539 a. e. c. No se sabe mucho sobre los acontecimientos específicos de la batalla, que fue el encuentro final entre persas y babilonios. Las fuentes escritas sobre este enfrentamiento final hablan de Ciro luchando contra el ejército de Acad, que se refiere al Imperio babilónico. Pero no se sabe quién dirigía el ejército y parece que nunca ha quedado constancia de ello. Sin embargo, la creencia popular es que el hijo del rey babilonio Nabonido, Baltasar, dirigió el asalto final contra los persas.

Poco se sabe del ejército babilonio o de sus capacidades militares. Sin embargo, se cree que los babilonios sufrieron una derrota rápida y repentina. Es posible que los babilonios no estuvieran preparados para la embestida de los persas.

Babilonia ya estaba sufriendo en la esfera geopolítica en la época de la batalla de Opis. Estaba rodeada por los persas tanto al este como al oeste y por los fenicios al norte, lo que la hacía más vulnerable a los ataques y corría el riesgo de quedar atrapada. Los graves problemas sociales y económicos del Imperio babilónico ya se habían enraizado y estaban causando estragos. La región sufría plagas y hambrunas, y el enfoque religioso poco ortodoxo de su rey ya había puesto a los babilonios en su contra. Ciro utilizó este malestar y agitación en la región en su beneficio. Se cree que Ciro llegó a un acuerdo con un gobernador provincial babilonio para que desertara y se pasara a los persas, lo que puso la región de Guti bajo el control de Ciro. Guti era una frontera de importancia estratégica que permitía una fuerte ofensiva persa.

La batalla se saldó con una decisiva derrota babilónica. Tras su victoria, los persas saquearon la ciudad. Algunas fuentes históricas sugieren que se llevaron a cabo masacres contra los babilonios; sin embargo, la base y la exactitud de tal creencia no están confirmadas.

Poco después, se dice que la ciudad babilónica de Sippar se rindió a los persas, que marcharon sobre Babilonia sin oponer más resistencia. Babilonia era la última gran potencia de Asia occidental que aún no estaba bajo dominio persa. Más tarde, Ciro el Grande fue declarado rey de Babilonia, poniendo fin a su independencia.

En 530 a. e. c., Ciro el Grande dirigió una campaña en Asia central contra los masagetas. Fue asesinado, aunque las fuentes difieren en cómo. La mayoría cree que murió mientras luchaba, aunque algunos creen que fue asesinado por Tomiris, la reina de los masagetas.

Independientemente de cómo muriera, Ciro dejó un vasto y próspero imperio a su hijo Cambises II, aunque su gobierno duró poco y tuvo menos éxito que el de su padre.

El legado persa: Ciro el Grande

Ciro el Grande es recordado como un líder con muchos logros, el mayor de los cuales es el imperio que amasó en un lapso de solo treinta años. Se apoderó de tres grandes dinastías y las unificó bajo el imperio persa. Durante ese tiempo, también se labró una reputación de gobernante benévolo y justo, de la que aún hoy se citan ejemplos.

El crecimiento del Imperio persa no tuvo precedentes y llevó la cultura persa a la esfera mundial. El auge y la difusión de la literatura, la filosofía y la religión persas se vieron impulsados por el crecimiento del imperio y la expansión geográfica de su población. Los logros de Ciro forman una parte muy notable de la historia antigua que sigue teniendo un gran impacto en los tiempos modernos.

Como gobernante, Ciro el Grande fue conocido por muchos títulos, como «el Grande», «el Anciano», el «rey de reyes» y el «rey de los cuatro rincones de la Tierra», todos los cuales hablan de su carácter como gobernante y conquistador. Era conocido por su excepcional tolerancia hacia los diferentes pueblos, ya que permitía la práctica de las religiones y culturas locales en cualquier tierra que conquistara. Su sistema de gobierno honraba la libertad, la independencia y los derechos civiles, rechazando cualquier idea de que los gobernantes de su época tuvieran que adoptar un enfoque vicioso y autocrático. La aptitud militar de Ciro queda ejemplificada por el tamaño de su imperio, que se extendía desde el mar Mediterráneo hasta el río Indo.

El Imperio persa llegó a construir la mayor red de carreteras de su época. Con el Camino Real, los persas pudieron establecer conexiones comerciales por todo Oriente Próximo. Esta red de carreteras, combinada con el legado de diplomacia y tolerancia que dejó Ciro el Grande, marcó el éxito del imperio.

Ciro el Grande también aparece en la Biblia. Aparece como un libertador, como el Mesías que liberó a los judíos del cautiverio babilónico.

No hace falta decir que la influencia de Ciro el Grande puede apreciarse en su estilo de liderazgo y en el éxito del imperio que construyó.

Capítulo 4: Cambises II y la caída de Egipto

Tras la muerte de Ciro II en 530 a. e. c., su hijo asumió el trono. Cambises II heredó lo que era, en aquel momento, el mayor imperio que jamás había existido. Aun así, siguió los pasos de su padre y llevó a cabo campañas para expandir el imperio. Aunque muchas de sus cruzadas tuvieron éxito, Cambises II no poseía la habilidad de su padre para la estrategia y la planificación, por lo que acabó perdiendo algunas tierras conquistadas anteriormente.

Antes de la muerte de su padre, Cambises II ya había asumido muchas funciones reales. Se sabe que durante las fiestas de Año Nuevo actuaba como rey en lugar de su padre. Cambises fue responsable en gran medida de la gestión de los asuntos babilonios y fue nombrado regente mientras Ciro hacía campaña en el este. Sirvió oficialmente como virrey de Babilonia hasta su ascensión al trono.

Cambises II

Cambises II

Cambises II era el primogénito de Ciro y Casandana, lo que lo convertía en heredero al trono. Los informes históricos sugieren que Cambises tenía un hermano menor, Bardia (también conocido como Esmerdis), con quien tuvo una rivalidad cuando Cambises se convirtió en rey. Esta misma rivalidad habría provocado la muerte del segundo rey de la dinastía aqueménida.

Tras la conquista de Babilonia, Cambises fue nombrado príncipe heredero de la región y más tarde actuó como virrey. El Cilindro de Ciro, que es una importante prueba que habla de aspectos del gobierno de Ciro, también menciona que Cambises fue bendecido por Marduk, el dios patrón de Babilonia. Debido a la temprana implicación de Cambises en los asuntos babilónicos, a menudo se lo denominaba rey de Babilonia mucho antes de que realmente ostentara el título.

Los registros históricos difieren sobre el matrimonio de Cambises. Algunos sugieren que se casó con Fedimia, hija de Otanes, de quien se cree que era hermano de Casandana. Otras fuentes sugieren que pudo haberse casado con sus dos hermanas de sangre, Atosa y Roxana. Este tipo de relaciones incestuosas eran parte aceptada del zoroastrismo, por lo que es posible que esto ocurriera. Sin embargo, no hay pruebas definitivas de que existiera tales matrimonios.

También existen algunos informes de que Cambises II era un «rey loco». En su mayoría proceden de los relatos de Heródoto, un historiador griego que registró las guerras greco-persas con gran detalle. Aunque Heródoto ofrecía muchos ejemplos que creía que indicaban la locura de Cambises —como su supuesto matrimonio con sus hermanas—, hay pocas pruebas que lo respalden. Se cree que tales opiniones son producto de la tradición oral transmitida entre los egipcios. En cualquier caso, se cree que Cambises tuvo bastantes problemas durante su gobierno como rey del Imperio aqueménida.

Persia bajo Cambises II

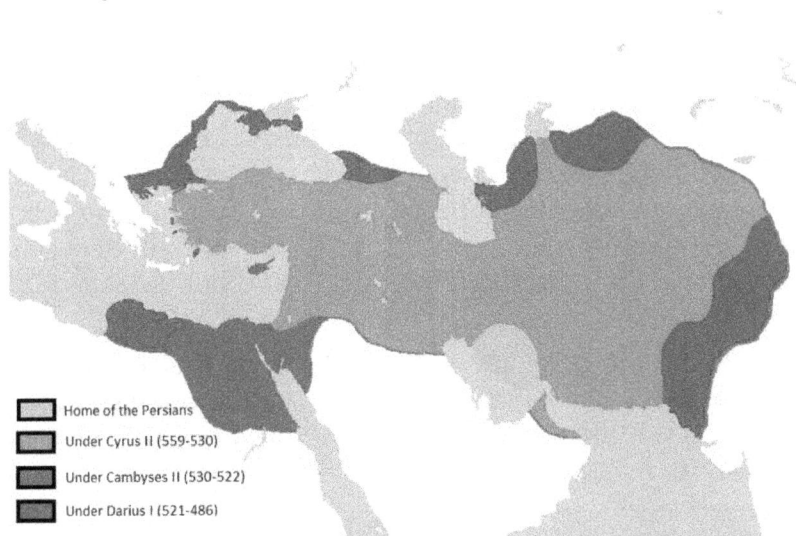

Home of the Persians
Under Cyrus II (559-530)
Under Cambyses II (530-522)
Under Darius I (521-486)

El Imperio persa

Javierfv1212, CC BY-SA 3.0 <https://creativecommons.org/licenses/by-sa/3.0>, vía Wikimedia Commons; https://commons.wikimedia.org/wiki/File:Achaemenid_empire_map_expansion.png

Como Ciro ya había nombrado regente a su hijo mayor antes de su muerte, Cambises pudo hacerse con el trono persa sin problemas. Más concretamente, Cambises recibió el título de rey de Babilonia y rey de las tierras, y desempeñó estas funciones en nombre de su padre hasta la muerte de Ciro. No hay mucho que contar de los primeros años de gobierno de Cambises, ya que fueron bastante tranquilos. Una breve hambruna de dos años en Babilonia en ese período suscitó algunas preocupaciones. Muchos creían que era un indicio de la desaprobación del dios hacia el nuevo rey.

El primer acontecimiento destacable en el que participó Cambises como rey regente fue su investidura como rey de Babilonia durante la ceremonia del Año Nuevo. Esta celebración significaba la aprobación divina del nuevo rey y era una tradición importante en la cultura babilónica. Dado que Ciro había creado una reputación de tolerancia religiosa y aceptación dentro de su imperio, la participación de Cambises era crucial. Sin embargo, poco se sabe sobre los detalles exactos de los rituales y costumbres de la ceremonia.

Lo poco que se sabe se basa en gran medida en el relato de Heródoto e indica la desaprobación del pueblo hacia el nuevo rey. Al parecer, Cambises se presentó a la ceremonia con la vestimenta equivocada y rodeado de guardias armados. La tradición babilónica prohibía la presencia de armas durante la procesión y se cree que se ganó el disgusto de los sacerdotes presentes en la ceremonia.

Finalmente, Cambises abandonó sus funciones de gobernante en Babilonia. No está claro cuáles fueron los motivos de la dimisión, pero muchos creen que los acontecimientos de la celebración del Año Nuevo pudieron haber contribuido, al menos en parte. También pudo deberse a sus otros compromisos como rey de Persia. Cualquiera que fuera la razón, este movimiento dio lugar a especulaciones sobre la capacidad de Cambises para ejercer como rey del Imperio aqueménida.

Si tuvo éxito o no como rey es una cuestión de perspectiva. Su logro más notable fue la conquista de Egipto, una campaña que había sido planeada por Ciro. Sin embargo, el gobierno de Cambises sobre Egipto está rodeado de controversia y afirmaciones de que no era apto para el cargo.

La conquista de Egipto

Dado que la conquista de Egipto había sido planeada por Ciro el Grande, es probable que se hubiera aventurado en África tras su fallida campaña contra los masagetas. Dado que Ciro murió en batalla allí, Cambises emprendió la que sería la conquista más importante y significativa de su reinado. Egipto fue conquistado en el año 525 a. e. c., cinco años después de que Cambises se convirtiera en rey.

El ataque a Egipto no fue una sorpresa, y los egipcios estaban preparados para hacer frente al ejército persa. Los egipcios habían forjado una alianza con los samios de la isla griega de Samos, que podían proporcionar apoyo naval. Esto habría ayudado a lanzar un ataque a lo largo de la ruta que debían tomar para llegar a Egipto. También contaron con la ayuda de mercenarios de Grecia y Caria.

El caso de Egipto

La derrota de Egipto a manos de los persas fue el resultado de un movimiento estratégico y eficaz de Cambises II. Un aspecto especialmente venerado de la antigua cultura egipcia era el culto a los gatos. Se los asociaba con la diosa Bastet, que a menudo aparece en el arte egipcio como una mujer que posee la cabeza de un gato.

Bastet era venerada como la diosa de la domesticidad, el parto, la fertilidad y los gatos. Protegía a los hogares de las enfermedades y los espíritus malignos, sobre todo los que podían afectar a los niños y las mujeres de la casa. Como diosa venerada, ofenderla suponía un severo castigo.

Hacer daño a los gatos era una de las formas en que se podía ofender a la diosa Bastet. Los gatos eran sagrados para los antiguos egipcios, por lo que herir a uno era una ofensa punible. Matar a un gato conllevaba la pena de muerte para el infractor. Y la derrota de Egipto a manos de los persas se debió a su gran estima por los gatos. Cambises II conocía el papel que desempeñaban los gatos en su cultura y lo utilizó a su favor para conquistar Egipto.

La batalla de Pelusio

Los relatos históricos sobre lo que ocurrió antes de la conquista de Egipto sugieren que el faraón Amosis II de Egipto ofendió a Cambises II, lo que condujo a la guerra. Sin embargo, se cree que Cambises ya se había estado preparando para una campaña, ya que era algo que su padre había planeado hacer antes de fallecer. Al parecer, el rey persa había pedido la mano de la hija de Amosis en matrimonio. En lugar de negarse, Amosis habría enviado a Persia a la hija de su predecesor. Nitetis, la hija enviada, también se sintió ofendida, ya que iba en contra de la costumbre egipcia regalar mujeres a gobernantes extranjeros. Fue adornada con ropas y oro y presentada a Cambises como hija de Amosis.

Cuando Cambises descubrió el engaño, acusó a Amosis de enviarle la esposa equivocada y trató de vengarse por el insulto. Se hicieron preparativos para lanzar un asalto persa. Sin embargo, aunque muchas fuentes sugieren que Amosis había hecho algo para ganarse la ira del rey persa, no todas apoyan la historia de una esposa falsa.

Fuera cual fuese el motivo, parece que el ataque de Persia a Egipto era inevitable. El Imperio persa había experimentado un rápido crecimiento bajo el liderazgo de Ciro, y este tenía la región en el punto de mira antes de su muerte. La conquista asiria de Egipto también dejó la impresión de que Egipto era una tierra que se podía adquirir fácilmente. Egipto había estado mal equipado para hacer frente al asalto asirio, por lo que no parecía probable que pudiera hacerlo mejor contra las fuerzas superiores de Persia.

Cuando los dos ejércitos se encontraron en Pelusio, los egipcios fueron capaces de resistir el ataque. La ayuda de Grecia fue sin duda de gran ayuda, ya que la fuerza aliada pudo impedir que los persas avanzaran más. Pero Cambises utilizó su conocimiento de la religión egipcia para asegurar su victoria. Ordenó pintar la imagen de Bastet en los escudos de sus soldados e hizo que gatos, perros, ovejas y otros animales sagrados para los egipcios guiaran al ejército en la batalla.

Esto obligó a los egipcios a deponer las armas, ya que no querían disparar ni a la imagen de su diosa ni arriesgarse a dañar a los animales. Los que no se rindieron huyeron a refugiarse en Menfis. Los persas mataron a muchos en el campo de batalla de Pelusio aquel día y persiguieron a los demás, cayendo Menfis tras un asedio relativamente corto. De este modo, Egipto quedó bajo dominio persa. Psamético III, el hijo del faraón, había liderado la carga. Fue hecho prisionero, pero al parecer se lo trató bien hasta que intentó rebelarse contra los persas.

La conquista de Libia

La conquista persa de Libia fue más una cuestión de alianza. El rey de Cirene, una ciudad del este de Libia, probablemente no quería entrar en guerra con una fuerza como el ejército persa, y forjó una alianza con los persas tras su conquista de Egipto. Cuando el rey fue asesinado durante los disturbios en la región, la reina de Cirene, Feretima, extendió una invitación a los persas para que entraran en la región, con la intención de evitar más luchas y hostilidades. La expedición persa a Libia duró cerca de un año, y el resultado fue la conquista de Libia.

Los persas lograron infiltrarse hasta la actual Bengasi. Se instaló un rey leal a los persas y Cirenaica se convirtió en una región libia bajo control persa. Así permaneció hasta la rebelión egipcia y la derrota de la dinastía aqueménida por Alejandro Magno.

Los libios de Cirene y Barca, en el noreste de Libia, no se resistieron a la entrada persa; de hecho, aceptaron de buen grado la autoridad de Cambises. También le enviaron ofrendas como muestra de sumisión y aceptación de su gobierno. Para devolver el favor, Cambises envió a la viuda del faraón egipcio a Cirene.

Según otros relatos históricos, Cambises fracasó en sus campañas en Amón, al este del río Jordán, y Etiopía. Algunas fuentes sugieren que el motivo de la derrota fue la incapacidad de Cambises para dirigir a sus hombres. Según los relatos de Heródoto, Cambises ordenó a sus hombres marchar a Etiopía sin provisiones suficientes. Sin embargo, este relato no está respaldado por ninguna otra prueba, y parece más probable que los desafíos de la campaña, incluida la larga distancia, pudieran haber provocado la retirada de Cambises.

El ejército perdido

La leyenda del ejército perdido es uno de los grandes enigmas que rodean a Cambises II. Los relatos históricos narran un ejército de unos cincuenta mil hombres que marchó a Amón para atacar al oráculo que no legitimaba el gobierno de Cambises en Egipto. Se dice que este ejército llegó por última vez a la «Isla de los Bienaventurados», aunque no se sabe dónde se encontraba. El siguiente informe habla de una tormenta de arena que se abatió sobre las tropas, enterrándolas para siempre. Esa fue la última vez que se vio u oyó hablar de este ejército.

Desde entonces, muchos historiadores y exploradores han intentado recuperar pruebas arqueológicas que demuestren la existencia y la posterior pérdida de este ejército. No se ha encontrado ninguna prueba definitiva, aunque el descubrimiento de huesos humanos en 2009 en el desierto del Sáhara hizo especular con la posibilidad de que pertenecieran al ejército perdido de Cambises.

La locura de Cambises

Aunque la conquista de Egipto fue considerada el mayor logro de Cambises, algunas fuentes históricas lo citan como un gobernante incapaz. Sus acciones como faraón lo señalan como inestable. El historiador Heródoto dijo que estaba loco. No se puede decir con certeza si estos relatos son ciertos, pero sin duda pintan un cuadro de Cambises II como un hombre que no merecía las responsabilidades y deberes de un reino tan vasto como el Imperio persa.

Son muchos los defectos atribuidos a Cambises durante su reinado como faraón de Egipto. Aunque se atuvo a la tradición y asumió los títulos de «rey del Alto y Bajo Egipto» y «descendiente de Ra, Horus y Osiris», se cree que fue demasiado lejos. Algunas fuentes informan de que realizó una amplia propaganda para presentarse como el legítimo gobernante de Egipto y demostrar la legitimidad de su ascenso al trono. Al parecer, trató de presentarse como descendiente de egipcios. Se hizo coronar en el templo de Neith, la diosa creadora del universo, como ritual religioso e incluso hizo sacrificios a los dioses.

Se dice que Cambises cometió numerosos actos de brutalidad durante su gobierno sobre Egipto. Algunas fuentes afirman que saqueó templos, despreció la religión y a los dioses locales, y no dudó en profanar tumbas reales y otros lugares de importancia religiosa. Muchos de estos informes proceden de Heródoto; no existen otras fuentes ni pruebas arqueológicas recuperadas que respalden estas afirmaciones sobre el rey persa.

Cambises también fue acusado de matar a un toro sagrado para los egipcios, Apis. Se creía que el toro era la manifestación física del dios Ptah y, por tanto, era venerado por los egipcios. Según Heródoto, Cambises ordenó matar a Apis, lo que se oponía directamente al planteamiento de tolerancia religiosa de su padre. Como en el caso de las otras acusaciones, no hay pruebas que apoyen esta afirmación en otras fuentes o relatos sobre el gobierno de Cambises. La prueba más cercana es la orden de Cambises de enterrar a un Apis en un sarcófago, pero no hay reportes que ordenara matarlo.

Por último, Cambises también fue acusado de matar a su hermano, Bardia. Este último reclamaba el trono. Según algunos informes, a Cambises le preocupaba que Bardia pudiera impugnar su ascenso al trono y decidió hacer frente a esta posible amenaza eliminándolo. También hay muchas otras afirmaciones extravagantes, como que Cambises asesinó al hijo de uno de sus cortesanos. Es posible que ordenara el entierro prematuro de doce nobles persas y la ejecución de varios cortesanos. Estos ejemplos se utilizan para justificar la afirmación de que Cambises estaba loco y no era apto para gobernar.

Caída y legado de Cambises II

Aparte de su conquista de Egipto, Cambises II no pudo ostentar grandes logros a su nombre. Aunque al principio se creyó que había sido bendecido por los dioses cuando se convirtió en rey, esta idea se cuestionó más tarde a medida que avanzaba su reinado. En muchos sentidos, se lo consideraba un hombre que no supo ocupar el lugar de su padre.

Otros tienen una opinión diferente de su liderazgo y le atribuyen la introducción de muchas mejoras en el ejército persa. Consiguió expandir el Imperio persa, sobre todo con la conquista de Egipto, y el ejército persa llegó a ser conocido como uno de los mejores de su época.

Cambises II murió probablemente de una herida en el muslo que se infectó. Murió en Siria en el año 522 a. e. c. Su reinado fue relativamente corto y no terminó en los mejores términos. Tras su muerte, se inició una crisis sucesoria bastante sangrienta, que marcaría el futuro progreso y posterior declive del Imperio persa.

Capítulo 5: Darío I: Mirando hacia Occidente

Darío I sucedió finalmente a Cambises II como nuevo rey de Persia. Su reinado inicial estuvo salpicado de revueltas y rebeliones, impulsadas por los acontecimientos que condujeron a su gobierno. Durante esta época, el Imperio persa se expandió hacia el este, hasta el subcontinente indio, y hacia el oeste, incluyendo Tracia-Macedonia, en los Balcanes, y el Cáucaso. El crecimiento del imperio aportó mayor riqueza y poder al rey persa. Sin embargo, también le trajo mayores desafíos, ya que Darío rara vez tropezaba con un momento de alivio debido a una serie aparentemente interminable de guerras y revueltas.

Vida temprana

Darío I formaba parte de la nobleza aqueménida. Era hijo de Histaspes, gobernador provincial o sátrapa de Bactriana y Persia. Aunque Darío desempeñó un papel en el Imperio persa antes de su gobierno, no tenía ningún derecho hereditario legítimo al trono. Según los registros históricos, fue lancero durante la conquista persa de Egipto, y su padre había sido oficial del ejército de Ciro. Darío desempeñó un papel especial en el ejército de Cambises II, sirviendo como su portador de lanza, y estaba vinculado a la familia real por matrimonio.

Darío estaba casado con dos de las hijas de Ciro, Atosa y Artisona, con las que tuvo seis hijos. Atosa dio a luz a Jerjes, que sucedería a Darío como gobernante de Persia. Darío también estuvo casado con Parmis, hija de Bardia, que le dio un hijo. También se cree que se casó con otras dos mujeres nobles, con las que tuvo varios hijos.

Una historia popular de origen no verificado afirma que cuando Ciro estaba en su última campaña, tuvo un sueño en el que creía que Darío se apoderaba de su reino. Ya había instalado a Cambises como regente, por lo que Ciro sospechó de la traición de Darío. Ordenó a Histaspes que regresara a Persia y vigilara a Darío hasta su regreso. Los planes que Ciro tenía respecto a Darío nunca llegaron a materializarse, ya que este pereció durante la campaña.

Llegada al trono

En los relatos de Darío I diversos historiadores narran distintas circunstancias en las que Darío llegó al trono. El hilo conductor de estos relatos es el asesinato de Bardia, el hijo menor de Ciro el Grande, a manos de su hermano, Cambises II. Al parecer, Cambises lo hizo para suprimir cualquier idea de lucha por el trono, al que creía tener derecho.

La muerte de Bardia no fue divulgada y se creyó que un usurpador llamado Guamata había ocupado el trono haciéndose pasar por Bardia. Durante una revuelta que estalló entre el pueblo iranio, Guamata, bajo el nombre de Bardia, fue instalado como nuevo rey. Darío y otros seis nobles mataron a Guamata, y Darío tomó el trono para sí en 522 a. e. c.

Darío el Engañador

El sello de Darío
Osama Shukir Muhammed Amin FRCP(Glasg), CC BY-SA 4.0
<*https://creativecommons.org/licenses/by-sa/4.0*>, *vía Wikimedia Commons;*
https://commons.wikimedia.org/wiki/File:The_Darius_seal._Darius_stands_in_a_royal_chariot_bel
ow_Ahura_Mazda_and_shoots_arrows_at_a_rampant_lion._From_Thebes,_Egypt._6th-
5th_century_BCE._British_Museum.jpg

Como Darío iba acompañado de seis nobles en su misión de deponer al falso rey, no está claro cómo fue elegido para ocupar el trono. Las fuentes, que no están totalmente verificadas, informan de que los siete hombres discutieron el futuro del reino. Algunos querían establecer una democracia, mientras que otros querían una oligarquía. Darío deseaba continuar con la monarquía y convenció a los demás de que una república conduciría a la corrupción en la región.

Según se dice, seis de los siete hombres decidieron realizar una prueba que determinaría quién sería el próximo monarca, y uno de ellos se abstuvo. La prueba consistía en montar a caballo fuera del palacio. El hombre cuyo caballo fuera el primero en relinchar con el sol naciente se convertiría en rey. Se cree que Darío I no quería dejar su reinado al azar y recurrió a artimañas para asegurarse de que su caballo fuera el primero en relinchar.

El plan de Darío fue llevado a cabo por su esclavo, que se puso en la mano el olor de una yegua preferida por el caballo de Darío. Al salir el sol, dejó que el caballo olfateara su mano. El caballo de Darío captó el olor de la yegua y relinchó. El destino quiso que un rayo y un trueno siguieran la llamada del caballo, y los demás hombres se arrodillaron inmediatamente ante Darío, aceptándolo como monarca. El trueno y el relámpago se interpretaron como una aceptación divina, y se creyó que Darío había sido elegido por los dioses para gobernar Persia.

Otros relatos sugieren que esta noticia del ascenso de Darío al poder podría ser falsa. Algunos creen que es una invención creada por Darío para legitimar su asesinato de Bardia y su propia ascensión al trono. Es cierto que Darío intentó obtener más apoyo para su gobierno afirmando que descendía de Aquémenes, el antepasado de Ciro el Grande, a quien se atribuye la fundación de la dinastía aqueménida. En realidad, Darío no tenía ninguna relación con Aquémenes y no pertenecía a la misma familia que Ciro.

Comienza la nueva monarquía

El comienzo del gobierno de Darío no fue tranquilo. Mientras que los seis nobles pudieron haberlo aceptado como rey de Persia y bendecido por voluntad divina, el resto del reino no lo hizo. No importaba si el hombre al que Darío mató era un usurpador o el hijo de Ciro. Se creía que ese hombre era Bardia, por lo tanto, se creía que Darío era el asesino del legítimo rey de Persia.

Darío se encontró con revueltas en todo el Imperio persa que fueron impulsadas por su asesinato de «Bardia». En las provincias orientales, en particular, incluyendo Media y Babilonia, se produjeron disturbios generalizados, con hombres que afirmaban ser el verdadero Bardia y establecieron gobiernos independientes. No se trataba de levantamientos coordinados, sino de rebeliones dispersas encabezadas por diferentes individuos y motivadas por diversos propósitos.

Las rebeliones dispersas supusieron una marcha inútil para el ejército de Darío, que reprimió y derrotó al menos a nueve líderes rebeldes. En el año 519 a. e. c. había puesto fin a la mayoría de los levantamientos. Al año siguiente, visitó Egipto, que había declarado estado rebelde por la insubordinación de su sátrapa, Ariandes. El sátrapa fue condenado a muerte y Darío pudo, por fin, establecer su autoridad como rey del Imperio persa.

La expansión del Imperio: la conquista del valle del Indo

La conquista del valle del Indo por el Imperio persa comenzó con Ciro el Grande, que invadió las regiones situadas al oeste del río Indo. El Imperio aqueménida pudo extender su control a regiones del actual Pakistán, y la campaña del valle del Indo continuó desde el siglo VI hasta el siglo IV a. e. c. Se cree que las relaciones comerciales de la India con Oriente Próximo la situaron en la órbita de la dinastía aqueménida. A partir del año 535 a. e. c., se cree que Ciro el Grande conquistó regiones tan lejanas como el río Indo. Otras fuentes sugieren que pudo haber conquistado regiones hasta Gandhara, situada en el noroeste de Pakistán.

Los registros persas de la campaña muestran que Darío I podría haber cruzado el Himalaya hacia el 518 a. e. c. y llegado hasta el río Jhelum. Las inscripciones persas durante el reinado de Darío hacen referencia a la expansión del dominio persa a una región llamada Hindush, que se cree que hace referencia al valle del Indo. Las fuentes sugieren que esta conquista no pretendía expandir el Imperio persa. Las frecuentes invasiones desde el norte llevaron a Darío a buscar regiones seguras para sus riquezas y posesiones en el este. La promesa de riquezas incalculables, como oro, marfil, pavos reales y simios, despertó su interés por lo que había en el valle del Indo.

Se cree que Darío encargó una expedición a lo largo del río Indo para descubrir regiones y rutas comerciales. La expedición comenzó en el norte, con sus hombres recorriendo la costa iraní, y terminó en Egipto. Según los informes, el rey persa ocupó una región no especificada cerca de Gandhara y estableció el Índico como ruta comercial a lo largo de la costa de Irán. La inscripción de Behistún, erigida por Darío cerca de Kermanshah, en Irán, afirma que las regiones de Gandhara e Hindush formaban parte de su imperio.

Una vez más, se sigue discutiendo a qué región concreta se refería Darío como Hindush. La mayoría de los historiadores coinciden en que debió de ser en algún lugar a lo largo del río Indo, ya que existen pruebas de la presencia persa. La mayoría cree que la región de Hindush podría incluir la actual provincia de Sindh, en Pakistán, mientras que unos pocos sostienen la creencia de que Darío podría haberse dirigido al noreste de Gandhara, aunque hay pocas pruebas que apoyen esta última afirmación.

Se cree que los persas construyeron muchas fortalezas a lo largo del río Indo, al menos una de las cuales albergó al gobernador persa en Hindush. La supuesta riqueza de la región era cierta, ya que se cree que hizo enormes aportaciones al tesoro persa en oro y otros metales preciosos.

La influencia persa en el valle del Indo tuvo el efecto de establecer mejores canales de comunicación entre las regiones, más allá de las relaciones comerciales. La administración organizada que llevaron consigo los persas tuvo un gran impacto en la gestión de la región. En el valle se introdujeron monedas acuñadas y se cree que los persas también llevaron a la región la lengua y los textos arameos.

A cambio, los conceptos indios de misticismo, religión y reencarnación se introdujeron en el pensamiento occidental. La influencia de estas enseñanzas y creencias puede encontrarse en las obras de filósofos del Próximo Oriente y griegos de la época. La aportación más notable del valle del Indo siguen siendo sus tesoros. También se cree que Darío I volvió a poner en uso un canal egipcio que puede haber servido como antecesor del moderno canal de Suez.

La guerra Escita

La guerra Escita fue una campaña dirigida por Darío I contra los escitas, una tribu nómada de habla iraní. Los escitas ya habían invadido Media durante el gobierno de Deyoces y habían sido derrotados, pero seguían siendo una molestia constante para el Imperio persa. Su revuelta durante el reinado de Darío amenazó el comercio entre Asia central y las regiones cercanas al mar Negro, ya que estas zonas estaban en manos de los escitas.

Como los escitas llevaban un estilo de vida nómada, pudieron evitar un enfrentamiento directo con el ejército persa. Los persas, por su parte, habían sufrido importantes pérdidas por las invasiones escitas, ya que los escitas destruían los alimentos en las regiones en las que entraban y envenenaban los pozos, el primer uso registrado de tácticas de tierra quemada.

Darío hizo construir un puente de barcos para cruzar el mar Negro, conquistando regiones de Europa oriental en su camino hacia los escitas. Su invasión de Escitia fue frustrante, ya que los escitas eludieron al ejército y avanzaron hacia el este, destruyendo el campo a su paso. Bloquearon pozos, destruyeron pastos y solo se enzarzaron en pequeñas refriegas con el ejército persa, pero en general mantuvieron la distancia al retirarse, lo que provocó que los persas los persiguieran.

Aunque la táctica de los escitas les ayudó a eludir un enfrentamiento directo, internando a los persas en tierras desconocidas, también provocó la pérdida de muchas tierras escitas. Los persas avanzaron hasta la actual Ucrania sin tierras que capturar y sin ejército con el que luchar. A pesar de todo, Darío seguía teniendo ventaja, ya que su ejército era capaz de sobrevivir de las tierras escitas cultivadas. Mientras tanto, los escitas arrasaron gran parte de sus tierras, dañándolos a ellos y a sus aliados en el proceso.

Al cabo de un mes de campaña, Darío se detuvo en Oarus, un río escita no identificado, donde construyó ocho fuertes como primera línea de defensa. Su ejército sufría fatiga, escasez de suministros y una enfermedad galopante. Darío no consiguió llevar a los escitas a un enfrentamiento directo, pero logró apoderarse de la mayoría de sus tierras o destruirlas. Los escitas, por su parte, no fueron derrotados por los persas, pero perdieron importantes territorios. La campaña concluyó en tablas, aunque se dice que los escitas empezaron a respetar al ejército persa. Temiendo una causa perdida, Darío abandonó la persecución de los escitas y dirigió sus ejércitos hacia Tracia.

Conquista de Tracia y Macedonia

Tras alejarse de Escitia, Darío desvió su atención hacia Tracia. Bajo el mando de su general Megabizo, el ejército persa se dirigió hacia el este. Tracia era conocida como una región populosa y, tras una exitosa campaña en torno al 514 a. e. c., Megabizo se dispuso a establecer el dominio persa en la región. Esto incluía expulsar a muchas de las tribus tracias de la región y transportarlas de vuelta a Persia, lo que pretendía debilitar a los lugareños en caso de un levantamiento y para que sirvieran como esclavos en Persia.

Después de Tracia, Megabizo dirigió su atención a Macedonia. La campaña macedonia no implicó el uso de la fuerza. Los persas exigieron que el rey macedonio se rindiera a la autoridad de Darío I. Megabizo exigió un tributo a base de tierra y agua. En un principio, los macedonios se rindieron pacíficamente, convirtiéndose en un estado vasallo de Persia. Tras la revuelta jonia, Macedonia ayudó a imponer la autoridad persa en los Balcanes.

Represión de la revuelta jonia

La conquista de los griegos por los persas comenzó con un intento de conquistar Naxos, una isla griega, hecho que finalmente fracasó. Los persas ya habían comenzado a ocupar regiones griegas tras su infructuosa persecución de los escitas. A principios del siglo V a. e. c., Aristágoras, el líder de Mileto, instó al sátrapa persa, Artafernes, a invadir Naxos. Con la bendición de Darío, su primo Megabates fue nombrado jefe del ejército persa. Una supuesta disputa entre Megabates y Aristágoras en el momento crucial antes de la campaña llevó a este último a traicionar a los persas.

Aristágoras no quería perder su posición como líder de Mileto, así que animó a los estados jonios a rebelarse. Los jonios, junto con tropas de Atenas y Eretria, capturaron e incendiaron Sardes en 498 a. e. c. Cuando emprendieron la marcha de regreso a Jonia, los siguieron las fuerzas persas. Un enfrentamiento condujo a la batalla de Éfeso, en la que los jonios fueron derrotados. En el 497 a. e. c., los persas lanzaron un triple ataque, intentando capturar las regiones perdidas por la rebelión. Las batallas resultantes no produjeron victorias concluyentes para ninguno de los bandos.

Para poner fin a la revuelta, el ejército persa atacó el corazón de la rebelión en Mileto en el 494 a. e. c. Los jonios intentaron derrotar a los persas con su fuerza naval, pero perdieron ante ellos durante la batalla de Lade. Mileto fue sitiada por los persas y capturada. Tras la deserción de los samios, la revuelta jonia llegó a su fin. La rebelión concluyó oficialmente con un tratado de paz, que obligaba a Jonia a pagar tributo a los persas.

Batalla de Maratón

Aunque los estados rebeldes habían vuelto al redil persa, Darío decidió que Eretria y Atenas debían ser castigadas por su participación en la revuelta. Darío envió un ejército para hacer frente a estas dos ciudades-estado. Eretria fue saqueada y los persas se dirigieron a Maratón, una ciudad situada a unos treinta kilómetros al noreste de Atenas.

La batalla de Maratón tuvo lugar en el año 490 a. e. c. Los atenienses contaron con la ayuda de una pequeña fuerza de los platenses, mientras que los espartanos se negaron a enviar ayuda, alegando la celebración de un festival religioso. Las fuerzas atenienses lograron bloquear las dos salidas de la ciudad y eligieron un terreno montañoso para la batalla. El territorio desconocido y accidentado dificultó el ataque conjunto de la caballería y la infantería persas.

Pese a que los atenienses se preparaban para la guerra, los persas los superaban hasta diez veces en número. Esta batalla requería el uso del ingenio sobre la fuerza, por lo que los griegos trazaron una estrategia de ataque directo y repentino contra los persas. Cuando el ejército contrario se acercó a paso ligero, los griegos, liderados por el general ateniense Milcíades, emprendieron una súbita carrera, forzando un inmediato combate cuerpo a cuerpo.

Tras unas horas de lucha, los griegos lograron romper las filas persas. Los registros muestran que los persas perdieron unos seis mil hombres aquel día, frente a solo unos doscientos soldados griegos caídos. El ejército persa cayó, y los griegos lo celebraron utilizando los bloques de mármol que los persas habían llevado al campo para celebrar su victoria construyendo un monumento en memoria de sus soldados caídos. Darío I se tomó la derrota como un insulto personal y juró vengarse; sin embargo, murió antes de poder llevar a cabo sus planes.

Sucesión y legado

Darío se disponía a dirigir una guerra contra los griegos cuando estalló una revuelta en Egipto. Los elevados impuestos de la región, unidos a la emigración forzosa de los artesanos egipcios, provocaron un creciente malestar contra el dominio persa. Esto desvió la atención de Darío de la campaña griega y empeoró su ya débil salud. Darío I murió poco después, en 486 a. e. c. Su cuerpo fue embalsamado y depositado en la tumba que él mismo había preparado en Naqsh-e Rostam.

El reinado de Darío el Grande se considera uno de los periodos más importantes del Imperio persa. A medida que este Imperio se expandía, las reformas introducidas por el rey mejoraban las condiciones de vida del pueblo. Las leyes que se introdujeron durante esta época sentaron las bases de las actuales leyes de Irán.

Capítulo 6: Jerjes I: El Imperio persa en su apogeo

Cuando Jerjes heredó el trono, también heredó una revuelta de la satrapía persa, incluidos los sátrapas de Egipto y Babilonia. Los persas estaban enfadados y humillados por su derrota a manos de los griegos. Así pues, Jerjes se enfrentó desde el principio a una enorme responsabilidad. Aunque el Imperio persa aún conservaba su poderío, las cosas empezaron a cambiar tras la muerte de Darío I.

El esfuerzo más notable de Jerjes durante su reinado sigue siendo su campaña contra los griegos. Sin embargo, no consolidó el dominio del Imperio persa, sino que supuso un duro golpe y puso en entredicho el liderazgo de Jerjes I.

La vida de Jerjes I

Jerjes I era hijo de Darío el Grande y sucedió a su padre en el trono persa. Mientras que la legitimidad del ascenso de Darío al trono estaba en entredicho, Jerjes era hijo de Atosa, la hija de Ciro, y, por tanto, procedía de la casa de la dinastía persa legítima. Según los relatos históricos, Jerjes fue criado como hijo de Darío y nieto de Ciro hasta que subió al trono.

Se cree que los príncipes persas fueron criados por eunucos hasta la edad de siete años. Primero se les enseñaba a montar a caballo y a cazar, y más tarde iniciaban su educación de la mano de maestros aristocráticos. Dado que el zoroastrismo era la principal religión practicada en el Imperio persa en aquella época, Jerjes recibió clases de esta religión. También sirvió en el ejército persa, logrando honores y medallas.

Se cree que la mayoría de los príncipes persas de la época fueron educados de forma similar. Queda la duda de si sabían leer y escribir, ya que los persas preferían la palabra hablada a la historia escrita. Jerjes mantuvo su residencia principal en Babilonia hasta el fallecimiento de Darío I.

Ascenso al trono

Antes de la revuelta en Egipto, Darío I se había estado preparando para dirigir otra expedición a Grecia. Ya había nombrado regente a su hijo Jerjes I, aunque Darío nunca pudo partir hacia Grecia antes de su muerte. Jerjes se creía el legítimo heredero al trono. Sin embargo, se enfrentó a la oposición de su hermanastro, Artobazanes.

Artobazanes era el hijo mayor de Darío, por lo que creía tener derecho a la corona. Se cree que Darío eligió a Jerjes como sucesor debido al privilegio especial del que gozaba, al haber nacido de Atosa y ser nieto de Ciro el Grande. Jerjes también nació después de que Darío se hubiera convertido en emperador de Persia, lo que elevó el estatus de Jerjes como hijo de rey. En cambio, Artobazanes nació cuando Darío aún era plebeyo.

Jerjes también recibió el apoyo del rey espartano Demarato, de la línea Euripóntida, que en aquel momento se encontraba exiliado en Persia. Este apoyo, junto con la autoridad de la que gozaban Atosa y los descendientes de Ciro el Grande, ayudó a Jerjes a hacerse con la corona sin mucha oposición en 486 a. e. c.

La revuelta egipcia

La primera preocupación de Jerjes como rey fue la rebelión en Egipto, que había empujado a su padre a su lecho de muerte. Se cree que la revuelta llegó hasta la ciudad de Tebas, en el Alto Egipto, aunque es posible que no todos los egipcios apoyaran la oposición persa. Poco más se sabe sobre la naturaleza de la rebelión, su alcance y las medidas exactas que tomó Jerjes para abordarla.

Sin embargo, el consenso general es que el nuevo rey persa marchó a la región con su ejército y reprimió la rebelión. Según los escasos testimonios, instauró un sistema de esclavitud más severo en la región y nombró sátrapa a su hermano, Aquémenes II.

Invasión de Grecia

Tras restablecer la paz en el imperio, Jerjes estaba dispuesto a enfrentarse a Grecia y vengarse de su padre. Jerjes emprendió una de las mayores campañas de la historia de la dinastía aqueménida.

Se dice que los preparativos para la invasión de Grecia duraron entre tres y cuatro años. Se convocó a las tropas de todos los sátrapas y también se realizaron grandes esfuerzos navales. Se cree que la fuerza militar resultante fue la mayor jamás vista en la región en aquella época. Jerjes se tomó la campaña en serio y no dejó nada al azar.

Batalla de las Termópilas

La marcha de Jerjes sobre Grecia condujo a la batalla de las Termópilas, que se libró al mismo tiempo que la batalla de Artemisio. Mientras Jerjes reunía sus fuerzas para formar un poderoso ejército, los griegos no se quedaron de brazos cruzados. La alianza griega entre las distintas ciudades-estado estaba liderada por Atenas y Esparta. El rey espartano Leónidas dirigió el ejército en las Termópilas. Los griegos planeaban bloquear el avance persa en las Termópilas y, al mismo tiempo, bloquearlo en el mar, en el estrecho de Artemisio.

En el 480 a. e. c., un ejército griego de unos siete mil hombres marchó al mando de Leónidas a las Termópilas para bloquear el paso. El ejército persa superaba ampliamente en número a los griegos y se calcula que contaba con entre 70.000 y 300.000 hombres. Los griegos fueron capaces de contener el avance de un ejército muy superior durante siete días. A medida que avanzaba la batalla, los griegos lograron bloquear la única carretera que atravesaba el paso.

Los griegos podrían haber resistido más tiempo de no ser por las acciones de un residente local que mostró a los persas otro paso que discurría por detrás de las líneas griegas. Leónidas se dio cuenta de que la derrota era inminente y ordenó a la mayor parte del ejército que se marchara. Él se quedó atrás, junto con algunos espartanos, tebanos, tespios y helotas. Alrededor de dos mil griegos se quedaron atrás. No se rindieron a los persas y lucharon hasta la muerte.

El ejército persa había frustrado el plan griego de contener el avance en las Termópilas. Aunque los griegos sufrieron la derrota, la defensa de su hogar se sigue citando hoy en día como ejemplo de los beneficios del entrenamiento, el equipamiento y las estrategias tácticas.

Batalla de Artemisio

Los griegos planeaban bloquear a los persas por tierra en las Termópilas y a su fuerza naval en Artemisio. Los aliados griegos lograron reunir unas 271 trirremes para esperar a los persas en Artemisio bajo el mando de Temístocles. Antes de que los persas alcanzaran a los griegos, se vieron sorprendidos por un vendaval cerca de Magnesia y perdieron un tercio de su flota. Tras llegar a Artemisio, los persas intentaron de nuevo un movimiento estratégico y trataron de maniobrar alrededor de los griegos desde la costa de Eubea. Se vieron envueltos en otra tormenta y aproximadamente un tercio de sus barcos fueron destruidos.

La batalla continuó durante dos días, con pequeñas escaramuzas y enfrentamientos. La flota griega, mucho más pequeña, no podía permitirse tantas pérdidas. Estas escaramuzas no condujeron a una victoria decisiva. Una vez que las noticias de la derrota griega en las Termópilas llegaron a Artemisio, los griegos se dieron cuenta de que su posición en el estrecho era inútil, ya que se suponía que iba a ser un ataque combinado.

Los griegos decidieron retirarse a Salamina, permitiendo a los persas apoderarse de Artemisio. Los persas también entraron en Fócida, Beocia y el Ática. Incluso pudieron tomar Atenas, que ya había sido evacuada. Los persas se dirigieron entonces a Salamina, en busca de una victoria definitiva sobre los griegos.

Batalla de Salamina

Tras la toma de Atenas por los persas, Jerjes no estaba seguro de los pasos a seguir. Consultó a un consejo de guerra, cuya mayoría le recomendó perseguir a los griegos en Salamina y volver con una victoria decisiva. Solo Artemisia I de Caria, una griega aliada de los persas, recomendó a Jerjes que esperara a que se agotaran las provisiones de los griegos y se asegurara una victoria pacífica. Jerjes optó por seguir la opinión de la mayoría y marchó a Salamina.

La batalla naval que siguió en septiembre del 480 a. e. c. resultó ser una victoria decisiva para los griegos. Cuando el ejército persa, mucho más numeroso, se adentró en el estrecho de Salamina, su gran tamaño se convirtió en una desventaja. La flota persa luchó por maniobrar y organizarse, cayendo así en el caos. Aprovechando la oportunidad, los griegos, liderados por Temístocles, lanzaron una ofensiva.

Los persas fueron derrotados, y Jerjes optó por regresar a Persia. Sin embargo, dejó atrás a su comandante militar Mardonio para continuar la campaña griega. Mardonio lideraría a los persas en un enfrentamiento en Platea. Cuando Jerjes I regresó a casa, estaba humillado y derrotado, y poco quedaba de su ejército. Quedó muy reducido debido a la escasez de suministros en su viaje de regreso y a la enfermedad rampante entre las filas.

Batalla de Platea

En 479 a. e. c., el ejército persa dirigido por Mardonio se enfrentó a los griegos en Platea. Aunque los persas controlaban Tesalia, Fócida, Ática, Atenas, Beocia y Eubea gracias a sus victorias en las Termópilas y Artemisio, su derrota en Salamina les impidió hacerse con el Peloponeso, que habría conectado a los persas con la parte central de Grecia. Esta vez, la ofensiva fue lanzada por los griegos.

El ejército griego marchó fuera del Peloponeso, obligando a los persas a retirarse a Beocia y fortificarse cerca de Platea. Los griegos se dieron cuenta de que una nueva incursión en territorio dirigido por los persas acarrearía pérdidas, por lo que se negaron a avanzar, evitando un enfrentamiento directo durante once días. Mientras se replegaban debido a la escasez de suministros, Mardonio vio la oportunidad de atacar.

Sin embargo, el general persa había malinterpretado la situación, ya que los griegos no se estaban retirando del todo; en lugar de permitir que los persas los persiguieran, los griegos se detuvieron y lucharon contra los persas. La batalla resultante supuso la derrota del mal preparado ejército persa y la muerte de Mardonio. Los griegos atraparon a los persas en sus campamentos y masacraron a la mayoría de ellos. Los persas también sufrieron una derrota naval simultáneamente a este conflicto terrestre.

Batalla de Mícala

La batalla de Mícala, en 479 a. e. c., puso fin decisivamente a la segunda invasión persa a favor de los griegos. El enfrentamiento tuvo lugar frente a la costa de Jonia, a lo largo de las laderas del monte Mícala. Mientras los griegos atacaban a los persas en Platea, una flota se dirigió a Samos, una isla situada frente a Jonia. Se cree que los persas acamparon al pie del monte Mícala, con la esperanza de evitar la batalla.

Los griegos decidieron atacar los campamentos fortificados persas. El ejército persa no pudo resistir el ataque y se retiró a sus campamentos. Sin embargo, los miembros jonios del ejército persa desertaron, lo que provocó la derrota de los persas. Su campamento fue atacado, los persas masacrados y sus barcos capturados e incendiados. Las enormes pérdidas sufridas por la armada y el ejército persas reprimieron a los persas, poniendo fin a su invasión.

Lo que siguió a la derrota persa fue el inicio de la ofensiva griega contra los persas. En las grandes guerras greco-persas, su victoria contra los ejércitos de Jerjes fue un factor decisivo que selló el destino de Persia. Para Jerjes, fue una faceta cuestionable de su gobierno, ya que perdió a su ejército y el respeto del pueblo en esta humillante derrota ante Grecia.

Batalla de Eurimedón

Entre los años 469 y 466 a. e. c., los persas comenzaron a reunir fuerzas para dirigir un ataque contra los griegos. El ejército combinado y la fuerza naval se dirigieron hacia el Eurimedón. Se cree que la fuerza pretendía avanzar a través de Asia Menor, capturando ciudades por el camino. El plan persa consistía en obtener más bases navales y reconquistar zonas perdidas a manos de los griegos.

La noticia de los planes persas llegó a los griegos, que reunieron alrededor de doscientos trirremes para bloquear el avance persa. Antes de que los persas pudieran reunirse, los griegos atacaron cerca del río Eurimedón. Muchos de los marineros persas abandonaron sus barcos y huyeron a tierra.

Las fuerzas navales y terrestres griegas atacaron simultáneamente, destruyendo el campamento persa y más de doscientos trirremes persas. Los griegos también pudieron tomar muchos prisioneros. Esta doble victoria decisiva impidió cualquier otra acción por parte de los persas hasta el reinado de Artajerjes.

Jerjes tras Grecia

Los informes históricos sugieren que Jerjes se tomó muy mal el fracaso persa en Grecia. Se retiró a Persépolis. Toda la riqueza que pudo haber acumulado gracias a sus excesivos impuestos se vio rápidamente mermada por sus extravagantes planes de construcción. Solo en Persépolis, ordenó la construcción de un palacio llamado Apadana, un tesoro llamado la Sala de las Cien Columnas, y el Tripylon, o la «puerta triple», que conectaba el palacio y el tesoro.

Pocos relatos históricos hablan del reinado de Jerjes I tras su derrota a manos de los griegos. Se dice que se apartó de los asuntos políticos, retirándose a su harén y despreocupándose de los asuntos de Estado. Su derrota, así como su falta de implicación en el imperio, lo han convertido quizá en el gobernante más notorio de la dinastía aqueménida.

El rey asesinado

La impopularidad de Jerjes I puede haber contribuido a su muerte prematura y violenta. Encontró su fin en 465 a. e. c. cuando fue asesinado, junto con su hijo Darío II, por Artabano. Se cree que era una figura poderosa en la corte persa y probablemente el comandante de la escolta real.

Tras el asesinato de Jerjes, su hijo, Artajerjes I, buscó venganza. Mató a Artabano y reclamó el trono. El violento final del reinado de Jerjes y un comienzo similar del régimen de Artajerjes plantearon una serie de problemas en el imperio. El pueblo de Persia ya había tenido problemas bajo Jerjes I, y el cambio de emperadores no ayudó a mejorar la situación. Estallaron revueltas generalizadas en todo el imperio.

Capítulo 7: Artajerjes I y la revuelta egipcia

El reinado de Artajerjes I comenzó de forma muy similar al de su padre. Su sucesión al trono estuvo salpicada de violencia. En Egipto y Bactriana, en particular, se produjeron nuevas revueltas contra el dominio persa, y Artajerjes se vio obligado a enfrentarse dentro de su propio régimen para restablecer la paz.

El gobierno de Jerjes I había sido, cuando menos, notorio, y su reputación no ayudó a su hijo. Artajerjes siguió involucrado en conflictos similares a los de su padre. Sin embargo, hizo gala de una mejor estrategia y habilidad militar, utilizando tácticas astutas en lugar de la fuerza contra sus enemigos.

Artajerjes I se convierte en rey

Artajerjes I

Se dice que Artabano, comandante de la guardia del rey, educó a Artajerjes. Cuando Artajerjes buscó venganza por el asesinato de su padre a manos de Artabano, mató al culpable y a sus hijos, al primero en un enfrentamiento cuerpo a cuerpo. Tras ello, se convirtió en el emperador Artajerjes I de Persia en 465 a. e. c.

Reinar en una Persia dividida no era tarea fácil, y estas nuevas hostilidades aumentaron el malestar dentro del imperio. En Egipto estalló otra revuelta preocupante, que supuso un reto considerable para el nuevo rey. Antes de su muerte, Jerjes I había estado planeando otra incursión en

Grecia, que no prosperó antes de su asesinato. Artajerjes I asumió esa nueva responsabilidad cuando heredó el trono.

A menudo se hacía referencia a Artajerjes I como Longímano, al parecer debido a una mano derecha más larga. Estaba casado con Damaspia, que dio a luz a su hijo y heredero, Darío II. No se sabe mucho de Damaspia, pero algunos informes sugieren que pudo morir el mismo día que Artajerjes.

El problema griego

La segunda invasión persa de Grecia no terminó mucho mejor que la primera y dejó a Persia en considerable desventaja. Tras la batalla de Mícala, los griegos tomaron la ofensiva, continuando así las guerras greco-persas. La Liga de Delos, encabezada por Atenas, siguió atacando las regiones ocupadas por Persia en el Egeo, incluso después de que las fuerzas persas se hubieran retirado tras su derrota en Mícala.

La incursión griega que Jerjes I había estado planeando antes de su muerte no acabó bien. Reunió fuerzas para marchar contra los griegos y poner fin a las hostilidades griegas. Esto condujo a la nefasta batalla del Eurimedonte.

Llega Temístocles

Una de las derrotas que sufrieron los persas en Grecia bajo Jerjes I fue a manos del general griego Temístocles. Por ello, puede que le sorprendiera su llegada a la corte de Artajerjes. Temístocles se había ganado la antipatía de Grecia por su arrogancia general hacia los espartanos y su exigencia de fortificar aún más Atenas. Fue condenado al ostracismo y, más tarde, juzgado por traición. Huyó desde Argos a Asia Menor, donde se presentó ante Artajerjes.

Artajerjes aceptó su oferta de servicio y su ayuda para derrotar a los griegos. Los registros históricos y los artefactos recuperados, incluidas las monedas acuñadas, demuestran que el rey persa lo nombró sátrapa de al menos tres ciudades y también lo ayudó a sacar clandestinamente a su mujer e hijos de Atenas. El conocimiento de las actividades griegas por parte de Temístocles ayudó a Artajerjes a planear su siguiente movimiento contra los griegos.

Manipulación de Esparta

Las actividades de la Liga de Delos provocaron mucha tensión en Grecia. Estaba liderada por Atenas y se había unido con el propósito expreso de hacer frente a la amenaza persa. La Liga de Delos consiguió detener la invasión persa, y Atenas se hizo poderosa y rica explotando a los demás miembros, creando esencialmente un Imperio ateniense. Esto provocó conflictos con los espartanos, que querían ser la potencia griega dominante.

Artajerjes aprovechó las crecientes tensiones en Grecia para echar más leña al fuego. Financió en secreto el fortalecimiento del ejército de Esparta mientras ofrecía regalos a Atenas, que simbolizaban la paz. A continuación, se limitó a dejar que el malestar latente siguiera su curso.

Muy pronto, espartanos y atenienses se enfrentaron. Al parecer, los espartanos insultaron a los atenienses cuando estos llegaron para ayudar a hacer frente a una rebelión de los helotas. Esparta estaba cansada de la arrogancia y agresividad atenienses. Cuando estalló la guerra del Peloponeso, Artajerjes recurrió a Temístocles para que lo ayudara a destruir a los griegos.

Los relatos varían en cuanto a lo que sucedió después. Algunos afirman que Temístocles cambió de opinión en el último momento y no pudo traicionar a sus hermanos griegos a los persas, por lo que decidió envenenarse en lugar de ayudar a Artajerjes. Otros relatos sugieren que Temístocles simplemente falleció de muerte natural antes de que el rey persa pudiera pedirle ayuda. La guerra del Peloponeso llevó a Atenas y Esparta a buscar una alianza con Persia, pero no se pudo llegar a un acuerdo antes de la muerte de Artajerjes.

Los egipcios se rebelan de nuevo

La rebelión egipcia del 460 a. e. c. fue una sorpresa para los persas. Tal vez porque la atención de Artajerjes se había centrado en los griegos, no previó los disturbios antes de que se produjera un ataque abierto. Fue incitado por Inaro II, un príncipe libio con conexiones con la dinastía saíta de Egipto. Inaro descubrió que los atenienses planeaban atacar a los persas en Chipre y forjó una alianza.

Es difícil de precisar la fecha exacta de la rebelión, ya que distintas fuentes sugieren una cronología ligeramente diferente. Sin embargo, algunos informes sugieren que Inaro podría haber incitado la rebelión antes de ofrecer una alianza a los atenienses cuando se preparaban para atacar Chipre. Algunos informes llegan a sugerir que los persas ya estaban luchando contra las fuerzas de Inaro y se habían visto acorralados en Menfis cuando llegaron los refuerzos atenienses.

En cualquier caso, los rebeldes fueron capaces de asestar duros golpes a los persas. El sátrapa persa de Egipto murió durante la batalla de

Papremis, y las fuerzas atenienses pudieron hacerse con el control del Nilo. A continuación, sitiaron Menfis y se hicieron con el control de la mayor parte de la región, a excepción de las ciudadelas, donde se habían refugiado los soldados persas.

El conflicto resultante se prolongó durante seis años, e Inaro, que contaba con el apoyo de los atenienses, demostró ser una fuerza formidable. El ejército persa estaba liderado por Megabizo, mientras que Arsames, sátrapa de Egipto, dirigía la fuerza naval. En el 454 a. e. c., Megabizo logró derrotar a Inaro, al igual que Arsames derrotó a la flota ateniense que apoyaba la revuelta egipcia.

Los atenienses hicieron un último esfuerzo en la batalla de Prosopitis, que estaba rodeada por el Nilo. Los atenienses esperaban poder atacar a los persas al paso de su flota por el Nilo. En lugar de ello, Megabizo desvió el delta, dejando tras de sí una tierra seca y estéril, que su ejército utilizó para marchar junto a las naves atenienses, ahora inútiles. La mayoría de los atenienses murieron a causa de las heridas, las inclemencias del tiempo y la falta de suministros. Sofocada la rebelión, los persas pudieron restablecer su dominio y restaurar la paz en la región.

Revuelta de Megabizo

Cuando Megabizo llevó cautivos de la rebelión, incluido Inaro II, Amestris, la reina madre y esposa de Jerjes, ordenó su decapitación. Megabizo se opuso, ya que había asegurado a los prisioneros que no sufrirían daño alguno y que se les perdonaría la vida. En un principio, Artajerjes optó por honrar la palabra de Megabizo, hasta que fue presionado por su madre para que ejecutara a los prisioneros.

Megabizo vio esto como una traición y se rebeló. Derrotó a los generales persas enviados contra él en combate cuerpo a cuerpo, sin querer crear una guerra civil en Persia. Finalmente, la propia Amestris llegó como parte de una embajada para presentar una oferta de disculpa y restablecer la paz. Creyendo que se restablecería su honor, Megabizo aceptó, poniendo fin a su revuelta.

Paz de Calias

Tras la supresión de la rebelión egipcia, Atenas decidió continuar con su plan inicial de atacar Chipre mientras seguía librando la guerra del Peloponeso con Esparta. Hacia 450 a. e. c., los atenienses reunieron una gran flota de los estados miembros de la Liga de Delos y atacaron Chipre, la cual estaba fuertemente fortificada por el ejército de Megabizo.

A pesar de tener ante sí una isla infranqueable, Cimón, el líder de la flota, decidió atacar. Murió en el enfrentamiento y los atenienses que quedaban se retiraron de Chipre. Artajerjes no quería más injerencias de Atenas, así que envió una embajada con una propuesta de tregua. Se negoció la Paz de Calias, que ponía fin a las hostilidades iniciadas durante el reinado de Darío I. La Paz de Calias se aplicó durante unos diez años y fue rota por Atenas en el 439 a. e. c. cuando atacó Samos.

Artajerjes en la Biblia

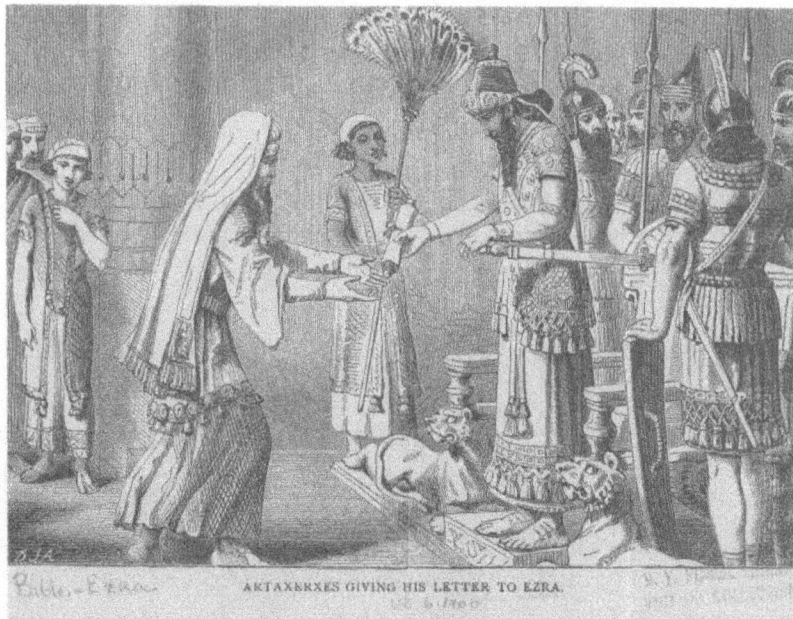

ARTAXERXES GIVING HIS LETTER TO EZRA.

Artajerjes I dando su carta a Esdras
De la Biblioteca Pública de Nueva York *https://digitalcollections.nypl.org/items/510d47e4-134f-a3d9-e040-e00a18064a99*

Según diversos relatos históricos, Artajerjes era un gobernante bondadoso y amable. Se habla de él en los libros de Esdras y Nehemías. El trato que dispensó a los judíos permitió a estos y a otros pueblos del Imperio persa gozar de gran libertad y autonomía.

Se cree que Esdras fue un sacerdote enviado a Jerusalén por Artajerjes para estandarizar la Ley de Moisés. A continuación reelaboró la Ley mosaica, lo que renovaría la vida de los judíos de Jerusalén. Por otra parte, se cree que Nehemías era miembro de la corte de Artajerjes, donde servía como copero. Un día, el rey lo vio molesto y le pidió que expusiera su problema. Nehemías estaba preocupado por las murallas de Jerusalén, que estaban en ruinas y dejaban a la ciudad indefensa. Esperaba ayuda en la restauración.

Durante el reinado de Ciro el Grande, Babilonia fue liberada, y los judíos, que habían sido retenidos allí por los babilonios, pudieron finalmente regresar a sus hogares en Israel. Ciro también había decretado que a los judíos se les ofrecieran abundantes regalos cuando abandonaran sus hogares persas. Los judíos que regresaron a Israel comenzaron a trabajar en la reconstrucción de su templo y sus murallas; sin embargo, siguieron enfrentándose a la oposición de las tierras circundantes.

Algunos de los que se oponían al regreso de los judíos escribieron a Artajerjes, lanzando falsas acusaciones contra los judíos y afirmando que se negaban a pagar impuestos. Basándose en esta información, Artajerjes ordenó que se detuviera la reconstrucción de la muralla, lo que permitió a los opositores marchar a Jerusalén para impedir que los judíos continuaran la construcción. Sin embargo, Artajerjes continuó con la política de tolerancia de Ciro. Una vez que se dio cuenta de la verdadera situación, permitió a Esdras dirigirse a Jerusalén. A Esdras se le aseguró que los judíos tendrían tanta plata, oro y otras comodidades como necesitaran. Artajerjes también eliminó las obligaciones tributarias de quienes servían en el templo.

Artajerjes financió la reconstrucción de las murallas y nombró a Nehemías gobernador de Judea. Nehemías pudo supervisar personalmente el esfuerzo de restauración, y tanto él como Esdras trabajaron por la reconciliación de los judíos con el dominio persa. Artajerjes también permitió a los judíos practicar y desarrollar libremente su religión y su cultura. Sus esfuerzos le valieron una sección considerable en la Biblia.

Los informes contradictorios de los relatos históricos, que muestran a Artajerjes primero decidiendo en contra de los judíos antes de apoyarlos, han suscitado algunas preguntas. Muchos creen que la primera incidencia, la narración de que la reconstrucción de las murallas de la ciudad y la construcción de las vigas del templo fueron detenidas por «Artajerjes», puede que no se refiriera al rey persa, sino a un usurpador, que pudo haber manipulado su camino al trono antes que Artajerjes. Sin embargo, ningún registro histórico refleja ni el gobierno ni la existencia de tal persona, y puede ser simplemente que Artajerjes no hubiera conocido la verdadera situación en Jerusalén antes de ordenar que se detuviera la construcción del templo.

Después de Artajerjes

Durante su reinado, Artajerjes centró sus esfuerzos en muchas otras cosas además de la guerra y las contiendas. La ciudad de Susa fue la más favorecida, ya que introdujo muchos avances en la región. Ordenó la restauración del palacio de Darío I, destruido por un incendio, y la construcción de otros muchos templos. También retomó la obra de su padre y terminó la construcción de la Sala de las Cien Columnas.

Artajerjes ya había nombrado a su hijo Jerjes II heredero al trono cuando murió de causas naturales en 424 a. e. c. Jerjes II no estaba destinado a gobernar mucho tiempo, pues apenas un mes después fue asesinado por su hermanastro, Sogdiano, hijo ilegítimo de Artajerjes.

Sogdiano consiguió el apoyo de algunos de los nobles de la corte de Artajerjes y pudo establecer su gobierno. Sin embargo, seis meses después, él también fue asesinado. Oco, su hermanastro, pasó a llamarse Darío II. Lo que se considera el reinado de un emperador pacífico tuvo un final violento.

Capítulo 8: Darío II y la participación persa en la guerra del Peloponeso

El Imperio persa había ido decayendo rápidamente desde la fallida expedición persa a Grecia, que se saldó con una humillante derrota y grandes pérdidas. La sucesión al trono persa había continuado haciéndose cada vez más violenta, y cada instancia traía nuevos problemas; casi cada cambio en el trono provocaba revueltas en todo el imperio. Aunque estas revueltas nunca constituyeron una acción unitaria y siempre fueron reprimidas, aportaron una creciente inestabilidad al Imperio persa.

Aunque Darío II era hijo de Artajerjes, su condición de hijo ilegítimo lo hacía, a ojos de muchos, indigno del trono. Darío II era un gobernante impopular incluso antes de comenzar su reinado. También tuvo que enfrentarse a muchos desafíos. Una vez más, los súbditos egipcios se habían rebelado y la amenaza griega seguía siendo motivo de preocupación.

Primeros años y ascenso al trono

Monedas acuñadas de Darío II

dynamosquito, CC BY-SA 2.0 <https://creativecommons.org/licenses/by-sa/2.0>, vía Wikimedia Commons; https://commons.wikimedia.org/wiki/File:Drachma_Darius_II.jpg

A Darío II, cuyo nombre original era Oco, también se lo solía llamar *Noto*, que significa «bastardo». Su violento ascenso al trono no auguraba nada bueno para el imperio. Los historiadores señalan que la corte aqueménida entró en un rápido declive con su mandato, ya que las tensiones, las luchas y los conflictos se convirtieron en algo habitual. Aunque era hijo ilegítimo de Artajerjes, su forma de acceder al trono causó mucho malestar en el imperio y se convirtió en una seña de identidad de su reinado.

Tras convertirse en rey en el 423 a. e. c., se dice que la vida de Darío II se centró en los eunucos y su harén. Se cree que su esposa, Parisátide, ejercía una gran influencia sobre él. Darío II confiaba mucho en sus consejos y ejercía gran influencia sobre la corte persa, utilizando una red de espías que le eran leales.

Se cree que Parisátide ordenó la ejecución de varios disidentes o individuos que consideraba una amenaza para su poder en el trono. También se le atribuye haber hecho posible el gobierno de Darío II sobre Persia. Se cree que poseía tierras en Media, Babilonia y Siria y que extorsionaba dinero en forma de impuestos. Gran parte del reinado de Darío II estuvo salpicado de disturbios y denuncias de corrupción.

La guerra del Peloponeso

Aunque la Paz de Calias evitó nuevos enfrentamientos entre persas y atenienses, Darío II no respetó el tratado. En el 413 a. e. c., Atenas sufrió una gran derrota a manos de los espartanos en Siracusa. Al ver una oportunidad, Darío II decidió lanzar un ataque contra los griegos. Creyó que era el momento de recuperar el control de las regiones de Asia Menor que habían caído bajo el mando ateniense.

Ordenó a los sátrapas de Asia Menor, Tisafernes y Farnabazo, que comenzaran a recaudar los impuestos atrasados en la región y que forjaran una alianza con los espartanos para ayudarlo a derrocar el poder ateniense.

La llegada de los espartanos

El inicio de la guerra del Peloponeso fue mayoritariamente favorable a Atenas. Los espartanos fueron incapaces de romper el poder de los atenienses o desmantelar la Liga de Delos. Sin embargo, la mala toma de decisiones militares por parte de Atenas hizo que los espartanos se impusieran. Los atenienses habían financiado la revuelta egipcia, desviando considerables recursos del conflicto que mantenían con Esparta. Cuando la revuelta fracasó, lanzaron un ataque contra Chipre, gastando una vez más recursos sin ver ningún resultado.

Estos movimientos debilitaron las fuerzas atenienses, que recibieron un duro golpe en Siracusa. Utilizando la aversión mutua hacia Atenas como arma, Darío II creó una alianza con Esparta, que resultó en un acuerdo oficial en el 412 a. e. c. Tras las derrotas de Atenas en Sicilia contra Esparta, Siracusa y Corinto, tanto los espartanos como los persas creyeron que Atenas podría ser derrotada fácilmente, y de una vez por todas, a través de la alianza.

Darío II y Tisafernes dictaminaron que los espartanos y los persas continuarían conjuntamente la guerra contra Atenas bajo la condición de que no se podría alcanzar ningún tratado de paz con Atenas sin el consentimiento de ambas partes. El tratado también establecía que cualquier enemigo de una parte se convertiría en enemigo de la otra, solidificando así una postura defensiva conjunta.

El tratado también establecía otro objetivo común para espartanos y persas. Además de derrotar a los atenienses, la alianza debía impedir que estos promovieran sus intereses. Esto incluía, entre otras cosas, impedir que los atenienses obtuvieran riquezas o recursos de las tierras que habían arrebatado a los persas o a los espartanos.

Este primer tratado fue rechazado por los espartanos. El tratado establecía que los espartanos entregarían todas las regiones fuera del Peloponeso, pero los espartanos habían comenzado la guerra para liberar a Grecia de la influencia ateniense, que había crecido enormemente debido a su papel de liderazgo en la Liga de Delos. Esparta seguía buscando un acuerdo con los persas y pidió una revisión de los términos.

El segundo tratado que se presentó ante Darío II y los espartanos establecía términos similares, pero con algunas adiciones y revisiones. Establecía claramente que cualquier tierra bajo el dominio de Darío II estaba vedada a los espartanos. Del mismo modo, cualquier tierra bajo dominio espartano estaba prohibida a los persas.

Ambas partes debían prestar asistencia y ayuda a la otra en caso de necesidad. Se mantenía la condición de guerra contra los atenienses, incluida la de iniciar la paz con ellos. El tratado incluía un nuevo añadido que obligaba a espartanos y persas a ayudarse mutuamente en caso de que una de las partes se enfrentara a una rebelión o levantamiento en sus respectivos territorios.

Este segundo tratado se consideró una simple aclaración de los términos del primero. Para los espartanos, seguía sin ser suficiente. La promesa contenida en el tratado de que el rey persa recompensaría a los espartanos por sus servicios parecía discutible, ya que la costumbre dictaba que los reyes persas lo hicieran con cualquiera que les hubiera prestado un servicio. Además, el segundo tratado prohibía a los espartanos crear un nuevo imperio tras la derrota ateniense, lo que era inaceptable para los espartanos. Pidieron otra revisión.

A finales del 411 a. e. c., se presentó el tratado definitivo a las dos partes. Esta vez, el tratado aclaraba que las tierras bajo el dominio de cualquiera de las partes eran suyas, y cada una era libre de hacer con ellas lo que quisiera. También incluía el pago por el apoyo material que proporcionaban los espartanos, incluidos barcos, si decidían recibirlo.

El tratado incluía una negociación importante. Darío II aceptó entregar las regiones griegas de Macedonia, Tracia, Beocia, Ática y Tesalia una vez recuperadas de manos atenienses. A cambio, los espartanos se comprometían a no reclamar las regiones griegas de Asia Menor.

Una vez más, el tratado obligaba a los espartanos a renunciar a la idea de liberar Grecia. Sin embargo, se encontraban en una situación difícil. La derrota ateniense en Siracusa había supuesto una gran oportunidad; si podían asestar un duro golpe al poderío de los persas, los espartanos podían garantizarse la victoria. Por otro lado, los persas no tenían ninguna necesidad estratégica de los espartanos, ya que su mayor amenaza, Amorges, el líder de la rebelión caria contra Persia, había sido suprimida.

El tratado tuvo poco significado al principio y no fue respetado, en su mayor parte, por los persas, en gran parte debido a Tisafernes, que no ofreció mucha ayuda a los espartanos. Por ello, los espartanos pensaron que podían intentar entablar conversaciones de paz con Atenas. Sin embargo, una vez que Darío II destituyó a Tisafernes como sátrapa e instaló a su hijo, Ciro el Joven, en su lugar, los espartanos recibieron un apoyo mucho mayor de los persas.

El desenlace de la guerra del Peloponeso

A medida que la guerra del Peloponeso continuaba, los atenienses se enfrentaban a un enemigo mucho más fuerte en Esparta. Mientras que los recursos de Atenas se agotaban rápidamente, Esparta contaba con el apoyo de los persas y podía entablar largas batallas. Gracias a la flota persa, los espartanos lograron algunas victorias decisivas. Los espartanos construyeron una fortaleza en el Ática, desde donde podían lanzar constantes ataques contra el campo ateniense.

En 406 a. e. c., los espartanos lograron derrotar a Atenas en la batalla de Notio en un enfrentamiento naval. A pesar de la victoria ateniense ese mismo año, en el 405 a. e. c., los espartanos derrotaron definitivamente a los atenienses en la batalla de Egospótamos. La flota ateniense fue capturada y Atenas acabó rindiéndose, poniendo fin a la guerra del Peloponeso en el 404 a. e. c.

Tras la guerra, Grecia cambió radicalmente. Supuso el fin de la otrora poderosa ciudad-estado de Atenas y cambió la guerra griega para siempre. El apoyo monetario y armamentístico proporcionado por los persas desempeñó un papel notable a la hora de asegurar la victoria espartana, e influiría directamente en el desmantelamiento de la influencia gobernante de Atenas. Unos 66 años más tarde, Grecia sería conquistada por el reino macedonio.

La rebelión caria

La rebelión que estalló en Caria, al oeste de Anatolia, fue liderada por Amorges en el año 413 a. e. c. Cuando se levantó contra Darío II, logró ganarse la simpatía y el apoyo de los atenienses. Con esta alianza, los atenienses esperaban debilitar el dominio persa, lo que, a su vez, dificultaría el apoyo que prestaban a los espartanos, inclinando la balanza a favor de los atenienses. Cuando estalló la rebelión, se ordenó a Tisafernes que reprimiera a los usurpadores.

Como los espartanos tenían un tratado con los persas, tuvieron que tratar a Amorges y a los demás rebeldes como sus enemigos. Los espartanos zarparon hacia Yaso, que había sido ocupada por los rebeldes entre 412 y 411 a. e. c. Los rebeldes celebraron su llegada, creyendo que se trataba de la armada ateniense. Sin embargo, pronto se dieron cuenta de su error. Los espartanos combatieron y derrotaron al ejército de Amorges, arrestándolo y entregándolo a Tisafernes.

Antecedentes de la revuelta egipcia

Las anteriores revueltas egipcias habían precarizado la situación en la región mucho antes de la violenta ascensión al trono de Darío II. Comenzó otra rebelión, esta vez con un resultado más decisivo. Tras la revuelta egipcia durante el reinado de Artajerjes I, se instaló en Egipto un nuevo sátrapa, Arsames. Este optó por adoptar una actitud conciliadora con la esperanza de desalentar cualquier nueva rebelión que pudiera surgir. Parte de su enfoque de la gestión de Egipto fue permitir que Taniras, hijo de Inaro, mantuviera su señorío.

Cuando Darío II obtuvo el trono, Arsames lo apoyó y le juró lealtad. Al parecer, entre los años 410 a. e. c. y 407 a. e. c., Arsames fue llamado de Egipto a Susa. Al mismo tiempo, estalló una revuelta en Egipto.

La revuelta egipcia

En el año 410 a. e. c., la región de Elefantina se convirtió en el foco de una revuelta. Aumentaron las tensiones entre la comunidad judía de Elefantina y los egipcios nativos que vivían allí. Artajerjes I había establecido una política de tolerancia religiosa en todo el Imperio persa, y varias comunidades vivían en relativa armonía.

Sin embargo, los informes indican que la práctica judía de sacrificar cabras provocó algunos conflictos. Los egipcios lo consideraron un insulto y aprovecharon la ausencia de Arsames para sobornar a un líder militar local para que destruyera el templo judío. Se cuenta que Arsames castigó a los responsables de la destrucción, pero para seguir siendo justo, también prohibió los sacrificios, desoyendo las súplicas de los judíos.

La verdadera causa y evolución de la revuelta no se conocen con certeza. Amirteo, el faraón de la XXVIII dinastía egipcia, lideró una rebelión contra el Imperio persa, que al parecer comenzó ya en el año 411 a. e. c. La revuelta desembocó en ataques guerrilleros a lo largo del delta del Nilo, que los rebeldes arrebataron al control persa.

Es posible que el abuelo de Amirteo participara en una rebelión anterior en Egipto. Sin embargo, esta vez, Amirteo buscó la ayuda de los espartanos y forjó una alianza. Los espartanos se enfrentarían a los persas en un conflicto en Asia a cambio de grano egipcio. Esto desviaría la atención persa de Egipto.

Los informes varían en cuanto al éxito de la revuelta. Tras la muerte de Darío II, Amirteo pudo erigirse en faraón de Egipto. Sin embargo, parece que Amirteo solo consiguió el control del delta del Nilo, mientras que el Alto Egipto permaneció bajo control persa. El sucesor de Darío II, Artajerjes II, fue capaz de reunir un ejército para dirigir una carga contra los rebeldes poco después de asumir el trono. Sin embargo, los disturbios políticos internos y la amenaza de una guerra civil le impidieron actuar a tiempo. Finalmente, los egipcios lograron derrocar el dominio aqueménida y declarar su independencia.

El fin de Darío II

Darío II murió de una enfermedad en 404 a. e. c. Le sucedió su hijo, Artajerjes II, que se enfrentó a un imperio cada vez más convulsionado. También se enfrentó a luchas internas, ya que su hermano menor, Ciro el Joven, albergaba ambiciones por el trono persa desde su nombramiento como sátrapa de las regiones de Grecia ocupadas por Persia. Al parecer, Ciro incluso esperaba conseguir la ayuda de los espartanos, ya que había sido el responsable de proporcionarles ayuda durante la guerra del Peloponeso.

El legado de Darío II

El papel de Darío II en la guerra del Peloponeso se considera un astuto ejemplo de estrategia militar. Al identificar un verdadero momento de oportunidad, Darío fue capaz de forjar una alianza con los espartanos, lo que aseguraría su victoria contra los atenienses. Darío II supo aprovechar el debilitamiento de los atenienses, derrotados por los persas en Chipre, y el deseo de los espartanos de derrocarlos para acabar destruyendo a uno de los enemigos de Persia. Las continuas luchas entre los griegos aseguraron que estarían demasiado ocupados para lanzar ataques, al menos cualquier ataque verdaderamente amenazador, contra los persas. La guerra civil también podría allanar el camino para que los persas se apoderaran de Grecia.

Utilizando la alianza con los espartanos, Darío II también pudo derrocar a Amorges, sofocando la rebelión caria y eliminando una verdadera amenaza para el Imperio persa. Sin embargo, a pesar de su éxito, gran parte del reinado de Darío II estuvo salpicado de rebeliones, revueltas y malestar general. Al final de su gobierno, los persas tuvieron que renunciar a sus regiones en Grecia y habían perdido muchas partes de Egipto, que nunca volvieron a recuperar. La influencia y la corrupción de la esposa de Darío causaron malestar en la corte persa.

Aparte de sus campañas, Darío II contribuyó a la religión, la lengua y la cultura del Imperio persa. Durante su reinado, fue capaz de recuperar y ordenar el uso de tres lenguas principales: el babilonio, el elamita y el persa antiguo. Gran parte de los escritos recuperados de este periodo se registraron en elamita, que también sirvió como lengua oficial del gobierno.

Continuó apoyando y practicando el zoroastrismo, rindiendo tributo a Ahura Mazda, la deidad creadora del zoroastrismo. Los registros antiguos muestran que Darío II era un gran creyente en las fuerzas espirituales y sobrenaturales, y mantenía una colección de monumentos con inscripciones espirituales. En su tumba también hay muchas tallas de este tipo.

TERCERA SECCIÓN:
LOS PERSAS - EL CAMINO
HACIA EL COLAPSO

Capítulo 9: Artajerjes II: Un periodo turbulento

Tras la muerte de Darío II, el Imperio persa pasó a ser gobernado por su hijo, Artajerjes II. Para entonces, los persas habían tenido éxito en su financiación de los espartanos durante la guerra del Peloponeso, cultivando una alianza estratégica con ellos al quebrarse el poder ateniense. Con la amenaza de Atenas derrotada, las regiones del Egeo volvieron a caer bajo el dominio persa, restableciendo, hasta cierto punto, el poderío del Imperio aqueménida.

Por otra parte, Artajerjes II también heredó una revuelta en Egipto, que se había agitado hacia el final del reinado de su padre. El reinado del nuevo rey estaría marcado por disturbios civiles y revueltas, y la guerra que le hizo su hermano en un intento por hacerse con el trono dejaría una huella duradera en el futuro de Persia.

Sobre Artajerjes II

Artajerjes II

Artajerjes II, también conocido como Arsaces, fue uno de los trece hijos de Darío II y Parisátide. Llegó al trono en el 424 a. e. c. Su sucesión fue disputada por su hermano menor, Ciro, que también pudo haber contado con el apoyo de su madre, Parisátide. Ciro había sido nombrado sátrapa de Lidia y otras regiones de Asia Menor bajo control persa. Cuando Tisafernes no proporcionó el apoyo prometido a los espartanos durante la guerra del Peloponeso, fue sustituido por Ciro el Joven. Este cargo, junto con su título de «karanos», que denotaba un rango superior al de un sátrapa ordinario, amplió enormemente su autonomía militar y política.

Quizá por este motivo, Ciro esperaba ser nombrado heredero al trono. Muchos historiadores creen que fue favorecido por su madre, que era conocida por ejercer una gran influencia sobre su marido. Sin embargo, Darío II nombró heredero a Arsaces en su lecho de muerte. Cuando Arsaces accedió al trono, adoptó el título real de Artajerjes II.

Los informes sobre las hostilidades entre los hermanos sugieren que Ciro pudo haber intentado asesinar a su hermano durante su coronación. Sin embargo, no existe ningún relato real de que tal suceso ocurriera. Aunque la coronación de Artajerjes II hubiera transcurrido sin problemas, el resto de su reinado estuvo marcado por enemistades, revueltas y disturbios.

Lucha sangrienta: Artajerjes contra Ciro

Como sátrapa, Ciro consiguió reunir un gran ejército y forjar estrechas alianzas. Su victoria contra los cilicios y los sirios le había proporcionado una gran destreza militar. Reclamó el trono persa inmediatamente después de conocer la noticia de la muerte de su padre. Creía que era el heredero legítimo. Aunque no era el mayor, era el primogénito después de que Darío II se convirtiera en rey, mientras que Artajerjes había nacido antes de que comenzara su reinado.

Los intentos de Artajerjes II por alcanzar una solución pacífica no llegaron a ningún fin viable. Para ayudar a su pretensión al trono, Ciro reunió a sus tropas, compuestas por soldados lidios y jonios, así como mercenarios griegos. Los planes de Ciro fueron descubiertos por Tisafernes, quien vio defectos en la aparente excusa del primero, según la cual estaba reuniendo fuerzas para lanzar un ataque contra los pisidianos en Asia Menor. Sus sospechas se consolidaron cuando Ciro buscó el apoyo político de los espartanos para su campaña y consiguió financiación de los cilicios, a los que había conquistado. Tisafernes transmitió sus sospechas al rey, y Artajerjes II comenzó a prepararse para un enfrentamiento.

Lo que ocurrió a continuación fue un sangriento enfrentamiento entre los dos hermanos, con Ciro al frente de un gran ejército llamado los «Diez Mil». Este enfrentamiento produjo resultados dispares y dio lugar a más problemas.

Batalla de Cunaxa

La revuelta de Ciro el Joven llegó a su punto culminante en el año 401 a. e. c. en Cunaxa, cerca de Babilonia. El ejército de Ciro estaba dirigido por un general espartano llamado Clearco. Artajerjes II preparó un ejército cuatro veces mayor que el de Ciro, dirigido por Ariaeus, su segundo al mando. Los relatos de un historiador, que luchó como soldado griego en la batalla, informan de que Ciro pudo no haber tenido mucho control sobre su ejército. Al parecer, Ciro quería que los griegos, a los que consideraba sus mejores combatientes, tomaran el centro, donde estarían en mejor posición para derrotar a la caballería y matar al rey persa. Los griegos se negaron a hacerlo, creyendo que debilitaría su posición.

Cuando comenzó la batalla, los espartanos cargaron contra la izquierda del ejército de Artajerjes. Fueron superados en número e incapaces de abrirse paso, por lo que rompieron filas y huyeron. Sin embargo, los mercenarios griegos pudieron avanzar más, obligando a los persas a retroceder. En términos militares, el ejército de Ciro fue capaz de derrotar a los persas, a pesar de su inferioridad numérica. Sin embargo, Ciro fue asesinado durante la batalla por una jabalina voladora, por lo que la victoria fue inútil.

La guerra con Esparta

El apoyo espartano a Ciro durante su rebelión iba directamente en contra de los términos del acuerdo que los espartanos habían firmado con los persas. Su traición enfureció a Artajerjes II, que quiso actuar contra ellos. El principal conflicto entre ambas potencias comenzó con la guerra de Corinto en el año 395 a. e. c. La invasión espartana de Asia Menor, que estaba bajo control persa, hizo que el rey persa se diera cuenta de que había que neutralizar inmediatamente la amenaza espartana. Para desviar la atención de Esparta de Persia, Artajerjes inició una campaña política masiva, que incluía fuertes sobornos, para animar a los enemigos de Esparta, incluidos los tebanos, los corintios y los atenienses, a iniciar una guerra con Esparta.

Su estrategia tuvo éxito, y Esparta comenzó a preocuparse por los ataques en múltiples frentes. También dio lugar a una alianza, aunque temporal, entre Persia y Atenas. Las dos naciones lanzaron un ataque conjunto contra Esparta tras el fracaso de las negociaciones de paz. La batalla de Cnido asestó un duro golpe a los espartanos, permitiendo a Atenas remontar.

Batalla de Cnido

En el 394 a. e. c., los persas y los atenienses se unieron para enfrentarse a la armada espartana. El intento de Esparta de establecer su recién construida armada, que los espartanos empezaron a formar en el 413 a. e. c., como una fuerza formidable fue liderado por el rey Agesilao II de Esparta, que fue llamado desde Jonia para luchar contra la amenaza persa-ateniense. La armada combinada de estos últimos estaba dirigida por el almirante ateniense Conón y el sátrapa persa Farnabazo II.

La flota espartana se encontró con una avanzadilla de la flota aqueménida, contra la que los espartanos tuvieron un éxito relativo. Pero con la llegada del resto de la flota persa, los espartanos se vieron en apuros para resistir. Se vieron obligados a abandonar muchos barcos y sufrieron bajas masivas, y se dice que los persas capturaron al menos cincuenta trirremes espartanos. Aunque la guerra de Corinto continuó, Esparta no se involucró en conflictos navales tras esta derrota, lo que dejó el campo libre para que Atenas estableciera su poder naval.

Las fuerzas aliadas de Persia y Atenas asaltaron la costa del Peloponeso, que estaba bajo control espartano, aumentando la presión sobre los espartanos. Persia pudo recuperar Jonia y sus regiones perdidas del Egeo. Este control se estableció formalmente con la Paz de Antálcidas, que comenzó en 387 a. e. c.

El resurgimiento de Atenas

La guerra del Peloponeso había dejado a Esparta como la fuerza reinante en Grecia, poniendo fin a la supremacía ateniense en la región. Sin embargo, con el poderío de Esparta resquebrajándose durante la guerra de Corinto, especialmente con su derrota en Cnido, Atenas vio la oportunidad de volver a fortalecerse. Las ambiciones atenienses llamaron la atención de Artajerjes, que temía que Atenas avanzara contra Asia Menor y desencadenara otra guerra con los persas.

Como resultado, Artajerjes II buscó un tratado de paz con Esparta, que fue, por supuesto, visto como una traición a Atenas. La Paz de Antálcidas fue entre los griegos y el rey persa, y devolvió la paz y las regiones de Anatolia a los persas. También permitió a Esparta recuperar su dominio en el continente.

La Paz del Rey

La Paz de Antálcidas también se conoce como la Paz del Rey, ya que fue acordada por Artajerjes II. Aunque su origen fue la amenaza que Atenas suponía para el Imperio persa, puso fin a la guerra de Corinto. El tratado de paz permitió a Atenas mantener su dominio en las regiones de Lemnos, Imbros y Esciros y concedió autonomía a otras regiones.

Dado que los persas hicieron posible el tratado y llevaron la paz a la región, se convirtieron en árbitros de los futuros conflictos griegos. Este estatus desempeñaría un papel importante en la resolución de conflictos entre espartanos y tebanos.

Mediación entre Esparta y Tebas

La Paz del Rey no duró mucho y los combates se reanudaron en Grecia. Tebas, en particular, se enfrentó al resentimiento de otras ciudades-estado griegas debido al nivel de influencia que tenía dentro de Grecia. Entre 367 y 365 a. e. c., se hicieron nuevos intentos de restaurar la paz en la región, con Artajerjes II actuando como árbitro neutral y justo. Sin embargo, los intentos tebanos de organizar conversaciones de paz fracasaron por completo, especialmente cuando Tebas se negó a devolver las tierras espartanas conquistadas. El resultado fue la continuación de los combates en Grecia.

Durante las negociaciones de paz, Artajerjes recurrió a un enviado, Filisco, para que actuara en su nombre. El fracaso de las conversaciones de paz llevó a Filisco a empezar a ofrecer fondos persas a los militares espartanos, ofreciéndoles apoyo moral y monetario. Los registros sugieren que también financió al ejército ateniense y puede que les ofreciera servicios, ya que fue nombrado ciudadano ateniense. Con el respaldo del Imperio aqueménida, la guerra en Grecia podía continuar.

El fracaso de las negociaciones no fue bien recibido por ninguna de las ciudades-estado griegas. En 367 a. e. c., los espartanos y más tarde los atenienses, así como los tebanos y otras ciudades-estado, enviaron emisarios a la corte aqueménida, con la esperanza de obtener el apoyo de Artajerjes para financiar su esfuerzo bélico. Artajerjes II propuso un nuevo tratado que, en teoría, pondría fin a la guerra. Sin embargo, fue percibido por todos como muy favorable a Tebas, ya que exigía el desmantelamiento de otros ejércitos. Como resultado, la mayoría de las ciudades-estado, aparte de Tebas, rechazaron la propuesta.

El aparente favoritismo de Artajerjes II hacia los tebanos enfureció a los demás estados, que empezaron a actuar contra el Imperio persa en secreto. Atenas y Esparta empezaron a ofrecer apoyo militar a enemigos conocidos de Persia. Como resultado, tanto Atenas como Esparta se involucraron en la revuelta egipcia, así como en la revuelta de los sátrapas.

El intento egipcio

Una vez suprimida la amenaza griega, Artajerjes dirigió finalmente su atención hacia Egipto. Hacia el final del gobierno de su padre y el comienzo del suyo propio, Egipto había lanzado una revuelta exitosa, sacando las regiones del delta del control persa y estableciendo un nuevo faraón. Aunque el Alto Egipto seguía bajo control persa, la revuelta no estaba saciada y requería medidas urgentes. El primer intento de

Artajerjes II de subyugar a los egipcios en 385 a. e. c. no acabó bien, así que pidió ayuda a los griegos. Comenzó a reclutar mercenarios griegos y dirigió una invasión a Egipto en el 373 a. e. c.

Debido al éxito de Farnabacio contra los espartanos, fue elegido para dirigir el ataque a Egipto. Tras cuatro años de preparación, Farnabacio contaba con una fuerza militar de 200.000 hombres respaldada por 12.000 griegos y apoyo naval, estos últimos marcharon bajo el mando de Ifícrates, un general griego, para enfrentarse a los rebeldes egipcios en el 373 a. e. c. Los egipcios contaban con el apoyo de un general ateniense llamado Cabrias, que llevaba consigo a muchos mercenarios griegos.

Los egipcios estaban preparados para hacer frente a la fuerza persa y sumergieron las tierras alrededor de Pelusio, hacia donde se dirigían los persas, y bloquearon todos los canales disponibles del Nilo construyendo terraplenes. Al ver que el Nilo, fuertemente fortificado, era infranqueable, el ejército persa tuvo que salir de Pelusio sin intentar atacar y buscar una vía alternativa por el Nilo.

Los persas se dirigieron entonces hacia Menfis, encontrando una ruta a través del canal de mendesia del río Nilo, escasamente vigilado. Sin embargo, la suerte estaba en contra de los persas, ya que los desacuerdos entre Ifícrates y Farnabacio, combinados con la crecida del Nilo, crearon tensiones. Las fortificaciones y el ataque de los egipcios convirtieron una victoria segura en una agria derrota. Farnabacio fue posteriormente apartado de sus funciones militares debido a su avanzada edad y sustituido por otro general, Datames, que dirigiría una segunda expedición a Egipto. Esta segunda campaña no solo fracasaría, sino que llevó a Datames a liderar la revuelta de los sátrapas contra el rey aqueménida.

Revuelta de los sátrapas

Las repetidas revueltas y la derrota total en Egipto provocaron un creciente malestar en un imperio ya en dificultades. A partir del 372 a. e. c., la nobleza de la dinastía aqueménida se rebeló. Estaban liderados por Datames. Aunque en un principio fue designado para dirigir la segunda expedición a Egipto, cambió de opinión y se volvió contra el emperador persa. Él y sus tropas se retiraron de Egipto y se dirigieron a Capadocia, donde pudo entablar conversaciones y aliarse con otros sátrapas descontentos.

Esta revuelta dentro de Persia, que sin duda la debilitaría y la incapacitaría para organizar ataques o defensas contra otros enemigos, ofreció una oportunidad de oro a los rebeldes de Egipto. El faraón egipcio

Nectanebo, que había liderado el asalto contra los persas, prestó apoyo a los sátrapas con ayuda financiera y comenzó a cultivar lazos tanto con Atenas como con Esparta.

Los sátrapas planeaban liderar un asalto contra el rey aqueménida, comenzando con un ataque desde Siria, mientras que una alianza egipcio-griega lanzaba un ataque desde el suroeste. Aunque los sátrapas iniciaron su revuelta tal y como estaba previsto, el ejército egipcio nunca acudió en su ayuda, ya que fue desbaratado por la revuelta egipcia. Los desacuerdos y las luchas internas entre los sátrapas provocaron un ataque desordenado y descoordinado contra el rey persa, que pudo derrotar a los rebeldes sin muchas pérdidas. Sin embargo, para mantener la paz dentro de su imperio, Artajerjes II permitió que muchos de los sátrapas regresaran a su gobernación.

Persia comienza a desmoronarse

Durante su reinado, Artajerjes II gastó una parte considerable de su riqueza en varios proyectos de construcción. Entre ellos, la restauración del palacio de Darío I y el reforzamiento de las fortificaciones de Susa. En Ecbatana, financió la construcción de un nuevo palacio y varias esculturas. Un cambio notable en la cultura persa durante su reinado fue el crecimiento de la religión. Aunque el Imperio persa estaba dominado por la fe zoroástrica, que rendía culto a Ahura Mazda, también se recuperaron los nombres de otros dioses que datan del reinado de Artajerjes II. Entre ellos se encuentran Anahita y Mitra, que eran dioses menores adorados junto con Ahura Mazda.

Artajerjes II fue el primero de los reyes persas en reconocer a estas dos deidades. Anahita estaba asociada con la curación, la fertilidad y la sabiduría. Artajerjes erigió templos poblados de estatuas de las diosas por todo el imperio, especialmente en Babilonia, Susa y Ecbatana.

A pesar de estos avances, la visión general de Artajerjes II es la de un gobernante inepto que reinó sobre un imperio en constante conflicto. Fue incapaz de controlar las crecientes tensiones, que finalmente estallaron en guerra. Egipto se perdió durante su reinado. Su mandato no destaca por la expansión del imperio, sino por una lucha constante por mantener la paz y el control sobre las regiones existentes bajo dominio persa. La dinastía aqueménida se enfrentó a muchas complicaciones durante el reinado de Artajerjes II, cada una con un efecto duradero. Incluso se cree que la guerra que Artajerjes II libró contra Ciro el Joven sentó las bases de futuros conflictos, en particular la revuelta de los Sátrapas.

Artajerjes II murió en 358 a. e. c. y fue sucedido por su hijo, Artajerjes III. Su sucesor no heredó la región en mejores condiciones que Artajerjes II, por lo que estaba destinado a enfrentarse a retos similares durante su gobierno. Artajerjes II fue enterrado en su tumba de Persépolis.

Capítulo 10: Artajerjes III: La inestabilidad continúa

Durante el reinado de Artajerjes II, el Imperio persa pasó apuros. Se enfrentó a muchos desafíos y estallaron revueltas por todo el imperio. La ineptitud de Artajerjes II para hacer frente y reprimir estas revueltas dejó margen para que su sucesor fuera percibido como débil si no lograba restablecer la paz. Así pues, Artajerjes III llegó al trono con una clara ambición.

Bajo el mandato del nuevo rey, el Imperio persa fue testigo de una serie de eficaces operaciones militares destinadas a garantizar que el imperio no se desmoronara. La crueldad y la estrategia militar de Artajerjes III lo convirtieron en un emperador eficaz. Aunque los cimientos de la dinastía aqueménida se tambaleaban, se mantuvieron bajo la atenta y brutal mirada de Artajerjes III.

Toma del trono

Artajerjes III

A pesar de no ser el siguiente en la línea de sucesión al trono, Oco, también conocido como Artajerjes III, ascendió al trono tras la muerte de su padre en el año 358 a. e. c. Antes de comenzar su reinado sobre el Imperio persa, ejerció como sátrapa y comandante militar del ejército persa. De los tres hermanos de Oco, cualquiera de los cuales podría haber heredado el trono, uno se suicidó, otro fue ejecutado y el tercero fue asesinado. Este tipo de patrón violento seguiría durante todo el reinado de Artajerjes III.

Darío, el hijo mayor de Artajerjes II, era el favorito del rey para ocupar el trono. Sin embargo, para acelerar su sucesión, empezó a conspirar contra su padre, con la esperanza de conseguir el apoyo de sus hermanastros, los hijos ilegítimos de su padre, que, según rumores, eran unos 150. La traición fue descubierta y Darío fue ejecutado. El siguiente en la línea de sucesión fue Ariaspes, quien, mediante la hábil manipulación de Oco, fue empujado al suicidio. La otra opción de Artajerjes II era su hijo ilegítimo favorito, Arsames, ya que le disgustaba Oco y no deseaba que accediera al trono. Sin embargo, Oco mandó matar a Arsames. Artajerjes II murió poco después de nombrar finalmente a Oco como próximo rey de Persia.

Artajerjes III comenzó su reinado con un gran derramamiento de sangre en el seno de la familia real. Para acabar con cualquier posible aspirante al trono o con cualquiera que cuestionara la legitimidad de su gobierno, asesinó a todos los miembros de la familia real, incluidos mujeres y niños, solo con el fin de asegurarse el trono. Llegó a ser conocido como uno de los reyes persas más crueles. Mediante la astucia, la manipulación y la violencia extrema, llevó a cabo múltiples campañas en Egipto. También dirigió una carga defensiva contra los griegos, que se sublevaron contra el dominio aqueménida, y se ocupó de otras múltiples rebeliones durante su gobierno.

Revueltas de Artabazo

La revuelta de los sátrapas durante el reinado de Artajerjes II hizo que su hijo, Artajerjes III, se diera cuenta de la amenaza que la nobleza representaba para el trono. No hacía tanto tiempo que Ciro el Joven se había enzarzado en una guerra civil para hacerse con el trono en lugar de Artajerjes II. Artajerjes III se empeñó en evitar una situación semejante. Por esta razón, tras convertirse en rey, exigió a todos los sátrapas que desmantelaran sus fuerzas mercenarias personales.

Al principio, los sátrapas acataron esta orden. Sin embargo, dos años más tarde, el intento de Artajerjes III de destituir a Artabazo II de su cargo de gobernador de Frigia Helespóntica, en Anatolia occidental, no salió como estaba previsto. A Artabazo no le gustó la destitución y optó por rebelarse contra el rey persa. Además, era hijo de la hermana del rey, lo que pudo haberle hecho especialmente hostil hacia Artajerjes III, ya que habría visto la destitución como un insulto. Durante la revuelta de los sátrapas en tiempos de Artajerjes II, Artabazo lideró la resistencia en favor del rey y salió victorioso en la represión de la rebelión. Se cree que unió fuerzas con sus dos hermanos para liderar esta nueva revuelta.

Para contrarrestar la fuerza que Artajerjes III envió contra él, que incluía a todos los demás sátrapas de Anatolia, Artabazo pidió ayuda a los atenienses. Consiguió forjar una alianza con el comandante ateniense

Cares, que obtuvo los mercenarios que Artabazo se había visto obligado a despedir dos años antes. Esta fuerza combinada fue capaz de derrotar a la fuerza sátrapa enviada por Artajerjes III. El rey vio el mayor peligro que representaban los atenienses y los sobornó para que se retiraran del conflicto persa.

En respuesta, Artabazo formó una alianza con los tebanos en 354 a. e. c., que le proporcionaron una fuerza militar para enfrentarse al rey persa. Durante un tiempo, pareció que el antiguo sátrapa tenía las de ganar, ya que fue capaz de derrotar al rey aqueménida en varias ocasiones. La caída de Artabazo vino desde dentro, ya que tuvo una pelea con el general tebano. Artabazo fue derrotado en batalla y hecho prisionero. Sus partidarios lograron liberarlo y, tras algunos intentos poco entusiastas de continuar la revuelta, huyó a Macedonia, a la corte de Filipo II. Su llegada a Macedonia resultó significativa, ya que fue allí donde conoció a su futuro yerno, Alejandro Magno.

Fracaso en Egipto

La derrota de Artajerjes II en Egipto y su incapacidad para controlar la rebelión se convirtieron en un punto de humillación y contención dentro del imperio, que más tarde desembocó en la revuelta de los Sátrapas. Su hijo quiso arreglar esta situación y ganarse el respeto y el mérito de volver a someter a una satrapía rebelde al dominio persa. Se dice que Artajerjes III lanzó una nueva campaña contra los egipcios hacia 351 a. e. c., con la esperanza de poner fin por fin a años de guerra.

Poco se sabe de esta campaña. Se cree que Artajerjes III marchó a Egipto con un gran ejército y se enfrentó directamente al faraón Nectanebo II. Los egipcios contaban con el apoyo de atenienses y espartanos. Esta fuerza aliada infligió una derrota engañosa a los persas tras, al parecer, un año de lucha, momento en el que Artajerjes III se vio obligado a abandonar la campaña egipcia para ocuparse de asuntos más urgentes: otra revuelta.

La campaña de Chipre

Chipre, al igual que Egipto, tenía una historia de rebeliones contra el Imperio persa, aunque habían sido reprimidas con éxito en el pasado. Durante el reinado de Artajerjes II, Evágoras, el rey de Salamina, intentó una revuelta para hacerse con todo Chipre.

Con Artajerjes II ocupado por el intento de su hermano Ciro el Joven de hacerse con el trono, Evágoras se aseguró el apoyo de Atenas y Egipto. La victoria parecía inevitable para los rebeldes. Sin embargo, la paz del rey con Atenas supuso la retirada del apoyo griego y el fin de la revuelta chipriota.

Durante el reinado de Artajerjes III, Chipre volvió a rebelarse para independizarse de Persia. Por desgracia para Chipre, la victoria seguía estando fuera de su alcance. Con la ayuda de sus aliados, el Imperio persa pudo, una vez más, reprimir el levantamiento. Chipre acabaría independizándose del Imperio persa, pero siguió formando parte de él bajo el gobierno de Artajerjes III.

La derrota de Sidón

Surgieron más rebeliones. Los fenicios de Sidón también estaban cansados del dominio persa. Para hacer frente a la rebelión de Sidón, Artajerjes III recurrió a los sátrapas de Siria y Cilicia, Belesys y Maceo, respectivamente. Las fuerzas persas podrían haber sido algo a tener en cuenta de no ser por el apoyo de Egipto, que envió cuatro mil mercenarios griegos para ayudar a Fenicia a independizarse del Imperio persa. El ejército de los sátrapas no pudo hacer frente a la rebelión y fue expulsado de Fenicia. El fracaso de los sátrapas en Fenicia llevó a Artajerjes III a reconsiderar su decisión.

Tras este fracaso, Artajerjes III decidió dirigir él mismo un ejército hacia Sidón. Tanto los atenienses como los espartanos se negaron a ayudar al ejército persa, pero consiguió la ayuda de los tebanos, que añadieron otros 10.000 hombres al ejército de 330.000 que Artajerjes III había reunido. El rey esperaba paralizar la revuelta por la fuerza, ya que su ejército superaba ampliamente en número a los fenicios.

El resultado de la campaña contra Sidón muestra la crueldad y la barbarie de las que a menudo se acusa a Artajerjes III. La fuerza de los persas preocupó al rey de Sidón, Tennes, que encabezaba la rebelión. Decidió solicitar el perdón del rey ofreciendo cien ciudadanos influyentes de Sidón. Artajerjes respondió ordenando que cada ciudadano fuera atravesado con jabalinas. Un tributo adicional de quinientos ciudadanos corrió la misma suerte.

Artajerjes III se dispuso entonces a quemar la ciudad hasta los cimientos, matando a unas cuarenta mil personas en el proceso. A continuación, hizo una fortuna con su victoria vendiendo las ruinas de la ciudad a quienes creían que había grandes tesoros enterrados bajo ella, que esperaban excavar de entre las cenizas. Tennes fue ejecutado por instigar el levantamiento, y los judíos que habían apoyado la rebelión fueron exiliados a Hircania.

Reconquista de Egipto

Artajerjes III pasó muchos años preparando su reentrada en Egipto. Entre 340 y 339 a. e. c., reunió un gran ejército formado por mercenarios reclutados en Argos, Tebas y Asia Menor. El reto de los persas no era la fuerza de su ejército; de hecho, las fuerzas persas siempre habían superado ampliamente en número a las egipcias. El problema era el terreno traicionero. El escaso conocimiento que los persas tenían de la topografía egipcia y su arrogante negativa a contratar a un guía local agravaron el problema.

El clima egipcio sí afectó a los persas, que se vieron superados por las arenas movedizas. Su precipitado intento de tomar Pelusio también fue rápidamente derrotado. Artajerjes III cambió entonces de estrategia y dividió sus tropas en tres divisiones. A la división tebana se le asignó Pelusio. Al Mentor de Rodas, un mercenario griego, se le encomendó la campaña contra Bubastis en Egipto, y la última división, formada por tropas argivas, debía establecerse contra los egipcios en la orilla opuesta del río Nilo.

El gobernante egipcio, Nectanebo II, fue incapaz de desmantelar las fuerzas reunidas en la orilla opuesta del Nilo y optó por retirarse a Menfis. Pelusio, asediada por los tebanos, también cayó, y Bubastis hizo lo propio. Los mercenarios griegos que luchaban para los egipcios prefirieron rendirse antes que sufrir una muerte brutal a manos de los persas. Llegaron a un acuerdo con los persas y desertaron, lo que provocó una rendición generalizada y permitió a Artajerjes cruzar el Nilo y reconquistar Egipto. Nectanebo huyó del país antes que enfrentarse a los persas.

El destino de Egipto fue poco mejor que el de Sidón. Comenzó un reino de terror; las murallas de la ciudad fueron destruidas y la región fue saqueada a fondo por los persas. Las riquezas robadas contribuyeron en gran medida al tesoro persa y ayudaron a Artajerjes a recompensar a sus mercenarios. A continuación, el rey se dedicó a debilitar a la población y la economía de Egipto para evitar la posibilidad de otra revuelta. Los impuestos subieron astronómicamente y se quemaron libros sagrados. Los templos fueron saqueados y las religiones locales, perseguidas.

La caída de Artajerjes III

Egipto no fue la última rebelión a la que se enfrentó el Imperio persa, pero sin duda tuvo un efecto duradero. Artajerjes III continuó con su política de ataques despiadados en respuesta a las revueltas y, pocos años después de reconquistar Egipto, logró someter las rebeliones en todo el imperio, devolviendo firmemente las tierras al control aqueménida. Los generales, entre ellos Mentor de Rodas, que habían desempeñado papeles prominentes y exitosos en la campaña egipcia, recibieron cargos importantes dentro del imperio y trabajaron para mantener la autoridad persa y crear un gobierno exitoso y eficiente.

El Imperio persa recuperó el control del Egeo, incluidas muchas de las regiones atenienses. Aunque los griegos sufrieron el poderío de los persas, ninguno fue capaz de plantarles cara. Sin embargo, el creciente poder de Macedonia seguía preocupando a Artajerjes III. Persia se convirtió en un punto de interés para Filipo II de Macedonia cuando la ayuda persa contribuyó a que Tracia derribara el asedio macedonio y mantuviera su independencia.

Los últimos años del reinado de Artajerjes III transcurrieron en relativa paz. En 338 a. e. c., Artajerjes III y sus hijos mayores fueron envenenados por un eunuco de la corte llamado Bagoas. Este último se aseguró de que un heredero más maleable, uno de los hijos del rey, Arsés, ascendiera al trono. La repentina muerte de Artajerjes III causó estragos en un imperio por lo demás estable.

Durante su reinado, Artajerjes III construyó la Sala de las Treinta y Dos Columnas con un propósito desconocido y su propio palacio. Sin embargo, muchos de sus proyectos de construcción quedaron inconclusos, como la Calzada del ejército y la Puerta inconclusa, que habría conectado la Sala de las Cien Columnas con la Puerta de Todas las Naciones. Su tumba se construyó junto a la de su padre.

Capítulo 11: Arsés y Darío III: los últimos reyes y la disolución del Imperio

Artajerjes III logró consolidar el Imperio persa en gran medida gracias la fuerza y la violencia desenfrenada. El imperio había atravesado demasiados períodos de agitación y había sufrido considerablemente a causa de las guerras externas y las rebeliones internas. Sin embargo, su muerte desencadenaría una agitación mayor de la que el imperio había conocido hasta entonces, lo que llevaría a la completa destrucción de la dinastía aqueménida.

Los dos últimos gobernantes del Imperio persa, Artajerjes IV y Darío III, fueron incapaces de hacer frente a las exigencias de este vasto e inestable reino. Su incapacidad puede atribuirse a varias razones, pero la forma de su ascensión desempeñó un papel importante. Cuando comenzó el gobierno de Artajerjes IV, el Imperio persa llegó lentamente a su fin.

Arsés sube al trono: Artajerjes IV

Artajerjes IV

El menor de los hijos de Artajerjes III, Arsés, no era el primero en la línea de sucesión al trono. El envenenamiento intencionado del padre de Arsés y de sus otros hermanos lo dejó de repente a cargo de un imperio que quizá no estaba en condiciones de gobernar. Arsés era aún joven cuando se convirtió en rey en 338 a. e. c., tomando el trono con el nombre de Artajerjes IV. El consenso general tras los actos de Bagoas es que, al hacer al joven Arsés rey de un imperio que no podía gestionar por sí solo, él podía hacerse cargo entre bastidores ejerciendo influencia sobre el nuevo rey. Artajerjes IV sería más aceptable para la corte persa y el pueblo en lugar de que Bagoas intentara tomarlo directamente.

El ascenso de Macedonia

La agitación política en Persia brindó a sus enemigos una oportunidad de oro para aprovechar sus debilidades. Artajerjes III juró mantener un imperio unido y trabajó para someter las revueltas y mantener la paz. Durante este tiempo, se dio cuenta de la creciente amenaza de Filipo II de Macedonia, sobre todo después de que los persas ayudaran a Tracia contra los macedonios.

El rey macedonio había ido acumulando poder e influencia en Grecia. Muchas ciudades-estado griegas ya se habían unido a Filipo II en la Liga de Corinto, dirigida por él. El rey macedonio, apoyado en su propia influencia y en el tambaleante Imperio persa, eligió el momento de la ascensión de Artajerjes IV para exigir una compensación monetaria a los persas. Según Filipo, esta compensación se debía al costo que los persas habían causado a los macedonios al ayudar a Tracia.

Artajerjes IV se negó a ceder a las exigencias del soberano macedonio. Filipo II no se tomó bien este desaire y comenzó a prepararse para la guerra, reuniendo un ejército para entrar en Persia. Sin embargo, Artajerjes IV no vivió lo suficiente para hacer frente a la amenaza macedonia.

El reinado de Artajerjes IV

Poco se sabe del reinado de Artajerjes IV. La principal fuente de conocimiento sobre el Imperio persa son los antiguos historiadores griegos, que se interesaron poco por los asuntos aqueménidas en esta época. Dado que Artajerjes IV se ocupaba poco de los asuntos griegos, los historiadores estaban más preocupados por los acontecimientos más cercanos. Pocos registros hablan del reinado de Artajerjes IV.

Lo que se sabe es que el gobierno de Artajerjes IV no fortaleció mucho el Imperio persa. Los persas estaban pasando dificultades, ya que Egipto y Babilonia intentaban establecer su independencia. Mientras tanto, el rey estaba demasiado preocupado para hacer frente a los macedonios o a los disturbios dentro de su imperio.

Al darse cuenta de la ambición de Bagoas, Artajerjes IV intentó librarse de la molestia y el traidor. Intentó envenenar a Bagoas, pero este se adelantó. Artajerjes IV fue envenenado apenas dos años después de reclamar el trono, poniendo fin a su mandato en el 336 a. e. c. Bagoas procedió a colocar en el trono persa al primo lejano del anterior rey, Artashata.

Darío III se convierte en rey

Moneda de Darío III

Artashata formaba parte de la familia real persa, siendo primo lejano del rey anterior. Tras su ascenso al trono, adoptó el nombre de Darío III. En ese momento, el Imperio persa se había debilitado considerablemente, no a causa de ataques exteriores, sino por la inestabilidad interna, las amenazas políticas y una administración que se desmoronaba. Debido a las acciones de Bagoas, la atención del imperio se había centrado en cuestiones de sucesión y se había alejado de la gestión y la seguridad de un vasto imperio que se deterioraba rápidamente.

Los informes sugieren que Darío III no sucumbió fácilmente a la influencia de Bagoas. El intento de Bagoas de envenenar al recién nombrado rey del Imperio persa se debió a esto o quizás a algún otro conflicto. Los relatos históricos sugieren que Darío III descubrió esta traición antes de que ocurriera y convocó a Bagoas a su corte. Allí, el rey lo obligó a beber a su salud de su copa, que ya había sido envenenada. Bagoas fue empujado a consumir su propio veneno y murió.

Poco se sabe de Darío III, aparte de su endeble relación con la familia real. Es posible que obtuviera cierto reconocimiento gracias a su carrera militar. Había formado parte del ejército persa desde el reinado de Artajerjes III y se dice que demostró valentía durante una de sus campañas. Este logro lo sacó de la oscuridad y el rey lo nombró sátrapa de Armenia. Sin embargo, su ascenso al trono puede atribuirse más a las ansias de poder de Bagoas que a la aptitud militar de Darío III. Su principal mérito es ser el último gobernante del Imperio persa.

Los persas estaban completamente distraídos y cegados por amenazas externas, lo cual era un problema ya que la ofensiva de Artajerjes IV había llevado al rey macedonio, Filipo II, a prepararse para la guerra. Los griegos se prepararon para un nuevo ataque contra los persas. El poderío anterior del Imperio persa había frustrado muchos intentos de este tipo mediante la fuerza, la estrategia, la alianza y/o el soborno. Sin embargo, esta vez, los persas no estaban preparados para oponer resistencia cuando los macedonios marcharon contra ellos.

La campaña macedonia

No está claro si los macedonios ya habían estado planeando un ataque contra Persia, percibiéndola como débil, o si solo se produjo como resultado de la negativa de Artajerjes IV a ofrecer una compensación. Las revueltas o disturbios registrados en Egipto y Babilonia durante esta época pueden haber demostrado que Persia era incapaz de mantener la paz que Artajerjes III se había esforzado tanto en establecer. Sin embargo, es cierto que los levantamientos egipcios y babilónicos no fueron muy significativos, ya que poco se menciona sobre ellos en los registros históricos.

Independientemente de cómo o por qué, Macedonia dirigió su atención hacia el Imperio persa. Esta fuerza ascendente había ganado gran influencia en Grecia, y la Liga de Corinto había recibido un apoyo sustancial. La liga fue reunida por Filipo II, y su propósito expreso era unir las fuerzas militares de las diversas ciudades-estado griegas contra el Imperio aqueménida.

Primera batalla

En 336 a. e. c., Filipo II había recibido el pleno apoyo de la Liga de Corinto para dirigir una ofensiva contra el Imperio persa. Se suponía que se trataba de una venganza por los actos de barbarie que los persas habían cometido durante la segunda invasión persa de Grecia, cuando profanaron muchos templos atenienses, aunque la ofensa había ocurrido hacía un siglo y bajo un gobernante diferente.

Filipo II envió una avanzadilla a Asia Menor con el objetivo de liberar a los griegos del dominio persa. Esta primera campaña fue un éxito, y los macedonios pudieron recuperar ciudades que se extendían desde Troya hasta el río Malandros. La campaña podría haber continuado de no ser por la inesperada muerte de Filipo. Fue apuñalado por uno de sus guardaespaldas cuando entraba en la ciudad de Egea para celebrar el matrimonio de su hija. Había llegado sin protección para mostrarse amable y cercano a los ciudadanos. No se sabe con certeza por qué fue apuñalado, aunque hay muchas historias sobre los motivos por los que la gente podría haberse enfadado con él.

Llegada de Alejandro Magno

Alejandro Magno ya era un guerrero experimentado en el ejército macedonio cuando su padre fue asesinado en el año 336 a. e. c. Cuando subió al trono, también se convirtió en el líder de la Liga de Corinto. Dos años más tarde, dirigió una invasión en Asia Menor con ejércitos aliados formados por soldados macedonios y griegos. Los persas subestimaron enormemente la amenaza de Alejandro.

Batalla del Gránico

La revuelta egipcia de la que se había informado había adquirido prioridad para el emperador persa, que desvió su atención de la amenaza macedonia que se cernía sobre él. Cuando Darío III se volvió hacia el ejército macedonio que se acercaba, no creyó que supusiera un gran peligro. Asignó a su sátrapa la tarea de tratar con los griegos y se negó a entrar personalmente en combate.

El ejército persa logró derrotar a las fuerzas macedonias en dos ocasiones, en Magnesia y de nuevo en Tróade, en Asia Menor. La avanzadilla que había sido enviada por Filipo II el año anterior, que había adquirido varias regiones de Asia Menor, perdió el mando, y las tierras fueron devueltas al control persa.

El éxito inicial de los sátrapas hizo que Darío III confiara en sus capacidades para derrotar a Alejandro Magno. El ejército persa estaba dirigido por los sátrapas de Frigia Helespóntica, Lidia y Cilicia. El ejército persa tomó la orilla occidental del río Gránico, donde esperó a los macedonios, que tomaron la orilla opuesta.

Es probable que los persas pensaran que tenían las de ganar. Los persas luchaban desde un terreno más elevado y superaban en número al ejército de Alejandro, casi duplicando su tamaño. Sin embargo, los macedonios pronto se impusieron, lo que se atribuye en gran parte a su armamento más eficaz, en particular sus lanzas. Durante la batalla, Alejandro mató al yerno de Darío III, Mitrídates.

El ejército de Alejandro fue capaz de hacer retroceder a las fuerzas persas, ganando una fuerte posición en la orilla del río. Gran parte de la caballería persa abandonó la batalla y huyó, aunque Alejandro no los persiguió. Los que se quedaron fueron derrotados y capturados. Alejandro erigió el monumento Gránico para conmemorar su primera gran victoria sobre los persas.

Batalla de Issos

Al año siguiente, 333 a. e. c., los dos ejércitos volvieron a encontrarse cerca de la ciudad de Issos. Darío III se había visto sorprendido por la victoria anterior de los macedonios. Esta vez, tomó el mando de su ejército en lugar de confiar en sus sátrapas. Su plan consistía en atacar por sorpresa a los macedonios, marchando detrás de ellos mientras avanzaban hacia el Helesponto y cortando sus suministros.

Los persas capturaron la ciudad de Issos y marcharon hasta el río Pinarus cuando vieron acercarse al ejército de Alejandro, lo que obligó a los persas a acampar allí. El comienzo de la batalla pareció decantarse a favor de los persas, ya que el ejército macedonio era incapaz de cruzar el río sin ser asediado.

Alejandro Magno consiguió finalmente abrirse paso entre las fuerzas persas en el centro, y su flanco derecho rompió el flanco izquierdo persa, obligando a los persas a retroceder. Alejandro cargó entonces directamente contra Darío III y su guardia, obligándolos a huir. Alejandro podría haberlos perseguido si no hubiera visto a sus tropas luchando y acudido en su ayuda. Cuando los persas vieron que su rey había huido, también abandonaron la batalla. Los macedonios se lanzaron a la persecución, lo que provocó una masacre masiva del ejército persa. Esta batalla supuso la victoria de los macedonios y el fin definitivo del Imperio persa. Era la primera vez que el ejército persa perdía con el rey presente.

Batalla de Gaugamela

La derrota en Issos condujo a la captura de la familia de Darío III. Este huyó, dejando atrás a su familia, y Alejandro capturó a su esposa, sus dos hijas y su madre. Alejandro recibió varios mensajes pidiendo su liberación, a lo que se negó hasta que Darío aceptó su nombramiento como gobernante del Imperio persa. Alejandro se apoderó de casi todo el sur de Asia Menor con su última victoria, mientras que Darío III se vio obligado a huir a Babilonia y reagruparse.

Antes de librar otra batalla, Darío III intentó entablar negociaciones pacíficas. Hubo tres intentos, y el último ofreció a Alejandro la mano de su hija en matrimonio y el gobierno conjunto del Imperio persa. Alejandro rechazó estas ofertas y exigió a Darío que lo aceptara como rey o que se enfrentara a él en batalla. Darío III comenzó a reunir sus fuerzas y acampó cerca de Gaugamela. Esta noticia llegó a Alejandro a través de algunos de los hombres cautivos de una caballería persa que huía, la mayoría de los cuales lograron escapar cuando se enfrentaron a los macedonios. Con el conocimiento del paradero de los persas, Alejandro se dirigió a un enfrentamiento final y decisivo contra los persas en el 331 a. e. c.

Se dice que el ejército persa superaba ampliamente en número a los macedonios, y se atribuye a Alejandro el uso de estrategias militares superiores. Sabiendo que Darío III no querría atacar primero, basándose el fracaso de esa estrategia en Issos, Alejandro forzó su mano con un movimiento inusual, dejando a Darío III vulnerable a un ataque y haciendo que Darío saliera a campo abierto a luchar. Para hacer frente al problema de una fuerza persa mucho mayor, los macedonios utilizaron una cuidadosa planificación y cierta reserva, lo que les permitió aguantar más tiempo.

Alejandro atacó y debilitó el centro del ejército persa, dejando a Darío III desguarnecido. Los informes sugieren que Darío, una vez más, abandonó su ejército y huyó, con su ejército siguiendo su ejemplo. Alejandro le habría dado caza de no ser por un mensaje que recibió de su ejército luchando en el flanco izquierdo, optando en su lugar por ayudarlos. Aunque los persas lucharon ferozmente, cayeron.

El último de la dinastía aqueménida: Cae Darío III

Darío logró escapar a caballo con parte de su caballería. Mientras escapaba, pronunció un sonoro discurso sobre la reunión de otro ejército para hacer frente y derrotar en última instancia a Alejandro, por lo que envió mensajes a sus sátrapas para que se mantuvieran leales y firmes. Sin embargo, puede que contara demasiado con la lealtad de su pueblo. Tal vez frustrado por las continuas pérdidas o por la cobardía de Darío III, el sátrapa de Darío, Bessos, que había luchado a su lado, mató al rey persa.

Alejandro Magno puede ser muy respetado por su mando militar y el imperio que construyó, pero también es célebre por su postura ética durante las batallas. Cuando encontró muerto a Darío III, le dio sepultura en Persépolis, la capital persa, y dio caza a Bessos. Tras la muerte de Darío III, los sátrapas restantes aceptaron a Alejandro como rey y se rindieron sin guerra. Más tarde, Bessos intentó ocupar el trono, haciéndose llamar Artajerjes V y afirmando ser el rey de Persia. Finalmente fue capturado, torturado y asesinado por Alejandro.

Darío III es considerado por muchos ineficiente, inadecuado para el trono y cobarde. Aunque el malestar en Persia había ido en aumento debido a la inestabilidad política, el imperio seguía manteniéndose como antes. Sin embargo, durante el reinado de Darío III, todo el Imperio aqueménida llegó a su fin y se perdió a manos de invasores extranjeros. Es más, los intentos de Darío de luchar contra los invasores fueron mediocres en el mejor de los casos, ya que abandonó a su ejército más de una vez en lugar de participar en la batalla para ganar o morir noblemente. Con su muerte en el 330 a. e. c., la dinastía aqueménida llegó oficialmente a su fin.

CUARTA SECCIÓN:
ARTE, RELIGIÓN Y CULTURA

Capítulo 12: Arte y arquitectura

El Imperio aqueménida tuvo mucho de lo que presumir durante sus dos siglos de gobierno. Creció hasta formar la mayor civilización de su tiempo bajo el liderazgo de Ciro el Grande y sus sucesores. El Imperio aqueménida aumentó su dinastía en rápido crecimiento con sus conquistas, y varios grupos de pueblos y culturas se asimilaron bajo la bandera persa.

Sus numerosas conquistas aportaron a los emperadores persas riquezas incalculables, poder e influencia que llegaron más allá de las regiones de su dominio. A medida que el imperio crecía, también lo hacían su arte, diseño, arquitectura y artesanía. Además de liderar las conquistas, muchos de los emperadores persas gastaron considerables riquezas en erigir bellos ejemplos de arte y arquitectura que retratan la habilidad y el poderío de los persas, algunos de los cuales siguen existiendo hoy en día. Si bien el Imperio aqueménida ejerció una gran influencia política, también dejó tras de sí un gran patrimonio cultural.

Historia del arte aqueménida

El Imperio aqueménida duró poco más de dos siglos, desde mediados del siglo VI hasta mediados del siglo IV a. e. c. En ese tiempo, creció hasta convertirse en uno de los mayores imperios de la historia, extendiéndose desde el valle del Indo, en el actual Pakistán, hasta Egipto, en el extremo noreste de África. A medida que el imperio crecía y se expandía, adquiría una riqueza y un poder insuperables. Con ello se desarrolló una cultura única, con su propia lengua, historia y arte.

Antes de que surgiera el Imperio persa, la región había estado dominada por otras civilizaciones que trajeron consigo su propia cultura, tradición, herencia, lengua y arte. Una combinación de influencias dominaba la antigua Persia, como los elamitas, los asirios y los medos. Cuando el Imperio aqueménida tomó el control, creó una nueva cultura derivada de las influencias de los que vinieron antes. Muchas de estas dinastías habían coexistido durante algún tiempo en la meseta iraní, lo que dio lugar a una mezcla cultural que produjo tradiciones novedosas.

Las conquistas aqueménidas también desempeñaron un papel importante en el arte y la arquitectura emergentes durante este periodo. Algunas de las principales influencias procedían de las culturas griega, babilónica y lidia. Las miniaturas creadas como ilustraciones u obras de arte independientes a menudo presentaban caracteres chinos. Asimismo, se aprecian influencias romanas, mesopotámicas y egipcias en las obras de arte persas de esta época.

La arquitectura persa surgió como síntesis de las diversas influencias derivadas de las conquistas y la historia del imperio. Su destreza arquitectónica abarcaba desde pintorescas ciudades que servían como centros de administración y gobierno, así como símbolos del poder aqueménida hasta mausoleos y templos, que se diseñaban para honrar a los caídos y rendir culto a los dioses sagrados venerados por los habitantes del Imperio persa. Las anteriores civilizaciones elamita, asiria y meda, así como las tierras conquistadas de Egipto, Lidia y Asia Menor, contribuyeron al proceso de construcción y diseño adoptado por los persas. El resultado fue algo intrínsecamente único y claramente identificable como artesanía persa.

Algunos de los ejemplos más significativos de la arquitectura persa que representan su estilo e influencia son las tumbas reales, como las de Ciro el Grande y Artajerjes IV. Estas tumbas eran un rasgo distintivo del imperio, ya que los reyes de la dinastía solían construir sus propias tumbas. La ciudad de Persépolis, que fue una de las capitales del imperio, es otro ejemplo de la magnificencia del Imperio persa, ya que fue el centro de las funciones gubernamentales y los actos ceremoniales.

Otras dos ciudades importantes fueron Ecbatana y Susa, que siguieron siendo el centro de atención de muchos emperadores persas, cuyos gobernantes ordenaron la construcción de varios monumentos emblemáticos, que han resistido el paso del tiempo y atestiguan el oficio adoptado por los constructores y arquitectos persas. Las estructuras conservadas en estas ciudades ofrecen una gran perspectiva del desarrollo de la arquitectura persa, ya que muestran las construcciones realizadas a lo largo de todo el imperio.

Los persas demostraron una gran habilidad en diversas facetas del arte y la arquitectura. Son especialmente conocidos por su amor y pericia en la creación de relieves en rocas y frisos y por su habilidad con los metales preciosos. Utilizaban sus reservas de oro y plata para crear piezas funcionales y decorativas. Las salas con columnas son un rasgo distintivo de la arquitectura persa, que aparece sobre todo en las construcciones de Jerjes I y Artajerjes III.

Relieves rupestres

Los relieves tallados en la roca se encontraban a menudo en puntos elevados junto a caminos importantes o fuentes de agua, y solían utilizarse para señalar el éxito de una conquista. Los relieves en roca aparecieron por primera vez en la civilización elamita y posteriormente fueron adoptados por muchas civilizaciones posteriores, incluida la aqueménida, y a menudo se tallaban en los mismos lugares. Bajo el mandato de los emperadores persas, estos relieves solían utilizarse para alardear del poderío persa e ilustrar el esplendor y la extensión del imperio. Algunos de los ejemplos más significativos son la inscripción de Behistún y la de Naqsh-e Rostam.

Inscripción de Behistún

Inscripción de Behistún
PersianDutchNetwork, CC BY-SA 4.0 <https://creativecommons.org/licenses/by-sa/4.0>, vía Wikimedia Commons;
https://commons.wikimedia.org/wiki/File:Behistún_Inscription_in_Persia_ca._520_BC-_UNESCO_World_Heritage_Site.jpg

La inscripción de Behistún, escrita para Darío el Grande, es un relieve rupestre en varios idiomas que proclama el poder de la dinastía aqueménida. En primer lugar relata una breve autobiografía de Darío y continúa relatando, con gran detalle, las rebeliones que surgieron como consecuencia de las acciones de su predecesor y el éxito de Darío al reprimirlas. Los acontecimientos están escritos en lenguas babilónica, elamita y persa antigua, y la inscripción fue crucial para ayudar a descifrar la escritura cuneiforme. Como proclamación del poderío del imperio, también relaciona todos los territorios bajo dominio persa.

Naqsh-e Rostam

Naqsh-e Rostam

El Naqsh-e Rostam es la tumba y última morada de cuatro reyes aqueménidas cerca de Persépolis. Además de las tumbas, hay varios yacimientos arqueológicos excavados en la cara de la montaña, como el Ka'ba-ye Zartosht y los relieves sasánidas, que datan desde la dinastía elamita hasta la sasánida. Las tumbas de los reyes están excavadas en el acantilado, así como con diversas representaciones, que incluyen imágenes de los reyes siendo bendecidos por los dioses e hileras de otras figuras, presumiblemente soldados y súbditos del rey, ofreciendo tributo.

Las tumbas de los emperadores reciben a veces el nombre de cruces persas por su estructura. La entrada se encuentra en el centro de la cruz, que conduce a la cámara donde yace el rey en un sarcófago. De las cuatro tumbas encontradas aquí, solo la de Darío I está explícitamente identificada. Se cree que las otras tres son las de Jerjes I, Artajerjes I y Darío II. También se encuentra aquí una quinta tumba inconclusa, que se ha especulado que podría pertenecer a Artajerjes IV o a Darío III; la tumba de este último nunca se ha descubierto hasta la fecha. Tras la caída del Imperio aqueménida, los ejércitos de Alejandro Magno saquearon las tumbas, junto con muchas otras estructuras persas.

Friso en relieve

Friso del Grifo, Palacio de Darío

Los relieves de frisos abundan en la arquitectura persa. Estos relieves son paneles individuales decorativos esculpidos que representan diversos diseños. Suelen encontrarse a lo largo de escaleras o edificios reales o como parte del mobiliario. Muchos de estos frisos aqueménidas se encuentran en Persépolis, sobre todo en la arquitectura palaciega, como en las salas del trono de Darío y Jerjes.

Lo más habitual es que los frisos aparezcan en la arquitectura aqueménida como losas con tallas bajas a lo largo de escaleras que conducen a importantes estructuras ceremoniales. Muchos de ellos representan o intentan representar la riqueza del imperio mediante la representación de sirvientes que portan ricas fuentes cargadas de bebida y comida para los banquetes reales.

Uno de los relieves de friso más reconocibles es la representación de un medo. Este relieve se encuentra en una escalera lateral del palacio de Darío; sin embargo, data del reinado de Artajerjes II. Representa al medo, identificable por su vestimenta, la típica túnica con cinturón y gorro redondo, conducido por un persa. El friso los muestra caminando de la mano, quizá representando unas relaciones armoniosas tras la conquista de los medos.

Los frisos que muestran el poder del rey persa se denominan Relieves del Tesoro, que ilustran escenas de todo el imperio, similares al que se encuentra en la escalera del palacio. En la Apadana de Persépolis hay escenas de este tipo, como una en la que aparecen líderes y nobles de las distintas provincias persas bajo un lammasus masculino, un diseño de un ser celestial adoptado de la cultura mesopotámica.

Jardines del Paraíso

Una de las mejores representaciones del arte y el estilo persas son los jardines, que muestran una particular influencia aqueménida. Conocidos como jardines paradisíacos, solían diseñarse en un estilo cerrado y simétrico. Una característica común y única de estos jardines era el *chahar bagh*, que literalmente se traduce como «cuatro jardines», indicando la división en cuatro del jardín que rodeaba una masa de agua, normalmente un estanque. El agua y los aromas eran elementos esenciales de estos jardines. Estanques, canales y fuentes eran elementos comunes y estaban rodeados de flora aromática.

El jardín paradisíaco real de Pasargada, construido por Ciro el Grande, presenta el primer uso conocido del diseño *chahar bagh*. Un pórtico ofrece una apertura a través del jardín, permitiendo no solo un paisaje abierto, sino también creando un diseño cuádruple. Se cree que este diseño característico simboliza el título que ostentaba Ciro el Grande («rey de los cuatro cuartos del mundo»). Se cree que el jardín permaneció en uso durante todo el Imperio aqueménida y hoy está declarado Patrimonio de la Humanidad. Es uno de los restos más antiguos de un jardín persa.

Preciosa orfebrería

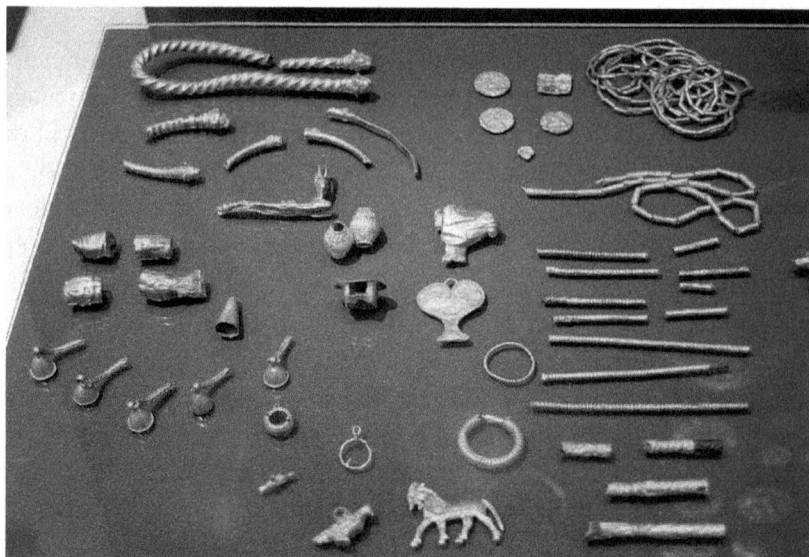

El tesoro del Oxus

El descubrimiento del tesoro del Oxus en el siglo XIX complementó la comprensión moderna de la habilidad persa con la metalistería. El tesoro descubierto contenía unas 180 piezas de orfebrería, incluidas unas 200 monedas, del periodo aqueménida. Es posible que el tesoro original contuviera muchas más piezas, ya que algunos informes históricos sugieren que los tesoros pudieron perderse o fundirse con el paso del tiempo.

La destreza de los persas en el trabajo del metal queda muy patente en el tesoro descubierto. La artesanía persa era ejemplar y avanzada para su época. Muchas de estas piezas presentan diseños muy intrincados, que reflejan una temática similar a la de los tejidos de alfombras, la cerámica y los relieves de la época. El trabajo en metal solía llevar incrustaciones de piedras preciosas. Las piezas encontradas en el tesoro recuperado incluyen brazaletes y pulseras, que solían regalarse al emperador como tributo.

La estatua de Darío I

La estatua de Darío I

Entre las esculturas y estatuas creadas por los persas, el elemento más notable y frecuente es el Tauro, un toro bicéfalo que suele encontrarse en la cabecera de las columnas. Otro ejemplo de su artesanía escultórica es la estatua de Darío I, descubierta en Susa. Se cree que se fabricó en Egipto, dado el granito gris con el que está hecha, que se puede encontrar en Egipto.

La estatua muestra a Darío I vestido y armado con una daga al cinto. En los pliegues de su túnica se pueden ver inscripciones en texto cuneiforme, mientras que en el otro lado aparecen jeroglíficos. Se cree que Darío I encargó esta estatua tras la conquista de Egipto.

Columnas persas

La arquitectura persa utilizaba sobre todo columnas. Su tipo de diseño de columnas tiene su propia categorización y suele presentar una base fuerte rematada con cabezas de animales de dos caras, que normalmente serían toros. Las apadanas eran enormes salas dentro de los palacios persas que a menudo contaban con cientos de columnas gigantes, como las que aparecen en la Sala de las Cien Columnas.

En Persia no existía la habilidad para el trabajo de la piedra que requería este tipo de arquitectura, pero se encontraba en las regiones vecinas y en muchos de los imperios sometidos al dominio persa. Los emperadores aqueménidas tenían muchos territorios a su disposición y podían obtener los servicios de artesanos de todo el imperio. El resultado fue un estilo arquitectónico mestizo, con influencias egipcias, mesopotámicas, lidias y elamitas.

Sala de las Cien Columnas

Sala de las Cien Columnas

La Sala de las Cien Columnas fue iniciada por Jerjes I, pero completada por su hijo y sucesor, Artajerjes I. Presenta una entrada norte, con el pórtico decorado por dos toros, otro sello distintivo de la arquitectura persa. Cada una de las cien columnas tiene una base ancha que se estrecha hacia la parte superior con un fuste estriado. Las columnas están diseñadas con motivos florales y rematadas por el característico toro bicéfalo. Inicialmente funcionó como salón del trono de Persépolis, pero más tarde pudo convertirse en almacén para gestionar los vastos tesoros y riquezas del Imperio aqueménida.

El Camino Real

Esta antigua carretera, reformada por Darío I, servía para mejorar las comunicaciones. Comenzaba en Sardes y atravesaba Anatolia, Nínive y Babilonia, donde se dividía; un extremo viajaba por Ecbatana hasta lo que se convertiría en la Ruta de la Seda, y el otro discurría por Susa hasta Persépolis. Se cree que algunas partes de la calzada se construyeron durante el dominio asirio, que luego Darío mejoró y amplió.

Se cree que la calzada se utilizó hasta la época romana, y que algunas partes, como el puente de Diyarbakir, siguen en pie hoy en día. Se extendía a lo largo de más de dos mil kilómetros y, al estar pavimentada, era apta para carros y carromatos tirados por caballos. Además de mejorar la comunicación dentro del imperio, el Camino Real también servía para mejorar las relaciones comerciales. Como herramienta militar, era especialmente esencial, ya que permitía a los ejércitos persas cubrir grandes distancias a través del imperio en periodos de tiempo comparativamente más cortos. Era una vía de gran importancia para el imperio y contaba con patrullas y puestos de guardia regulares.

Capítulo 13: Religión

La conquista del Imperio medo por Ciro el Grande condujo al establecimiento de la dinastía aqueménida en 550 a. e. c. En el momento de su formación, el imperio era el mayor jamás visto y sigue siendo el mayor imperio de la historia del mundo en función de la población mundial de la época. El 44% de la población mundial vivía bajo el dominio del Imperio aqueménida.

Dadas estas cifras, es lógico pensar que se trataba de un imperio diverso que incluía diferentes naciones, culturas, lenguas y religiones. Para gobernarlo eficazmente y que durara tanto como lo hizo, era necesario un enfoque de aceptación y tolerancia, que era algo que su fundador, Ciro, defendía.

Política religiosa del Imperio persa

La religión desempeñó un papel importante en el Imperio persa. La meseta iraní tenía una rica historia religiosa debido a los muchos y diversos grupos de personas que vivieron y conquistaron la tierra. Cuando nació el Imperio aqueménida, ya existían en Persia muchas tradiciones y afiliaciones religiosas diferentes. Las conquistas aqueménidas trajeron más religiones bajo el dominio del imperio.

El cilindro de Ciro

El Cilindro de Ciro

Tras la conquista de Babilonia, Ciro el Grande publicó el Cilindro de Ciro, que narra su conquista de Babilonia y la derrota de su rey. A continuación, detalla sus normas y políticas para las regiones bajo su dominio. El Cilindro de Ciro prometía libertad religiosa a los miembros de todos los grupos religiosos que formaban parte del Imperio aqueménida. En particular, concedió a los prisioneros de guerra babilonios permiso para regresar a su patria. Este acto le valió a Ciro elogios por ser un gobernante tolerante y justo.

Bajo su política, los prisioneros de guerra judíos que habían sido llevados a Babilonia pudieron regresar a sus hogares en Jerusalén. Ciro también les concedió ayuda financiera para su viaje y apoyo político, ayudándolos a reconstruir su templo que había sido destruido en la guerra. Tales actos de tolerancia le granjearon gran fama y sirvieron de ejemplo a sus sucesores. La tolerancia religiosa se convertiría en un sello distintivo del gobierno aqueménida, al menos hasta los años que precedieron a su desaparición.

Magos

Magos era la designación oficial del sacerdocio que existía en los imperios medo, aqueménida, parto y sasánida. Durante los dos últimos, el título de magos pasó a denominarse sacerdotes zoroastrianos. La denominación más antigua de los «reyes magos» procede de una de las seis tribus medas, una de las cuales formaba un clan sacerdotal. Su posición entre los medos era de gran influencia y reputación, ya que actuaban como intérpretes de sueños y adivinos.

Durante el periodo elamita, otros sacerdotes procedentes de cultos locales practicaban y predicaban sus creencias. Sin embargo, durante el dominio de los medos sobre Persia, los magos adquirieron mayor importancia y desempeñaron funciones sacerdotales a una escala mucho mayor. Es posible que parte de esta influencia se mantuviera incluso después de la caída de los medos, ya que los magos siguieron teniendo poder durante el Imperio persa.

Los registros del reinado de Darío I muestran que los magos actuaban como sacerdotes oficiales de la realeza aqueménida y gozaban de gran influencia en la corte real. Además de las responsabilidades religiosas, los magos también participaban en las esferas administrativa y económica. A cambio de sus servicios, recibían de las reservas reales harina, vino, cerveza, grano, carneros y fruta.

Durante el periodo aqueménida, los magos aparecieron en Babilonia y Egipto. Esta aparición se debió probablemente al dominio del imperio en estas regiones, a las que los magos viajaban para desempeñar algunas funciones administrativas. También aparecen en textos griegos y se hace referencia a ellos durante las batallas libradas entre persas y griegos.

Se sabía que Jerjes I no tomaba ninguna decisión importante sin el consejo de los magos, que también actuaban como profetas y acompañaban al ejército persa en las campañas. No se realizaban sacrificios sin la presencia de los magos. Los relatos históricos sugieren que los magos ejercían una gran influencia en la corte aqueménida, e incluso algunos fueron nombrados guardianes de la tumba de Ciro el Grande.

Algunos relatos, como los de Heródoto, sugieren que no existían templos para los dioses persas. Sin embargo, existía una jerarquía religiosa claramente definida, que designaba al sacerdote principal y a los sacerdotes menores. Poco se sabe de la religión y la práctica persas antes de la adopción del zoroastrismo, ya que cualquier religión anterior existía principalmente como tradición oral sin escrituras.

Antes de la llegada del zoroastrismo, los magos gozaban de grandes privilegios y fueron los más firmes opositores al auge del zoroastrismo. El sistema social y el statu quo los beneficiaban enormemente, dándoles estatus y riqueza. Las enseñanzas de Zoroastro amenazaban con poner en peligro este estilo de vida para los magos. Después de que el zoroastrismo entrara en la región y fuera ampliamente practicado en Persia, los sacerdotes de la religión empezaron a ser llamados magos.

Zoroastrismo

El auge del zoroastrismo comenzó con Zoroastro o Zaratustra, un profeta de la religión que podría haber predicado en algún momento entre 1500 y 1000 a. e. c. Poco se sabe de él, salvo que procedía de la nobleza y pertenecía a la clase sacerdotal. Se dice que alrededor de los treinta años recibió una revelación de un ser de luz llamado Vohu Manah, representante de Ahura Mazda, el único dios verdadero. Este ser representaba la bondad del pensamiento, las palabras y las obras.

La revelación que Zoroastro recibió en ese momento le decía que las prácticas religiosas actuales de los magos eran incorrectas. Así, Ahura Mazda le fue presentado como el dios verdadero, y Zoroastro fue nombrado su profeta. Como ya existía una clase sacerdotal, las enseñanzas de Zoroastro no fueron aceptadas inmediatamente. Una clase particular del clero, los karpanes, estaban particularmente en contra de todo lo que Zoroastro tenía que decir. Esta nueva enseñanza religiosa fue percibida como una amenaza al statu quo por la clase sacerdotal, que obligó a Zoroastro a renunciar o huir.

Zoroastro viajó hasta el rey Vishtaspa, conocido como el primer rey justo que aceptó la fe predicada por Zoroastro. En la corte de Vishtaspa, Zoroastro debatió la naturaleza de la verdad divina con los sacerdotes de Vishtaspa. Al principio, a Vishtaspa no le gustó este desafío a su fe y mandó encarcelar a Zoroastro. Cuando Zoroastro pudo curar a su caballo paralítico, el rey lo liberó y aceptó la fe. Con su influencia, la fe zoroástrica comenzó a extenderse, sustituyendo a las creencias politeístas de la época.

Se cree que Zoroastro continuó sus enseñanzas hasta su muerte, a la edad de 77 años, viviendo una vida de devoción tranquila. Algunos relatan que falleció de viejo, mientras que otros sugieren que pudo ser asesinado por sus creencias.

La base del zoroastrismo

La fe zoroástrica, que aún perdura, sigue cinco principios básicos. Estos reflejan las enseñanzas de otras religiones monoteístas en el sentido de que predican la existencia de un dios supremo. En el zoroastrismo, ese dios es Ahura Mazda. Así como Ahura Mazda es la encarnación de todo lo que es bueno, su eterno némesis, Angra Mainyu, es la encarnación de todo lo que es malo. La bondad de un hombre puede verse a través de sus pensamientos, palabras y actos, y cada uno tiene el libre albedrío de elegir el bien o el mal para sí mismo.

Los dioses y entidades anteriores que habían existido fueron reasignados como manifestaciones espirituales de Ahura Mazda. Los conceptos preexistentes se asimilaron a esta nueva fe, incluido el del Puente Cinvat, que describe la muerte como el cruce de un río oscuro en barca, el Cruce del Separador. En el zoroastrismo, este puente refleja los actos de la persona que intenta cruzarlo, volviéndose estrecho y afilado para los condenados y más ancho y fácil de cruzar para los justos. Dos guardias que vigilan el puente dan la bienvenida a los justos mientras gruñen a las almas condenadas. El ángel Suroosh guía y vigila a las almas mientras cruzan, y la doncella del puente, Daena, las consuela cuando llegan al cruce.

El zoroastrismo se basa en gran medida en el principio del bien y el mal. Hay espíritus benévolos y malévolos que vagan por el mundo, llamados ahuras y daevas, respectivamente. Dado que su influencia existe en todo el mundo y que los humanos tienen libre albedrío para elegir lo que siguen, es responsabilidad del individuo protegerse de lo malo y negativo, así como aceptar lo justo y positivo. Del mismo modo, es responsabilidad del individuo llevar una vida de honestidad, veracidad y honor, rechazando la mentira y el engaño. De este modo, podrá entrar en el paraíso tras la muerte.

Sin embargo, no llevar una vida recta no conlleva el castigo eterno en la Casa de la Mentira. En el zoroastrismo, una figura parecida a un salvador, Saoshyant, traerá el Fin de los Tiempos, cuando todas las almas serán perdonadas y se reunirán con su creador. Angra Mainyu será derrotado de una vez por todas, y todos, justos o condenados, vivirán en la dicha eterna.

Ahura Mazda

Ahura Mazda

Se cree que Ahura Mazda, el todopoderoso creador de la vida, dio a luz a los otros dioses menores. Encarna todas las fuerzas positivas y brillantes, que chocan con las fuerzas negativas y oscuras que intentan crear el caos a través de Angra Mainyu. El mundo, tal y como fue creado por Ahura Mazda, surgió en siete etapas, empezando por el cielo o, según otras tradiciones, el agua. Este mundo habría traído la armonía universal si no fuera por las tortuosas acciones de Angra Mainyu.

El cielo adquirió la forma de un orbe que contenía agua, y las diferentes masas de agua estaban separadas por la tierra, a la que se concedió vegetación para sustentar la vida. Ahura Mazda creó entonces el toro primordial, Gavaevodata, que fue asesinado por Angra Mainyu. Su cadáver fue llevado a la luna, donde fue purificado. Todos los demás animales nacieron a través de Gavaevodata.

Este concepto de las creaciones de Ahura Mazda, que más tarde fueron destruidas o corrompidas por Angra Mainyu, existe en toda la fe zoroástrica. Cuando el primer humano, Gayomart, fue creado, Angra Mainyu lo mató a causa de su belleza. La semilla del hombre se purificó en el sol, dando a luz una planta de ruibarbo de la que se manifestó la primera pareja sobre la tierra, Mashya y Mashyana. Ahura Mazda les concedió almas, y debían vivir en paz y armonía el uno con el otro. Sin embargo, fueron corrompidos por Angra Mainyu, que los convenció de la traición de Ahura Mazda como falso dios. La pareja cayó en desgracia y fue desterrada a vivir en un mundo de caos y lucha.

Aunque la pareja se vio obligada a vivir en un mundo de conflicto, aún podían elegir vivir una vida de verdad y honestidad, arrepintiéndose ante Ahura Mazda y rechazando la influencia de Angra Mainyu. Así, la esencia de esta fe era la batalla entre el bien y el mal. Todas las demás entidades de la fe, incluidos los seres sobrenaturales, se sitúan en uno u otro extremo del espectro, y los seres humanos también se ven obligados a elegir entre los dos bandos.

El zoroastrismo sufrió muchas modificaciones, sobre todo tras la muerte de Zoroastro. Por ejemplo, el cruce del puente se modificó para incluir un juicio final en el que se sopesarían las acciones de un alma. Las almas que llevaban una vida de verdad serían admitidas en la Casa de la Canción, su paraíso final. Los detractores irían a la oscuridad y la confusión, encontrando su fin último en la Casa de la Mentira, similar al infierno cristiano.

La vida humana en el zoroastrismo

El comienzo de la vida humana fue concebido como un regalo, ya que el alma que Ahura Mazda les había dado debía ser apreciada y cuidada. Ahura Mazda se ocupaba de las necesidades de los humanos y solo les pedía que cuidaran de sus almas adhiriéndose a sus enseñanzas y actuando como defensores de sus valores, es decir, la verdad, la honestidad y la rectitud. La vida humana adquiría su sentido al proteger el don que se le había concedido. Sin embargo, perdía su sentido al rechazar ese don y seguir, en cambio, el propósito vengativo de Angra Mainyu.

Mientras que los humanos tenían libre albedrío para elegir el camino que tomarían en la vida, Ahura Mazda pretendía guiarlos por el camino correcto. Para ello, creó una legión de seres menores que ayudarían a las personas a tomar las decisiones correctas y las protegerían de las fuerzas oscuras de Angra Mainyu. Entre ellos estaban Mitra, el dios del sol naciente, Hvar Ksata, el dios del sol lleno, y Ardvi Sura, la diosa de la salud y la fertilidad.

Los rituales de culto en el zoroastrismo se centran en los cuatro elementos, ya que así es como Ahura Mazda creó el mundo en un principio. Comienza con el fuego, que se enciende en el altar exterior, y termina con el agua, que celebra los elementos de la vida, ya que se encuentra sobre la tierra y está rodeada de aire. De estos elementos, el fuego es el más importante, pero todos son respetados y sagrados.

La religión persa no contaba con templos ni estatuas debido al principio básico zoroástrico de que su dios estaba en todas partes. La idea de un único edificio que pudiera contener a su dios era inaceptable, ya que se consideraba imposible e inapropiado. El uso de los cuatro elementos en su culto hizo que otras regiones, como los griegos, afirmaran que los persas adoraban el fuego. Esto era inexacto, ya que los persas utilizaban los elementos para simbolizar a su dios y adoraban únicamente su poder divino.

El zoroastrismo en el Imperio aqueménida

El zoroastrismo era una de las principales religiones practicadas en la meseta iraní, y muchas pruebas indican que los gobernantes del Imperio aqueménida observaban esta religión. Tras las diversas conquistas de Ciro el Grande que condujeron al establecimiento de la dinastía aqueménida, se sabe que alabó a Ahura Mazda por su éxito. Aunque esto llevó a suponer que era zoroastriano, otras fuentes sugieren que esto podría no ser del todo cierto.

Los registros históricos muestran a Ahura Mazda como una entidad que puede ser anterior a la llegada del zoroastrismo. Se lo consideraba la deidad suprema, y el culto de Ciro al dios no indica necesariamente afiliación al zoroastrismo. Del mismo modo, no existen pruebas concretas de la inclinación religiosa de los emperadores posteriores, aunque la mayoría de las fuentes sugieren que practicaban el zoroastrismo. Ahura Mazda, en particular, es alabado en diversas obras de arte, decretos y en la inscripción Behistún de Darío I.

La política de tolerancia religiosa del Imperio aqueménida significaba que la religión practicada por la casa real nunca se impuso a sus súbditos. Esta es también la razón por la que es difícil determinar con absoluta certeza qué religión practicaba la nobleza persa. Sin embargo, se cree que esta independencia religiosa dio origen al zurvanismo. Este movimiento se derivó del zoroastrismo. La deidad suprema del zurvanismo era Zurvan, o el Tiempo, que creó a Ahura Mazda y Angra Mainyu. Ambos fueron creados como iguales y trabados en una lucha cósmica, cuyo vencedor final sería Ahura Mazda. Se cree que el pensamiento zurvanista cobró fuerza durante la segunda mitad del Imperio aqueménida, pero no adquirió relevancia a gran escala hasta mucho más tarde, durante el periodo sasánida.

Capítulo 14: Ejército

La fuerza del ejército persa queda atestiguada por el poderío del Imperio aqueménida. Dado que la mayoría de las conquistas del imperio fueron precedidas por la guerra, se puede atribuir al ejército persa el mérito de la expansión del Imperio persa.

No está claro si el verdadero mérito de las victorias militares puede atribuirse a la fuerza del ejército, a su destreza o a su liderazgo; sin embargo, su contribución al imperio es innegable. En el transcurso del dominio aqueménida, el ejército persa se expandió y creció hasta incluir mayores efectivos y armamento superior. Incluso en el momento de la derrota final del ejército persa a manos de Alejandro Magno, superaba ampliamente en número a su oponente.

Distribución del ejército persa

El ejército persa constaba de cinco divisiones principales, con tácticas basadas en el movimiento de estos grupos. Incluían a los arqueros, la caballería, la infantería, los carros y, más tarde, la flota de guerra.

Arqueros

Arqueros persas

Museo de Pérgamo, CC BY 2.0 <https://creativecommons.org/licenses/by/2.0>, vía Wikimedia Commons https://en.wikipedia.org/wiki/File:Persian_warriors_from_Berlin_Museum.jpg

Los arqueros persas gozaban de gran prestigio, ya que estaban situados en primera línea. La táctica persa consistía en que los *sparabara*, o portadores de escudos, formaran una línea defensiva a la cabeza del ejército. A continuación, los arqueros atacaban a la fuerza contraria disparando sobre los escuderos. Esto preparaba el terreno para que la infantería y la caballería lanzaran un ataque más feroz contra un oponente ya agotado. El arco era también el arma nacional del Imperio aqueménida, lo que indica la importancia de los arqueros en el ejército.

Los arqueros escitas fueron contratados por los persas para entrenar a sus arqueros, ya que tenían habilidades superiores. Por este motivo, los escitas influyeron enormemente en los arqueros persas, incluido su estilo de lucha y armamento. Los persas también adoptaron el arco escita y lo modificaron para que fuera recurvado y de madera en lugar de cuerda, lo que otorgaba mayor flexibilidad al lanzar la flecha. Sus flechas también se modificaron para que fueran más ligeras y tuvieran una punta de bronce.

El arco y las flechas modificados resultaron tan ligeros y útiles de transportar que incluso los soldados de infantería llevaban un arco y algunas flechas al campo de batalla. Las innovaciones persas, combinadas con sus tácticas militares, hicieron que los arqueros fueran considerados unos de los luchadores militares más superiores de su época, incluso más que los cretenses de élite, los arqueros griegos. Los arqueros persas desempeñaron un papel clave en el éxito del ejército persa durante las conquistas expansionistas.

Caballería

Ciro el Grande se dio cuenta por primera vez de la importancia de la caballería tras observar al ejército griego, que utilizaba unidades de caballería con gran ventaja. Inspirándose en los jinetes de Jorasán, Ciro organizó la caballería persa para formar el mayor ejército montado del mundo en aquella época. La caballería ligera portaba arcos escitas alterados. La caballería ligera estaba compuesta por diversas nacionalidades e instigaba las batallas atrayendo al adversario a la lucha.

La caballería pesada, por su parte, contaba en su mayoría con hombres persas que iban armados con el armamento habitual de la infantería: hachas de combate, escudos y arcos. Más tarde, este armamento se actualizó y los soldados de caballería llevaban jabalinas, que tenían una temida reputación entre los enemigos persas. La caballería también portaba largas lanzas de madera o metal, escudos y lanzas.

Carros

Durante el Imperio aqueménida, los carros no solo tenían una función militar, sino también ceremonial y de mando. Los emperadores persas, sobre todo Jerjes I, eran conocidos por ir a la batalla en carro. También aparecía un carro especial vacío. Estaba dedicado a Ahura Mazda y era tirado por ocho caballos blancos, lo que le permitía unirse a los persas en la batalla.

Los carros falcados persas siguieron siendo una de sus innovaciones más mortíferas y eficaces. Ciro el Grande, que nunca había visto mucha utilidad en el carro como arma militar, encargó el carro falcado, que era un arma mucho más eficaz. Funcionaba como un carro normal, pero tenía espadas sujetas a las ruedas, que sobresalían a ambos lados. Las espadas podían cortar o dañar gravemente las extremidades de sus víctimas.

El carro falcado se convirtió en un arma despiadada para los persas, que infligían grandes daños a su enemigo sin mucho peligro para ellos mismos. Su objetivo original era romper las líneas defensivas griegas. Su formación de infantería pesada había demostrado ser demasiado fuerte para la caballería persa, pero los carros falcados lo convirtieron en una tarea fácil.

Flota persa

La flota persa se inspiró en gran medida en los trirremes y birremes griegos. La flota contaba con barcos largos y estrechos. Los trirremes tenían tres niveles de remeros con un largo remo en la parte trasera. En la parte delantera se colocaba un ariete de viga de hierro, diseñado para apuñalar y atacar a los barcos contrarios y destruirlos potencialmente. El birreme solo soportaba dos niveles de remeros y transportaba doscientos hombres en lugar de trescientos. Por lo demás, cumplía muchas de las funciones del trirreme.

La armada persa no existía al comienzo del Imperio aqueménida; fue lanzada por Cambises II para la batalla de Pelusio contra Egipto. Darío I utilizó la armada para la conquista de tierras en Asia Menor para hacer frente a la armada griega. Con su armada, los persas pudieron conquistar Tracia y Samos y lucharon contra los escitas.

Se cree que la armada persa estaba dirigida por comandantes elegidos entre la aristocracia imperial. Es posible que muchos de estos comandantes no fueran persas, ya que en un principio los persas no poseían una flota y, por tanto, no tenían experiencia en el mando de una. Es posible que estos primeros comandantes fueran carios, aunque también se dice que algunos eran griegos. Poco se sabe de los marineros de menor rango, aparte de que en algún momento se contrató a remeros y marineros fenicios. La infantería de marina estaba compuesta casi en su totalidad por medos, persas y escitas.

La armada persa tuvo un profundo impacto en el futuro de la guerra naval en la región. Formaron lo que sería la primera verdadera armada imperial, ya que establecieron la primera armada de trirremes de la historia. La armada también sentó las bases de la ingeniería naval iraní que llegaría más tarde. Las bases navales disfrutaban de grandes beneficios debido a su posición, y las regiones en las que se encontraban gozaban de gran riqueza.

La diversidad del ejército persa

El Imperio persa asimiló varias regiones bajo su dominio, y con ello llegó el reclutamiento de personal militar de diversas regiones. Como resultado, el ejército persa era uno de los más diversos de la época.

Los registros históricos sugieren que la contribución de soldados de una nación al ejército persa provenía de su proximidad a Persia. En lugar de pagar tributo al imperio, las naciones podían aportar más soldados al ejército. Como resultado, los medos aportaron el mayor número de soldados y generales imperiales. El resto del ejército estaba formado por escitas, egipcios, etíopes, indios, bactrianos y otros grupos.

La incorporación de estos diversos grupos al ejército persa también introdujo diferentes técnicas militares y armamento. Los arcos de los escitas, los trirremes de los griegos y los elefantes de guerra de los indios pronto se convirtieron en algo habitual en los campos de batalla persas. Los persas también llegaron a depender en gran medida de los mercenarios, sobre todo hacia el final del reinado de Ciro el Grande y durante el gobierno de Cambises II.

Los mercenarios griegos eran muy útiles para el ejército persa. Por un lado, el armamento y las armaduras persas se consideraban inferiores a los de los griegos. Los mercenarios eran leales a sus empleadores y poseían habilidades y conocimientos tácticos que los persas no conocían. Dado que los mercenarios estaban comprometidos con la guerra, podían luchar con un celo que no se encontraba entre otros soldados del ejército. En ocasiones, los mercenarios eran contratados como generales y pasaban a formar parte de la guardia personal del rey.

División y táctica del ejército persa

Se cree que el ejército persa contaba aproximadamente con entre 120.000 y 150.000 hombres, sin contar el apoyo militar que recibían de sus aliados. El *hazarabam*, formado por mil soldados, era considerado el mejor de los regimientos persas. Diez *hazarabam* formaban la unidad de élite llamada los Inmortales. Eran los guardias personales del rey y estaban muy bien entrenados.

La táctica de guerra persa por defecto consistía en utilizar escudos, mediante *sparabaras,* a lo largo de las líneas del frente y hacer que los arqueros lanzaran el ataque. El ejército persa también estaba entrenado en tácticas de choque, que implicaban el combate cuerpo a cuerpo, aunque esta no era la táctica preferida de los persas, ya que preferían mantener la distancia con el oponente y derrotarlo mediante ataques con proyectiles.

El ataque solía comenzar con las acciones de la caballería ligera, que buscaba instigar al enemigo. Se trataba de pequeños ataques, en los que los soldados utilizaban flechas y pequeñas jabalinas para incitar al adversario a atacar mientras los arqueros preparaban una ofensiva. La caballería se movía entonces para atacar los flancos, haciendo que el adversario se reuniera en una formación densa, lo que dificultaba las maniobras. Si, por el contrario, el ejército optaba por dispersarse, se vería sometido a ataques de choque. De este modo, los adversarios persas, incluso los griegos, sufrían numerosas bajas en el campo de batalla.

La táctica persa era eficaz en teoría, pero no siempre funcionaba. Para que fuera eficaz, los persas necesitaban un terreno amplio y abierto que no obstaculizara los rápidos movimientos de la caballería. También requería una buena sincronización y coordinación entre la caballería, los arqueros y la infantería, así como la inferioridad del armamento y la limitada movilidad del adversario. Cuando el ejército persa sufría una derrota, era por la falta de uno o varios de estos requisitos.

Por ejemplo, los escitas empleaban tácticas de tierra quemada. Mantenían una gran movilidad y nunca se enfrentaban al ejército persa el tiempo suficiente como para permitirle desplegar sus tácticas de guerra. Esto llevó a los persas a perseguir a los escitas en una tierra totalmente desconocida para ellos, mientras los escitas destruían todos los recursos posibles, sin dejar nada a los persas.

La batalla de Maratón contra los griegos también fue un fracaso para los persas. La batalla se desarrolló en una ladera rocosa, que no era apta para que los persas escalaran y lanzaran un ataque. Los atenienses volvieron a la llanura cuando los persas se retiraron a sus naves, por lo que pudieron evitar la lluvia de flechas persas para enfrentarse a ellos en un combate cuerpo a cuerpo. Los atenienses no tenían problemas de movilidad y no contaban con armas o habilidades inferiores que los persas pudieran explotar. Y aunque el ejército de Alejandro Magno era inferior en número, pudo derrotar a las fuerzas persas gracias a una planificación táctica superior y a las diversas divisiones del ejército de Alejandro. Estaba compuesto por una gran variedad de unidades de caballería e infantería que podían lanzar ataques en todo tipo de terrenos con una gran variedad de armamento, obligando a los persas a entrar en combate cuerpo a cuerpo, donde se veían ampliamente superados.

Los griegos tenían una armadura muy superior, que desviaba las flechas y pequeñas jabalinas lanzadas como parte del ataque inicial de los persas. Una vez que los persas se vieron forzados al combate cuerpo a cuerpo, tenían pocas posibilidades de victoria, ya que su armamento inferior y su falta de armadura no podían competir con los griegos, aunque no poseían menos valor ni espíritu que sus oponentes. El ejército persa también dependía en gran medida de su líder o rey en la batalla. Aunque permanecían coordinados bajo su dirección, caían inmediatamente en el desorden si el líder militar era llamado o se veía obligado a huir, como ocurrió cuando Darío III se enfrentó a las fuerzas de Alejandro Magno.

Preparación para la batalla

Aunque el ejército persa tenía una gran fuerza numérica, rara vez era suficiente para grandes expediciones. En tales casos, el ejército necesitaba ser reclutado, y el proceso podía durar años. El Imperio persa contaba con guarniciones en los centros urbanos importantes, y los sátrapas tenían su propia guardia y ejército local. Sin embargo, no se recurría a ellos para lanzar una campaña, ya que dejaría al sátrapa vulnerable e indefenso ante una posible rebelión.

Los mercenarios y los guerreros tribales eran mucho más fáciles de reclutar y reunir en tiempos de necesidad. Se los convocaba a los *handaisa*, los puestos de reclutamiento, donde se les pasaba revista y se los reclutaba. El ejército almacenaba provisiones a lo largo de la ruta que tomaba para la campaña, aunque los hombres también transportaban suministros en carros de equipaje. Dada la importancia de la religión en la cultura persa, los magos acompañarían estas campañas, entonando himnos mientras rodeaban al comandante. Llevaban un estandarte de águila y fuego sagrado en soportes portátiles.

Se enviaban exploradores para vigilar los movimientos del enemigo. Los militares también establecieron un gran sistema de comunicación fiable durante los desplazamientos. El Camino Real servía a los correos para transmitir mensajes con rapidez. Los correos mantenían su velocidad cambiando de caballo con frecuencia. Los persas también utilizaban señales de fuego para enviar noticias rápidamente.

El ejército persa dependía en gran medida de las marchas diurnas, ya que a los comandantes no les gustaba avanzar o atacar por la noche. La marcha diurna era lenta, debido al equipaje que a menudo llevaban. Además de provisiones para el viaje y la guerra, la comitiva solía incluir literas para las esposas y concubinas del rey y los comandantes. Por la noche, el ejército acampaba en zonas llanas. Si temían que se acercara el enemigo, cavaban zanjas y montaban defensas de sacos de arena a su alrededor. Antes de comenzar una batalla, se celebraba un consejo para discutir estrategias y tácticas.

Capítulo 15: Las lenguas y la cuestión de la verdad

El Imperio persa adoptó la lengua persa, también conocida como parsi, que siguió siendo la lengua predominante durante todo el dominio aqueménida. El persa forma parte del grupo de lenguas indoiranias, y la difusión y el uso de la lengua llegaron desde las fronteras indias hasta Egipto y el Mediterráneo, y es posible que también influyeran en regiones del norte. El persa antiguo, conocido localmente como *ariya*, aparece en los registros e inscripciones del periodo aqueménida, sobre todo en la inscripción de Behistún de Darío I.

En la época moderna, la lengua parsi ha cambiado de forma, y se habla y escribe más allá de las regiones de Oriente Próximo. Con la conquista del valle del Indo, el Imperio aqueménida introdujo la lengua persa en el subcontinente indio. Siguió siendo una lengua popular en las cortes reales hasta la llegada de los británicos, que prohibieron muchas lenguas locales.

Persa antiguo

El persa antiguo se considera en gran medida la lengua del Imperio aqueménida. Se utiliza en textos administrativos y legales y en inscripciones que celebran la vida y las conquistas de los emperadores persas. La inscripción de Behistún es la más antigua de la que se tiene constancia, aunque la lengua data de mucho antes. Se cree que una tribu llamada Parsuwaš introdujo la lengua en la meseta iraní a principios del primer milenio antes de Cristo.

Registros asirios posteriores indican el uso de antiguas lenguas iraníes, como el persa y el medo. El persa antiguo contiene muchas palabras de la lengua meda, hoy extinta, lo que indica que se utilizaba en la región mucho antes del Imperio aqueménida. La inscripción de Behistún no se limita a una sola lengua. Repite el mismo texto en tres lenguas de escritura cuneiforme: Persa antiguo, elamita y babilonio. Esto indica que, al igual que ocurría con la religión, la diversidad lingüística era bienvenida en el Imperio persa.

Incluso durante el Imperio aqueménida, el persa antiguo no conservó su forma original, desarrollándose y transformándose en lo que hoy se conoce como lengua persa postantigua o prepersa media, ya que se encuentra entre las dos formaciones distintas de la lengua. La lengua es evidente en el siglo IV a. e. c., donde las inscripciones de Darío I difieren en gran medida de las inscripciones posteriores realizadas durante los reinados de Artajerjes II y Artajerjes III.

Esta forma de persa antiguo sirvió de puente hacia el persa medio, que evolucionó hasta convertirse en el nuevo persa. Con cada transformación sucesiva, la lengua y la sintaxis se volvían más simples y sencillas que las anteriores.

Persa medio

El persa medio se desarrolló después del Imperio aqueménida, durante el periodo sasánida. Aparte de las inscripciones y algunos registros desenterrados durante el Imperio aqueménida, se pueden encontrar pocos ejemplos de sus escritos, por lo que desconocemos la extensión y diversidad de las lenguas utilizadas durante esta época. Sin embargo, del periodo sasánida se han desenterrado muchos textos escritos, sobre todo de tipo religioso, que indican el paso del persa antiguo al persa medio.

El desarrollo del persa medio, al igual que otras lenguas del Irán medio, comenzó a mediados del siglo V a. e. c. y continuó hasta el siglo VII de nuestra era. Este periodo de desarrollo se caracteriza por un cambio en la forma de hablar, escribir y utilizar la lengua. La lengua también se vio influida por los cambios del imperio y adoptó muchos rasgos de la lengua griega. El persa antiguo, tal y como había sido utilizado por los aqueménidas, presentaba la lengua aramea, que empezó a perder su influencia con el paso del tiempo.

Persa moderno

El persa moderno, nuevo persa o farsi evolucionó a partir del persa medio y no es totalmente de origen iraní. La lengua tardó en cambiar, y la metamorfosis se prolongó hasta el siglo X u XI e. c. y acabó formulándose en la versión conocida hoy. Recibió grandes influencias de diversas lenguas, como el inglés, el francés y el alemán, pero la aportación más notable procede del árabe, que sustituyó muchos de los términos persas originales.

Aunque existen palabras europeas en la lengua persa, ya sean inglesas o francesas, existen en gran medida por necesidad. Palabras como «coche» simplemente no existían en persa, y la solución fue importar la palabra en lugar de inventar un término adecuado. Otras palabras, como *merci*, que tienen equivalentes persas adecuados, simplemente se integraron en la lengua hasta el punto de sonar naturales en lugar de extrañas para sus hablantes.

Sin embargo, la influencia árabe en la lengua fue diferente. No solo sustituyó a la escritura persa original, sino que muchas palabras y términos árabes reemplazaron directamente a los persas. Esta evolución de la lengua persa se considera perjudicial, ya que aniquiló por completo muchas partes de la lengua persa. Estas partes de la lengua están ahora extintas y suenan más extrañas a los hablantes persas que las palabras no persas de su lengua.

El uso de la lengua en la cultura aqueménida

El persa antiguo no se convirtió en una de las lenguas aqueménidas hasta mucho más tarde. Desde el reinado de Ciro el Grande hasta el de Darío I, el centro del Imperio persa estuvo en Susa, en Elam. Por ello, la lengua principal de la administración siguió siendo el elamita, ya que era la más lógica. El uso del elamita está atestiguado en las tablillas y fortificaciones halladas en Persépolis.

Sin embargo, aunque el elamita siguió siendo la lengua oficial, no fue la única utilizada, ni siquiera en los primeros tiempos del Imperio aqueménida. Cualquier uso del elamita iba siempre acompañado de textos escritos en persa antiguo, babilonio o acadio. Este enfoque multilingüe ha llevado a los historiadores a creer que el elamita pudo ser la lengua central de Susa. Es posible que en otras regiones del imperio primaran otras lenguas. En cualquier caso, después de mediados del siglo V a. e. c., no hay constancia del uso del elamita en los registros de la época aqueménida.

Los persas y el arameo

Tras la conquista de Mesopotamia por Ciro el Grande, el arameo se introdujo en el Imperio aqueménida. Originario de Mesopotamia, se cree que fue adoptado por los persas como lengua oficial, lo que ayudaría a gobernar las diversas regiones bajo dominio persa que, por lo demás, albergaban lenguas, pueblos y culturas muy diferentes. Aunque muchos creen que los persas utilizaron el arameo como lengua oficial, no existe ningún documento o inscripción oficial que sugiera que fue adoptado como tal. De hecho, no existe tal afirmación para ninguna lengua utilizada durante el Imperio aqueménida. El arameo se utilizaba de forma más generalizada en el Imperio persa, y siguió sobreviviendo mucho después de la desaparición de los aqueménidas.

El uso del persa antiguo estaba igualmente extendido; sin embargo, a juzgar por los sellos, objetos artísticos e inscripciones recuperados, es posible que su uso fuera más común en las regiones occidentales de Irán.

La evolución de la lengua fue bastante drástica y difería mucho de su forma original al comienzo del reinado de Artajerjes II. Se cree que esto se debió a que la lengua, en su forma original, había caído en el olvido en favor de otras lenguas utilizadas en el imperio. Los escribas que redactaron textos en persa antiguo intentaron hacerlo recreando inscripciones más antiguas, obteniendo resultados imperfectos y escasamente precisos.

Influencia griega

La relación de los aqueménidas con los griegos hizo que, al menos ocasionalmente, mantuvieran correspondencia en lengua griega. Los persas mantenían amplias, aunque normalmente hostiles, relaciones con los griegos, y también conquistaron muchas regiones griegas en Asia Menor. Además, los mercenarios griegos eran una parte importante del ejército persa, y los persas a menudo forjaban alianzas con los griegos para ayudar en diversas campañas. Artajerjes II también actuó como árbitro para iniciar la Paz del Rey entre varias ciudades-estado griegas. Por tanto, la lengua griega desempeñó un papel importante en la burocracia persa.

Sin embargo, no existen registros escritos de influencias lingüísticas griegas en el Imperio aqueménida. Además de las frecuentes relaciones de los persas con los griegos, existen pruebas que indican que muchos griegos también vivían en el Imperio aqueménida, especialmente en Irán. En la construcción de varios monumentos persas participaron constructores griegos, y en Persépolis se han descubierto algunas inscripciones griegas. Parece inevitable que el Imperio aqueménida utilizara, en cierta medida, la lengua griega dentro de su círculo administrativo.

La comunicación en el Imperio persa

Uno de los pilares del éxito de un imperio son sus canales de comunicación. Para dirigir un imperio tan vasto y diverso como el aqueménida, una comunicación eficaz y rápida era un requisito indispensable. Sin ella, no solo se paralizarían los procesos administrativos, sino que el imperio no estaría preparado para responder a amenazas repentinas. Así pues, los mensajes debían enviarse con rapidez y fiabilidad, pero también debían transmitirse en un idioma que todos pudieran entender.

Jerarquía de la comunicación

La comunicación en el Imperio aqueménida seguía una ruta descendente, empezando por la corte real. El rey emitía las directivas y órdenes, que se transmitían a los sátrapas. Los sátrapas ejecutaban estas directrices en sus respectivas regiones de gobierno. El despliegue de sátrapas en las cortes regionales pretendía ser una extensión de la corte del rey, donde debían emularse sus prácticas aceptadas.

De este modo también se establecía un canal de comunicación más eficaz. El Imperio aqueménida tenía bajo su dominio una vasta región geográfica; intentar dispersar cualquier mensaje de forma eficaz por todo el reino supondría un gran desafío. Dado que los sátrapas solían ser miembros de la familia real, se podía confiar en ellos para que mantuvieran la tradición real en las cortes regionales y para que mantuvieran canales de comunicación eficaces y rápidos en sus respectivas regiones.

Correspondencia

Dado que el arameo había sido adoptado tras la conquista de Mesopotamia y establecido como lengua administrativa, sirvió ampliamente como principal lengua de correspondencia. El carácter multilingüe del Imperio aqueménida hizo necesaria esta práctica, ya que no había otra forma de garantizar la comunicación entre las distintas satrapías. No hay constancia de que los propios emperadores aqueménidas mostraran preferencia por ninguna lengua en particular.

Con una única lengua administrativa, el trabajo de los escribas se vio facilitado, ya que solo tenían que aprender arameo para cumplir su función en la corte real. Se conservan muy pocos ejemplos de correspondencia real, ya que gran parte de ella estaba inscrita en objetos perecederos. Las pocas muestras que se conservan de la comunicación entre varios sátrapas hacen pensar que el arameo era la lengua oficial de comunicación.

La cuestión de la verdad

Uno de los principios centrales de la vida persa, señalado por varios historiadores, es el énfasis en la veracidad. Se cree en gran medida que esto tenía su origen en una perspectiva religiosa. El zoroastrismo, una de las religiones más practicadas en el Imperio persa, presenta a Ahura Mazda como un dios todopoderoso, un ser de luz que valora la verdad y la honestidad. Seguir sus prácticas y defender estos principios era lo que daba sentido a la vida. Es lógico, pues, que la verdad fuera muy importante en la vida persa. Según los relatos históricos, no había nada más vergonzoso que mentir, y esto influiría en muchas políticas y prácticas persas.

Sin embargo, puede ser inexacto decir que la importancia de la verdad surgió de una base religiosa. Incluso antes de la propagación del zoroastrismo, el pueblo persa seguía una ética básica que definía su vida. A falta de tribunales ordenados, leyes y encargados de hacer cumplir tales políticas, entre las diversas tribus iraníes imperaba un código de honor, entre cuyos principios básicos se encontraba el de decir la verdad. Incluso quienes no habían crecido bajo las enseñanzas de ninguna religión seguían y valoraban estos principios éticos, que formaban parte esencial de la vida persa.

La mentira se consideraba la base de todo mal en la moral persa, dentro y fuera de la práctica del zoroastrismo. El libro zoroástrico, el *Avesta*, también menciona la falacia de la mentira, afirmando que conducía a la corrupción del hombre justo. El concepto de decir la verdad estaba tan arraigado en el pensamiento persa que Darío I lo utilizó para justificar sus acciones para hacerse con el trono.

La inscripción de Behistún narra la ascensión de Darío I al trono y las acciones que emprendió para reprimir las rebeliones en el Imperio persa. La inscripción enumera los nombres de una serie de impostores, entre ellos el impostor Bardia, cuyas mentiras y engaños hicieron que la nación cayera en la rebelión, provocando disturbios, caos y luchas. Darío I emergió de este caos como el portador de la luz y la verdad, habiendo sofocado la rebelión y tratado con los retadores de Ahura Mazda.

Capítulo 16: Gobierno del Imperio

Cuando Ciro el Grande fundó el Imperio aqueménida, estableció un régimen organizado. El imperio contaba con cuatro ciudades capitales durante el reinado de Ciro, que sirvieron como centros para la gestión administrativa del vasto imperio multiregional. Estas cuatro ciudades eran Pasargada, Susa, Ecbatana y Babilonia. Estas ciudades también estaban destinadas a mostrar el poder y la potencia del Imperio persa.

El Imperio aqueménida también estableció una forma de gobierno un tanto regional. El sistema de satrapías establecía unidades administrativas en todo el imperio, donde se instalaban gobernadores o sátrapas para supervisar la región. Además del sátrapa, se empleaba a un general para dirigir las operaciones militares y a un secretario de estado para llevar los registros. A medida que el imperio crecía, también lo hacían las satrapías, y la forma de gobierno aqueménida influyó en muchos regímenes posteriores.

El sistema de gobierno

El sistema de satrapías no era nuevo en la meseta iraní, ya que lo habían aplicado antes los medos y los asirios. Ciro se inspiró en ellos para su propio gobierno, aunque optó por introducir algunos cambios vitales. Se cree que el Imperio persa recibió la mayor influencia de imperios extranjeros que ningún otro imperio anterior.

Un aspecto común del Imperio persa y de los que le precedieron fue que todos gobernaban sobre un grupo diverso de personas. Sin embargo, a diferencia del Imperio persa, las dinastías anteriores no habían sido tan grandes ni armoniosas en su gobierno, por lo que se desintegraron. Ciro el Grande aprendió esta lección de los asirios y medos, error que no deseaba repetir. Una de las políticas que deseaba evitar era la práctica asiria del traslado forzoso y la deportación de grandes grupos.

Este traslado forzoso no era del todo insensible; nunca se separaba a las familias y se transportaba a las personas en función de dónde pudieran necesitarse más sus habilidades. En cualquier caso, el traslado forzoso no fomentaba ninguna buena voluntad hacia el poder gobernante. Los imperios anteriores tampoco hicieron ningún esfuerzo por preservar las culturas de sus tierras conquistadas. Se despojaba a los habitantes de las regiones de su identidad en lugar de acogerlos como nuevas regiones del imperio. También se ignoraron las prácticas religiosas de las tierras conquistadas en favor de establecer la preferencia religiosa del imperio gobernante.

Aunque la religión oficial de la corte aqueménida sigue siendo objeto de debate, es bien sabido que no se impuso ninguna religión, ideología cultural o tradición a los súbditos conquistados. La gente era libre de practicar la fe que quisiera, hablar la lengua que prefiriera y seguir viviendo como antes. La liberación de los judíos de Babilonia por parte de Ciro el Grande se considera otro ejemplo de su compromiso con este enfoque de aceptación y la marca de un verdadero líder. La única obligación impuesta a las tierras recién adquiridas era que pagaran su parte de impuestos y aportaran hombres al ejército.

Aunque existían gobiernos regionales en el Imperio aqueménida, no eran totalmente independientes. En particular, durante el gobierno de Ciro el Grande, se emplearon funcionarios para vigilar a los sátrapas. Informaban de los asuntos regionales al rey, actuando como sus «ojos y oídos». Esta práctica puede haber contribuido, al menos en parte, a la paz que vivió el imperio durante esta época, ya que no hay constancia de ninguna revuelta durante el reinado de Ciro.

Las políticas aqueménidas en materia de tolerancia hacia el crimen o la traición diferían en función de los emperadores. A menudo se cree que el sucesor de Ciro, su hijo Cambises, era más severo en los castigos que imponía como gobernante y, por tanto, se lo consideraba no apto para el trono. Aunque conquistó Egipto, también forjó hostilidades con los egipcios y los griegos, lo que podría explicar su enfoque más severo.

Ordenanza de buenas regulaciones

El sucesor de Cambises, Darío I, adoptó un enfoque más liberal, instituyendo lo que llamó la «ordenanza de las buenas regulaciones».

Dada la falta de registros escritos de la época, se sabe poco sobre los detalles de la ordenanza. Sin embargo, uno de sus principios esenciales se refería a los castigos por delitos, instando a todos, incluso al rey, a reconsiderar los castigos severos por un delito. Por el contrario, a la hora de juzgar a una persona debían tenerse en cuenta sus buenas acciones.

Darío optó por castigos indulgentes para los delitos cometidos por primera vez, sobre todo si se sopesaban los servicios del individuo. Por ejemplo, un juez que fuera sorprendido aceptando un soborno no sería crucificado, un castigo que Cambises habría considerado justo. En su lugar, Darío habría degradado al juez si esa hubiera sido su única ofensa.

La organización del imperio recibió más atención durante este período, ya que Darío dividió el reino en siete regiones. Estas regiones se dividieron a su vez en veinte satrapías. Siguiendo la política de Ciro de mantener vigilado el imperio, Darío instituyó un sistema similar. Se contrató a un tesorero real para garantizar que los gastos y actividades de los sátrapas se realizaban con la aprobación del rey. Además, se contrataron inspectores cuyo trabajo consistía en vigilar a varios sátrapas. Vigilarían a los funcionarios del gobierno, asegurándose de que todos los trabajos se realizaban con honestidad. Otro comité se encargaba de revisar la recaudación de ingresos de cada sátrapa, asegurándose de que todos los ciudadanos estuvieran registrados, de que todos los impuestos se impusieran y pagaran de forma justa y de que todos se dirigieran a donde debían. Esto puede considerarse un sistema justo y equitativo diseñado para prevenir la corrupción y proteger los derechos de todos.

Chapar Khaneh

El sistema postal no era un invento nuevo. Los neoasirios y los neobabilonios ya utilizaban algún tipo de sistema de reparto de correo. Sin embargo, la innovación de los aqueménidas creó lo que puede considerarse el predecesor más cercano al sistema de correo moderno. El Camino Real desempeñó un papel fundamental, ya que conectaba varias regiones lejanas del imperio, acortando los largos viajes en cuestión de días.

Los mensajes eran entregados por correos a caballo a través de un sistema de relevo que permitía la entrega rápida y coherente de cartas y mensajes. Los iraníes, incluso durante el Imperio persa, eran especialmente hábiles montando a caballo, y su sistema de entrega implicaba cambiar de caballo a intervalos frecuentes para garantizar una velocidad constante. Dado que toda la correspondencia administrativa se realizaba en arameo, se garantizaba un lenguaje estandarizado, lo que también contribuía a la rapidez de la entrega. El *Chapar Khaneh*, o estación de servicio postal, se situaba a intervalos a lo largo del Camino Real.

El sistema fiscal

Aunque Ciro estableció un modelo fiscal anterior, se cree que Darío I lo mejoró, creando un sistema justo, equitativo y bien distribuido. La tributación se decidía en función de la capacidad económica de cada satrapía, como su productividad y la cantidad que cada una podía aportar de forma realista. En función de sus puntos fuertes —por ejemplo, Egipto por sus cosechas—, cada satrapía debía pagar esa cantidad en impuestos. Se cree que Babilonia tenía el mayor potencial económico y, en consecuencia, pagaba la mayor cantidad en impuestos.

Los persas no estaban sujetos al sistema tributario. Estaba reservado estrictamente a las tierras conquistadas, que además podían aportar más soldados al ejército del imperio en lugar de pagar impuestos más elevados.

La esclavitud no era una práctica muy común en el Imperio persa, pero se daba. La esclavitud había existido en la región antes del Imperio aqueménida, y el término utilizado para describirlos, *bandaka*, se refería a la dependencia general. El término esclavitud se utilizaba a menudo para denotar el estatus real del emperador, marcando al público como sus súbditos, lo que hace que el grado de práctica de la esclavitud durante el Imperio persa no esté claro. La esclavitud también se menciona en relación con la conquista de tierras vecinas que pasaron a formar parte del Imperio persa. Los futuros imperios que sucedieron a los aqueménidas se inspirarían en este sistema para establecer sus propias políticas administrativas.

Acuñación aqueménida

El uso de la moneda, en particular la de oro, se atribuyó por primera vez a los lidios hacia mediados del siglo VI a. e. c. Lidia fue conquistada por Ciro, y el sistema de acuñación de monedas se introdujo a una escala mucho mayor en todo el Imperio persa.

Antes de la conquista de Lidia, el sistema de acuñación de monedas era un concepto extraño para los persas. El sistema de trueque era la base de la actividad económica, con cierto uso de lingotes de plata. El sistema de acuñación de moneda supuso una revolución económica; Lidia ya había sido una potencia líder en el comercio gracias a su invención.

Sardes se convirtió en un importante centro urbano. Allí se encontraba la ceca, por lo que Sardes actuaba como capital de la región aqueménida occidental. Las monedas que salían de Sardes abastecían a esta región, convirtiéndose en una fuerza vital para la fortaleza económica del Imperio aqueménida. Cuando Darío I se convirtió en rey, revolucionó el sistema de acuñación de monedas existente acuñándolas con imágenes de Persépolis. Algunos incluso creen que el término para la moneda de oro, el dárico, deriva de su nombre, Darío I, ya sea por su influencia en el sistema de acuñación o por la creencia de que fue él quien introdujo el sistema en Persia.

Las monedas lidias originales se diseñaban mediante un sistema de punzones incusos en una cara y algún diseño pictórico en la otra. Darío I simplificó el modelo lidio, que utilizaba dos punzones, sustituyéndolo por uno. Los diseños pictóricos anteriores se adoptaron de los lidios, que incluían diseños de animales y formas geométricas. Además de imágenes de Persépolis, los persas también utilizaban imágenes de arqueros, que representaban el poderío del ejército aqueménida.

Transporte

El sistema comercial establecido bajo el dominio aqueménida se complementaba con amplias infraestructuras y un sistema de acuñación de moneda fiable. Los aranceles obtenidos del comercio constituían una lucrativa fuente de ingresos para el imperio, que también incluía impuestos agrícolas y tributos. La economía persa, sobre todo tras la introducción de la moneda lidia, experimentó un gran impulso. Sin embargo, su mayor apoyo provino de las infraestructuras que los emperadores, en particular Ciro y Darío I, invirtieron para aumentar la eficacia del comercio y los ingresos.

El Camino Real ofrecía varias estaciones y caravasares, o posadas al borde de la carretera, tanto para mercaderes como para mensajeros, lo que ayudó a crear un sistema de comercio que no se parecía a ningún otro de la época. El comercio a lo largo del Camino Real también era más fiable, ya que se veía menos afectado por los cambios climáticos y estaba construido para viajar rápidamente a caballo. Para el Imperio aqueménida, el Camino Real era una forma de entregar mensajes rápidamente, complementar el comercio y garantizar que el rey tuviera ojos en todo su vasto imperio.

El Camino Real no era la única vía por la que se podía comerciar. La Gran Ruta de Jorasán conectaba Mesopotamia con la meseta iraní y llegaba hasta el valle del Indo. Funcionaba como ruta alternativa no oficial para los mercaderes y más tarde se convirtió en ruta de intercambio cultural tras la conquista de Alejandro Magno. Durante la dinastía abasí, la Ruta de Jurasán pasó a formar parte de la Ruta de la Seda.

Conclusión

El Imperio aqueménida sigue teniendo gran importancia hoy en día, no solo por ser el mayor imperio de su época, sino también por la influencia duradera que ejerció en la configuración geopolítica de la meseta iraní. A partir de Ciro el Grande, el Imperio persa adquirió gran importancia. A medida que el imperio se expandía, acumulaba poder y riqueza.

Con las diversas regiones que los aqueménidas fueron capaces de conquistar, el Imperio persa asimiló muchas culturas, religiones y lenguas diferentes. También introdujo en los persas formas de gobierno más eficientes, técnicas militares y armamento superiores, y mano de obra experta en muchos oficios. El poder del Imperio aqueménida puede apreciarse en los monumentos que dejó tras de sí, en los que se inscribieron relatos de sus éxitos. En sus primeros años, el imperio conoció un gran éxito y siguió siendo un símbolo de diversidad y tolerancia.

Incluso después de caer en manos de los griegos, el imperio siguió teniendo un efecto duradero en la región. La herencia y la cultura persas adquirieron gran relevancia en Asia y Oriente Próximo, donde fueron asimiladas por otros imperios y dinastías. Muchas de las políticas del Imperio persa pueden verse en imperios posteriores.

La conquista del Imperio persa por Alejandro Magno le proporcionó un vasto territorio, que podía gobernar a su antojo, aunque los griegos optaron por continuar con la forma de gobierno persa. Más tarde, los romanos adoptarían un método similar. El modelo de gobierno persa fue adoptado por la dinastía abasí a mediados del siglo VIII e. c., durante un periodo conocido como la Edad de Oro del islam. Los abasíes siguieron la costumbre aqueménida de establecer un centro del imperio en Mesopotamia y contaron con el apoyo de la aristocracia persa durante su ascenso y expansión. La lengua y la arquitectura persas se incorporaron en gran medida al mundo islámico.

Aunque el Imperio aqueménida predicaba y practicaba la tolerancia religiosa, es difícil determinar el motivo que la impulsó. Puede que fuera simplemente en aras de la aceptación y la diversidad, o puede que hubiera sido prácticamente imposible imponer una única religión, cultura o lengua en un imperio tan vasto; cualquier intento de hacerlo probablemente habría perturbado la paz. En cualquier caso, este enfoque constituyó un ejemplo de tolerancia y aceptación religiosa que aún hoy se considera la marca de un gran gobernante. El impacto de las políticas religiosas de los emperadores aqueménidas, en particular su apoyo a los judíos que fueron conquistados y obligados a abandonar sus hogares por los babilonios, les valió una mención en los textos judeocristianos.

Como se cree que los emperadores aqueménidas practicaban el zoroastrismo, o al menos algunas de sus enseñanzas, desempeñaron un papel vital en su difusión. El imperio albergaba un gran número de seguidores del zoroastrismo y, con la expansión del imperio, los persas conocieron nuevas culturas y religiones. Sin embargo, también llevaron el zoroastrismo a las regiones que conquistaron, junto con los territorios vecinos. Gracias a los persas, el zoroastrismo se extendió hasta China, donde prosperó durante casi un milenio hasta que la dinastía Tang persiguió a sus practicantes.

Los persas son considerados los principales instigadores de las guerras greco-persas, e influyeron enormemente en la cultura de las regiones griegas. Los atenienses, por ejemplo, adoptaron muchas costumbres y tradiciones persas en su vida cotidiana. Aunque la naturaleza de la relación entre ambos grupos era a menudo hostil, no impidió que ambos entablaran una especie de intercambio cultural, que dio lugar al desarrollo de nuevas costumbres híbridas.

El éxito inicial del Imperio persa parece tan inevitable como su posterior perdición. El imperio había comenzado con una visión y un propósito claros, que Ciro el Grande y sus sucesores pusieron en marcha. La expansión del imperio no se limitaba a librar guerras; los emperadores también se preocupaban por un gobierno justo y equitativo, por la tolerancia y la bondad. Los gobernantes posteriores del imperio pueden ser enteramente responsables de la caída del imperio, ya que el centro de atención pasó de la prosperidad del imperio a las luchas por el trono, lo que dio lugar a que los hermanos libraran guerras y se mataran entre sí. Aunque el Imperio aqueménida intentó restablecer su dominio, lo hizo mediante luchas que no estaba preparado para ganar, lo que provocó su desastrosa pero inevitable desaparición. Sin embargo, su legado perdurará.

Segunda Parte: Ciro el Grande

La apasionante vida del padre del Imperio persa

Introducción

La escritura ya era común en Oriente Próximo en la época de Ciro el Grande, creador del Imperio persa en el año 550 a. C. Sin embargo, disponemos de muy poca información fáctica y de primera mano sobre Ciro el Grande procedente de fuentes persas contemporáneas, a excepción del famoso cilindro de Ciro y unas pocas inscripciones.

La mayoría de las inscripciones se consideran propaganda y se atribuyen a Darío el Grande en nombre de Ciro, ya que él y los posteriores gobernantes persas querían beneficiarse del legado de Ciro. Los eruditos creen que Darío ordenó la invención de la escritura cuneiforme persa antigua en el 521 a. C. La llamó escritura aria. Estas inscripciones propagandísticas están escritas en persa antiguo, por lo que no pudieron ser ordenadas por Ciro. A menudo están inscritas en tres idiomas —persa antiguo, elamita y acadio— y simplemente dicen: «Yo soy Ciro, un rey aqueménida», para enfatizar los lazos familiares aqueménidas en los que se basaba Darío para legitimar su gobierno.

La inscripción «Soy Ciro, rey aqueménida» en persa antiguo, elamita y acadio
Truth Seeker (fawiki), CC BY-SA 3.0 <https://creativecommons.org/licenses/by-sa/3.0>, vía
Wikimedia Commons;
https://commons.wikimedia.org/wiki/File:I_am_Cyrus,_Achaemenid_King_-_Pasargadae.JPG

La inscripción más importante y auténtica de Ciro es el cilindro de Ciro. Fue inscrita después de la conquista de Babilonia. Menciona la toma de Babilonia, pero su valor reside en la proclamación de los propios valores, intenciones, visión y acciones de Ciro. El cilindro habla de la liberación de los pueblos exiliados y esclavos del Imperio babilónico, entre los que se encontraban los judíos. Por esta razón, Ciro, o Koresh en los textos judíos y cristianos, es la única persona no judía a la que se llama «Salvador» en los rollos sagrados del pueblo judío.

Un problema que surge con los detalles más finos de la gestión del Imperio persa es que Darío y los registros de su administración y la propaganda proporcionan la mayor parte de la información. En resumen, utilizamos los escritos de historiadores antiguos para extrapolar datos de periodos que son confusos o no están suficientemente descritos en los registros de primera mano existentes. Esos historiadores a menudo no sabían mucho sobre los métodos de gobierno del Imperio persa. A menudo aplicaban sus observaciones y conocimientos contemporáneos a épocas anteriores. Este es especialmente el caso del Imperio aqueménida en relación con Ciro II y Darío I.

Sigue siendo una tarea monumental separar la realidad de la ficción, sobre todo porque Ciro se convirtió en leyenda en vida. El embellecimiento de la historia de su vida comenzó durante su vida y continuó, con los primeros historiadores griegos registrando historias de sus iniciativas y logros que habían sido transmitidas por su familia, amigos y enemigos. Estos relatos posteriores están teñidos por la visión del mundo de los cultos y eruditos griegos y, más tarde, de los historiadores y geógrafos romanos. La admiración hacia Ciro el Grande por parte de los enemigos de Persia, concretamente los griegos, debe indicar sin duda que era una figura verdaderamente extraordinaria que inspiraba respeto y reverencia como padre del Imperio persa. Merecía ser llamado «Ciro el Grande».

Al trazar el curso de la vida de Ciro, a menudo tenemos que elegir entre realidad y ficción en los relatos transmitidos por los escritores antiguos. ¿Damos el beneficio de la duda a los relatos populares porque podrían haber sucedido? Eran humanamente posibles y podrían haber sucedido en la vida real. Ciro era esencialmente un superhéroe, pero no hacía cosas sobrehumanas.

A menudo es necesario leer entre líneas y comprender el contexto histórico y el entorno contemporáneo de un personaje histórico para interpretar sus decisiones y acciones. Por eso, hemos incluido varias versiones y puntos de vista de los mismos hechos para que pueda ver, sentir y comprender la emoción de descifrar las personas, la cultura, las historias y los acontecimientos del pasado que han influido en la humanidad durante generaciones.

A veces, se pueden extraer hechos entrelazados del tapiz de relatos históricos y corroborarlos con anales y crónicas de gobernantes contemporáneos de regiones cercanas. La mayor parte de lo que sabemos de la persona de Ciro procede de relatos posteriores y extrapolaciones de registros de naciones contemporáneas. Algunas crónicas contemporáneas, como la crónica de Nabonido, apoyan a grandes rasgos el relato de la conquista de Babilonia, por ejemplo. Sin embargo, este documento en concreto es fragmentario, con trozos perdidos e ilegibles. La forma en que se representa tanto a Ciro como a Nabonido indica que podría haber sido escrito por sacerdotes de Marduk, la deidad patrona de Babilonia, que odiaban a Nabonido y estaban encantados de deshacerse de él. También veían a Ciro como un libertador porque les devolvía los derechos sobre el templo, y querían ganarse su favor.

Este libro servirá en parte como visión general de la vida y la época antiguas antes, durante y después de la vida de Ciro el Grande. No se limita a los relatos de los historiadores antiguos sobre Ciro el Grande, ya que incluye breves historias de las cosmovisiones, religiones y condiciones políticas y sociales de aquella época y de las épocas anterior y posterior.

Comprender estas cosas le ayudará a entender cómo y por qué Ciro el Grande sigue siendo un icono hoy en día. Su visión de una sociedad justa, equitativa y libre para toda la humanidad resuena a través de los tiempos como un ideal que las sociedades modernas de todo el mundo deberían esforzarse por alcanzar.

Capítulo 1: Los persas antes de Ciro

Escenario: El Oriente Próximo ancestral en tiempos de agitación

Era una época de gran agitación en el antiguo Próximo Oriente. Las sequías generalizadas y prolongadas provocaban hambre, y el hambre desesperaba a la gente. Los desesperados, que no tienen nada que perder, roban, protestan y se amotinan. Buscan un culpable, alguien o algo a quien culpar. La anarquía se extiende y los gobiernos caen. El crimen y los disturbios se extienden como olas por el mar de la humanidad, sin reconocer fronteras ni autoridad, mientras avanzan y avanzan en busca de agua y comida.

Esta situación tuvo altibajos en el antiguo Cercano Oriente y en otros lugares durante varios siglos, desde el 1200 a. C. hasta el 900 a. C. aproximadamente. Este periodo se conoce como el colapso de la Edad del Bronce. Las consecuencias se prolongaron durante varios siglos en algunas zonas, como Egipto, donde el Tercer Periodo Intermedio comenzó oficialmente en el año 1070 a. C. y no finalizó hasta el siglo VII a. C.

De la nieve pura de las montañas de las que brotaban nacían ríos profundos y cristalinos que recogían más agua de los ríos afluentes en sus viajes hacia los mares, como el Mediterráneo, el mar Negro, el mar Caspio, el lago Van y otros lagos. Estas aguas, que permitieron el florecimiento de las poblaciones humanas, el aumento de sus rebaños de ganado y el cultivo e irrigación de sus cosechas, se secaron. Ya no desembocaban en los grandes ríos navegables y sustentadores de la vida, como el Nilo, el Tigris y el Éufrates. Esos grandes ríos se ralentizaron y se redujeron a meros arroyos o se secaron en algunos lugares. Los nómadas se convirtieron en asaltantes de las posesiones móviles de los que habían sido sus amigos, de las tribus vecinas y, más allá, de las tierras colonizadas y las culturas urbanizadas. En esta época de escasez y desasosiego, se asentaron con sus familias y su ganado allí donde había una posibilidad de mejorar sus vidas: un hilo de agua podía mantenerlos al menos durante un tiempo.

Los grandes centros urbanos de naciones antaño poderosas se despoblaron porque no quedaba comida en las ciudades, y los agricultores no podían abastecerse ni siquiera a sí mismos. Los soldados desertaron y se unieron a los asaltantes. Los gobernantes perdieron su poder. Las grandes dinastías fueron derrocadas y sustituidas, unas veces por naciones extranjeras y otras por luchas internas. Cuando las cosas se calmaron de nuevo, las fronteras volvieron a trazarse. Los desvalidos y las nuevas naciones tomaron el mando. Los vastos imperios que habían conquistado Estados, que estaban obligados a contribuir copiosamente a los ingresos de su imperio gobernante en bienes y materias primas, perdieron el control. Los imperios no tenían poder para aplastar las revueltas en sus propios territorios, y mucho menos para intentar que las naciones ajenas volvieran al redil.

En Egipto, el país atravesó un sombrío periodo intermedio. En Mesopotamia, Asiria y Babilonia consiguieron mantener una apariencia de poder, aunque bajo nuevas dinastías. Egipto y el resto de Oriente Próximo fueron invadidos por nómadas, seminómadas y los Pueblos del Mar. En algunos casos, los invasores fueron rechazados, pero muchos volvieron a invadir, conquistar y colonizar el país. Al final de este tumultuoso periodo, los antiguos reinos habían desaparecido y otros nuevos habían ocupado su lugar.

Origen del pueblo persa

Hacia finales del II milenio a. C., tribus nómadas procedentes de Asia Central y las estepas emigraron a la meseta iraní y se extendieron por los valles y colinas del país que hoy conocemos como Irán. La razón de las diversas oleadas de desplazamiento de grupos nómadas hacia el sur no está del todo clara. Pudieron ser las sequías extremas y duraderas, el crecimiento demográfico o las luchas entre tribus y jefaturas, aunque es probable que los tres factores influyeran. En siglos e incluso milenios anteriores se habían producido varias migraciones similares, grandes y pequeñas, de indoeuropeos, semitas y otros grupos de origen y herencia aún no identificados, como los sumerios.

Las tribus nómadas de emigrantes de épocas anteriores eran principalmente pastores de ganado vacuno y ovino, pero ahora incluían criadores de caballos de las estepas. Incluían tribus indoeuropeas originarias de las estepas del norte, desde los alrededores del río Danubio hasta los montes Urales. Los expertos siguen intentando determinar los grupos de población exactos y sus orígenes a través de pistas lingüísticas y de ADN, pero los esfuerzos se complican por la mezcla, difusión y otros tipos de combinación de los residentes asentados y los recién llegados de antes, durante y después de este periodo. A menudo, los recién llegados ya eran una mezcla de varios grupos étnicos, entre los que se incluían tribus indoeuropeas, indoiranias y semíticas diversas de varios lugares diferentes, con personas procedentes de lugares tan lejanos como las tierras e islas mediterráneas, Anatolia, Asia Central y Asia Oriental.

Un eslabón importante en el registro arqueológico lo constituyen las tribus aficionadas a los caballos: para criar, ordeñar, montar, luchar y arrastrar equipos agrícolas y transportes sobre ruedas. Se cree que los pueblos de la estepa euroasiática, al este de los Urales, domesticaron y adiestraron caballos para montar ya en el año 3500 a. C. La similitud entre el ganado domesticado y la etimología —raíces de palabras, fraseología, tipos y nombres de herramientas agrícolas, y nombres de personas y lugares— a menudo han proporcionado a los expertos una pista definitiva sobre el origen y los movimientos de un grupo étnico. Hoy en día, los investigadores cuentan con la gran ayuda de las innovaciones y la cooperación entre diversos campos de la ciencia en el análisis del ADN antiguo, la bioarqueología, la paleogenética y otros campos relacionados.

Las tribus que se convirtieron en el gran reino de los medos formaron parte de las migraciones de esta época. Se asentaron en el noreste del actual Irán, donde su primer rey, posiblemente Deyoces, construyó su capital, Ecbatana (la actual Hamadán). En el apogeo de su poder, los medos poseían numerosos estados vasallos en Anatolia, el norte de Irak y Siria, incluidas las tierras de las tribus persas poco unidas del sur.

Ciro II de Persia (más conocido como Ciro el Grande) derrocó al rey Astiages, el último rey de los medos, entre 550 y 549 a. C. (estas fechas proceden de la crónica de Nabonido y de historiadores antiguos) con la ayuda de altos funcionarios y comandantes de la corte meda. Sin embargo, los medos no perdieron su influencia, ya que permanecieron al lado de los persas. Los persas y los medos, de hecho, se unieron en el imperio. Es comprensible si recordamos que los medos y los persas eran de la misma estirpe, y tenían la misma lengua y filiación cultural desde antes de entrar en Irán. También cabe suponer que la cooperación de altos funcionarios medos en la victoria de Ciro sobre Astiages los unió. Obviamente, también es el origen de la expresión para referirse a una ley inquebrantable como «una ley de medos y persas».

Los persas

Las tribus que se convertirían en los persas se desplazaron más al sur de la meseta iraní que los medos al entrar en Irán. Comenzaron a apoderarse de algunos territorios elamitas en la frontera sur de los medos y de otros grupos asentados en el suroeste de Irán y regiones vecinas. En general se acepta que los persas eran indoarios procedentes del Cáucaso y de las zonas del mar Caspio. Estas tribus se habían extendido hacia el este hasta el sur de Asia (India). Esta última oleada migratoria se trasladó al este de Mesopotamia y a las regiones del suroeste de Irán.

El rey asirio Salmanasar III menciona a los parsua hacia el año 825 a. C. entre los estados tributarios del suroeste del actual Irán. En general, se supone que el pueblo llamado Parsua que aparece en un obelisco negro hallado en Nimrud y en otras referencias cuneiformes asirias y babilónicas se refiere a las tribus persas. Las tribus persas no estaban unidas en esta época. Se agrupaban en jefaturas y más tarde en reinos. Salmanasar III dice que veintisiete de sus reyes pagaron tributo a los asirios durante su época.

Después de que Ciro sucediera a su padre Cambises I como rey de la ciudad-estado de Anshan, se dedicó a unificar las tribus persas, creando así el reino persa. Según Jenofonte, otro antiguo historiador griego, había doce tribus persas. Afirma que los persas educaban a sus hijos desde la infancia para que respetaran a sus mayores y aprendieran justicia, disciplina y autocontrol por encima de cualquier otra característica.

Para los persas, la justicia incluía leyes justas y equitativas contra todos los delitos que hoy consideramos delitos, desde el robo hasta la agresión y la calumnia. Pero también incluía la ingratitud, porque creían que ese rasgo era desvergonzado y estaba en la raíz de muchas malas acciones. Les enseñaban los rasgos del autocontrol, el respeto y la disciplina con el ejemplo, fijándose en sus maestros, padres, oficiales y ancianos como modelos a seguir. Los excesos y la codicia eran inaceptables en su cultura.

Ciro fue criado en Anshan por los persas desde los diez años, según Heródoto, y conocía a fondo su cultura y su legado. De adolescente, viajó con su madre a Ecbatana para visitar a Astiages, su abuelo. Encantó a Astiages, a su corte y al pueblo medo hasta tal punto que le rogaron que se quedara un tiempo cuando su madre regresó a Persia. Esto le convenía porque estaba ansioso por aprender equitación, que no era popular en Persia debido a sus colinas. Además, su abuelo, el rey, le prometió que, si se quedaba, podría hacer y tener todo lo que quisiera.

Ciro explicó a su madre que él era mejor que nadie en lo que se refería a las costumbres persas y que había mucho que aprender de los medos. Se quedó y aprendió las costumbres y habilidades de los medos mientras iba ataviado con espléndidas túnicas y joyas, como era su costumbre, que difería mucho de los hábitos más austeros de los persas.

Ciro era un líder natural, y la gente quería complacerlo y estar cerca de él. Así pues, le resultó fácil unir a los persas cuando se convirtió en rey. De nuevo, es Jenofonte quien nos dice que Ciro creció hasta convertirse en el más apuesto y encantador de todos los hombres.

El comienzo de la dinastía aqueménida

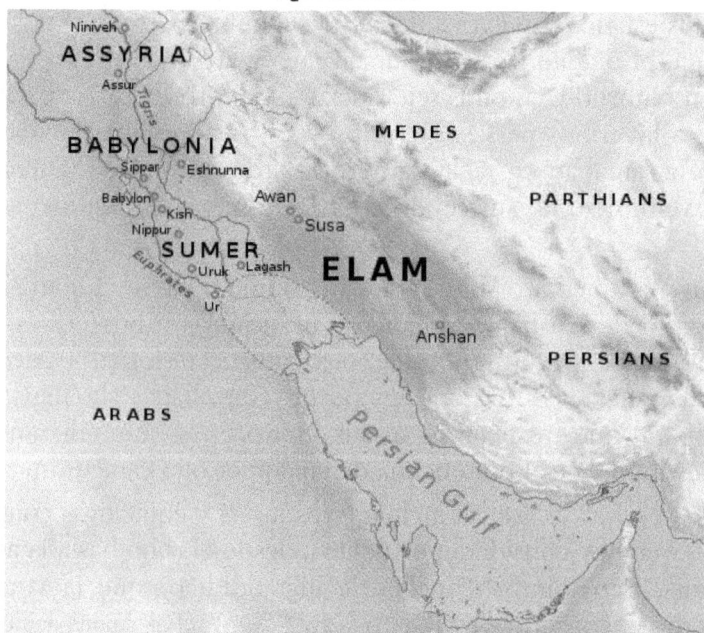

Anshan, sede del clan aqueménida de la tribu Pasargada, donde creció Ciro
Archivo: Near East topographic map-blank.svg: SémhurFile:Elam-map-PL.svg: Wkotwicaderivative work: Morningstar1814, CC BY-SA 3.0 <https://creativecommons.org/licenses/by-sa/3.0>, vía Wikimedia Commons; https://commons.wikimedia.org/wiki/File:Elam_Map-en.svg

Anshan fue una de las ciudades locales tomadas por una de las diversas tribus persas afines cuando se establecieron en Irán. Los persas de Anshan estaban gobernados por reyes cuyo linaje se remontaba a un antepasado llamado Aquémenes, de la tribu Pasargada. Los eruditos no saben si esta persona era real o mitológica, pero los persas derivaron el nombre del Imperio aqueménida de su nombre.

En general, se acepta que Aquémenes fue el padre de Teispes, que fue el padre de Ciro I, quien fue el padre de Cambises I, quien fue el padre de Ciro II o Ciro el Grande. Una vez más, los eruditos tienen problemas para identificar y relacionar los nombres de los gobernantes en las distintas fuentes. El nombre del primer rey aqueménida de la tribu de Pasargada era Fraortes I, según Heródoto. Según la inscripción de Behistún de Darío, que fue el tercer rey después de Ciro II, el primer rey de la tribu aqueménida fue Aquémenes. Según el cilindro de Ciro, una de las pocas inscripciones contemporáneas de la época de Ciro, la dinastía comenzó con Teispes, que fue el segundo rey de la dinastía según la inscripción de Behistún.

Detalle de la inscripción de Behistún

Sin embargo, Ciro II, del clan aqueménida, era el rey de la tribu Pasargada, y acabó uniendo a las tribus persas y construyendo el Imperio persa. Primero unió a las tribus persas para deshacerse del yugo medo y luego se lanzó a la conquista de Anatolia, el Levante y Asia Central. Uno a uno, conquistó reinos e imperios en todas direcciones hasta que su imperio se convirtió en el mayor que el mundo había visto hasta entonces. Debido a estas amplias conquistas hacia el norte, el sur, el este y el oeste, uno de sus títulos en las inscripciones era «Rey de las Cuatro Esquinas del Mundo». Su hijo y heredero, Cambises II, conquistó varios reinos más y continuó con ese título, al igual que Darío I, otro gran rey persa.

La dinastía aqueménida duró hasta que los persas fueron conquistados por Alejandro Magno en 331 a. C.

Mitología y religión

No está claro qué religión llevaron consigo a Irán las antiguas tribus persas, pero se presume que era de carácter politeísta, ya que eso era habitual en las zonas desde y a las que emigraron. De hecho, el politeísmo se practicaba en todo el mundo entonces y durante milenios antes, según la plétora de mitos que acabaron plasmándose por escrito. Una diosa madre, junto con varios dioses y diosas para diferentes fenómenos naturales y celestiales predominaban en todo Oriente Próximo y el resto del mundo antiguo.

Ciro el Grande representado como un ser mitológico sobre un pilar en Pasargada
Nima Boroumand, CC BY-SA 4.0 <https://creativecommons.org/licenses/by-sa/4.0>, vía Wikimedia Commons; https://commons.wikimedia.org/wiki/File:Cyrus_the_great.jpg

En la época del nacimiento de Ciro, una religión monoteísta, el zoroastrismo, estaba firmemente arraigada en la zona, y Ciro era ostensiblemente seguidor de esta religión. Las fechas mencionadas para el inicio del zoroastrismo se han perdido, aunque la religión comenzó en algún momento entre 1500 a. C. y 700 a. C. Los conceptos de la lucha entre el bien y el mal, el cielo y el infierno, los ángeles y los demonios, el día del juicio final y la revelación final, que se encuentran en la fe abrahámica y en muchas otras religiones, proceden del zoroastrismo.

Se cree que un hombre que formaba parte de las tribus que emigraron a Irán tuvo una visión mientras participaba en una ceremonia de iniciación. Tenía entonces unos treinta años y se llamaba Zoroastro en griego o Zaratustra en persa antiguo e iraní. Durante esta visión se le apareció a Zoroastro un ser sobrenatural llamado Ahura Mazda.

Ahura Mazda, el ser supremo del zoroastrismo
https://commons.wikimedia.org/wiki/File:Ahuramazda.jpg

Enseñó a Zoroastro que él era el único dios. Él había creado todo y era el único ser supremo. Ahura Mazda explicó a Zoroastro que la adoración de muchos dioses era errónea y que solo él, como Señor de la Sabiduría, debía ser adorado. Ahura Mazda es representado como una deidad masculina con alas o un vehículo alado.

Aunque Ciro era devoto en sus prácticas religiosas y siempre hacía súplicas y ofrendas antes y después de las batallas, nunca intentó imponer su religión a los pueblos conquistados. Incorporó y sacrificó abiertamente a los dioses locales cuando se encontraba en otros países. De hecho, la libertad religiosa es una de las características básicas por las que se lo recuerda a él y a su imperio. Ciro no dependía de sacerdotes para realizar sacrificios y súplicas a su dios, como era práctica común de los gobernantes de la época; fue entrenado por su padre y otros para realizar él mismo las prácticas rituales.

El legado del zoroastrismo, que era la religión de la familia de Ciro, sigue siendo visible hoy en día en los templos del fuego, aunque tras el largo reinado musulmán quedan muy pocos practicantes. Cerca de la ciudad de Yazd, en Irán, hay un templo del fuego donde arde desde hace siglos una supuesta llama eterna. Aunque ha sido trasladada varias veces, se cree que lleva ardiendo ininterrumpidamente desde al menos el año 470 de la era cristiana.

El Imperio persa siguió los ejemplos y doctrinas de Ciro y se hizo famoso por su tolerancia religiosa y la libertad de todos los pueblos para seguir sus propias prácticas culturales. Ciro practicaba lo que predicaba, gobernando con la verdad y la rectitud como guía y respetando al mismo tiempo a los demás pueblos, sus culturas y sus creencias. Fue, y sigue siendo en algunos lugares, llamado el padre del pueblo persa.

Figuras clave

Astiages

El último rey de los medos fue Astiages. Sus hijas se casaron en uniones diplomáticas con varios otros reyes, uniendo las casas reales de esa parte del antiguo Próximo Oriente. Una de sus hijas, Mandane, se casó con Cambises, rey de Anshan. El cuñado de Astiages era Creso, el fabulosamente rico rey de Lidia, a quien se recuerda en el símil «tan rico como Creso».

Los medos tenían una tribu de sabios, los magi, que interpretaban sueños y señales. En aquella época, la gente era bastante supersticiosa. Heródoto cuenta una historia al borde de la mitología sobre Mandane. Cuando nació, Astiages tuvo un sueño que los magi interpretaron como una advertencia de que su descendencia gobernaría el mundo, incluido el reino de Astiages. Un sueño posterior fue interpretado de nuevo como el mismo presagio.

Astiages trató de evitarlo casando a Mandane con Cambises, el príncipe heredero de un oscuro reino lejano, y cuando dio a luz a un hijo, hizo que mataran al niño. El niño se salvó y más tarde se convirtió en Ciro el Grande, que acabó gobernando el mundo conocido. Por suerte para Astiages, Ciro fue un gobernante magnánimo que perdonó a su abuelo y cuidó de él hasta su muerte. Astiages fue enterrado en la capital persa de Pasargada.

Cambises I y Mandane

Cambises era hijo del rey de Anshan en Persia, un estado vasallo de los medos. Estaba casado con Mandane, hija de Astiages. Fueron los padres de Ciro el Grande. Según Heródoto, Cambises era conocido como un buen hombre de buena familia y de costumbres tranquilas. Por eso Astiages lo eligió como marido para Mandane, ya que supuso que su carácter dócil se contagiaría a su descendencia y evitaría una amenaza para Media.

Astiages obviamente no sabía de la fuerza de carácter que se forjaría en su nieto a través del sistema educativo de los austeros persas.

Harpago

Harpago fue el noble medo que salvó la vida de Ciro cuando su abuelo Astiages quería matar al niño. El cruel Astiages engañó a Harpago para que comiera la carne de su único hijo en un festín después de descubrir que Harpago no había matado a Ciro de bebé cuando él le había ordenado hacerlo.

El devastado Harpago no mostró su conmoción y dolor, sino que esperó su momento para vengarse. Cuando llegó el momento y Ciro creció, le recordó el complot de su abuelo para matarlo y le aseguró que la mayoría de los medos estaban dispuestos a darle la bienvenida y unirse a él para derrocar a Astiages.

Así pues, si no hubiera existido Harpago, o si Astiages hubiera elegido a otro cortesano dispuesto a cumplir sus órdenes para matar al recién nacido, ¡no habría existido Ciro el Grande!

Cassandane

La esposa de Ciro el Grande, Cassandane, pertenecía al clan aqueménida como él. Se dice que fue el gran amor de su vida. Según la crónica de Nabonido, cuando murió en el año 538 a. C., todo el Imperio persa guardó luto durante seis días. Fue enterrada en el jardín real de Pasargada, cerca de la tumba de Ciro.

Una de sus hijas, Atosa, se casó con su hijo Cambises (Cambises II) y más tarde con Darío el Grande (Darío I). Atosa fue la madre del hijo de Darío, Jerjes, que fue rey después de Darío. Un ejemplo de que todo queda en familia.

Influencias de Ciro

Las figuras más destacadas del Imperio persa que creó Ciro fueron sus consejeros. Se rodeó de hombres de todas las clases sociales y nacionalidades a los que consideró aptos y capaces en sabiduría y toma de decisiones. Incluyó incluso a sus antiguos enemigos. Estos consejeros eran convocados cuando había que tomar decisiones serias. Ciro les exponía los hechos conocidos, y los que tenían alguna sugerencia a favor o en contra de la solución sugerida podían expresar libremente sus pensamientos y puntos de vista sobre el asunto. De este modo, Ciro podía evaluar las opciones desde distintos ángulos antes de decidir cuál era la mejor forma de actuar.

De estos hombres, unos pocos demostraron ser destacados consejeros. Si creemos los relatos de Heródoto y Jenofonte, Creso de los lidios se convirtió en uno de estos consejeros después de que Ciro conquistara su país. Otros relatos afirman que Creso fue muerto en batalla o ejecutado poco después de que Ciro conquistara su capital, Sardes. Sin embargo, según Heródoto, Ciro mantenía a Creso cerca y a menudo, si no siempre, le pedía su opinión antes de tomar decisiones importantes.

Harpago, el medo que salvó a Ciro de su abuelo cuando era un bebé, fue otro de los generales y consejeros leales y de confianza de Ciro. De hecho, Harpago consiguió que muchos antiguos estados vasallos medos que luchaban por su independencia tras la conquista de los medos por Ciro volvieran al nuevo redil. Harpago conquistó más reinos de Anatolia, Bactriana y otros reinos independientes para el creciente Imperio persa, mientras que Ciro marchaba hacia los reinos del este y del sur con la visión de conquistar totalmente Elam, Babilonia y, finalmente, Egipto.

La costumbre de Ciro de agradecer, apreciar y pedir humildemente consejo a sus hombres le aseguró el respeto y la protección de los más leales. Sus propios amigos y consejeros persas estaban siempre dispuestos a protegerlo con sus propias vidas. Los consejeros eran seleccionados entre los pueblos conquistados para ayudar en las regiones locales, y pronto aprendieron a respetar y a querer a Ciro tanto como a su propio pueblo porque los trataba con respeto y diplomacia.

Capítulo 2: Vida temprana de Ciro y referencias mitológicas

Cronología de la vida de Ciro el Grande

Fechas estimadas	Ocasión	Lugar
c. 600 a. C. (otras fuentes 590–580 a. C.)	Nacimiento de Ciro II	Anshan, Persia o Ecbatana, Media
c. 590 a. C.	Ciro es devuelto a sus padres a la edad de diez años	Anshan, Persia
c. 559 a. C.	Ciro toma el relevo de su padre Cambises I (abdicación) como rey de Anshan	Anshan, Persis (provincia de Fars, Irán)
c. 550 a. C.	Ciro une las tribus persas y crea el Imperio aqueménida	Persis (provincia iraní de Fars)

c. 550–549 a. C.	Ciro invade Media y captura Astiages	Ecbatana
c. 547 a. C.	Ciro conquista Lidia y toma su capital y a su rey Creso	Sardes, Anatolia
c. 540 o 538 a. C.	Ciro conquista Elam	Susa, capital de los Elamitas
c. 547–530 a. C.	Ciro crea satrapías y establece un exitoso sistema de administración para un gran imperio	Irán, Mesopotamia, antiguo Próximo Oriente, Asia, Anatolia
c. 539 a. C.	Ciro conquista Babilonia	Imperio babilónico
c. 530 a. C.	Ciro emprende una campaña contra las tribus maságetas	Asia Central y montes Zagros
530 a. C. / 529 a. C.	Muerte de Ciro II	Asia o Persia

Ciro se convierte en rey de Anshan

Los eruditos no se ponen de acuerdo sobre el papel de Anshan en la vida de Ciro. Las controversias giran principalmente en torno a la prominencia de Anshan en los títulos de Ciro. Las fuentes antiguas siempre lo nombran rey de Anshan en lugar de rey de Persia, como en uno de los artefactos más conocidos del reinado de Ciro, el cilindro de Ciro. Los datos históricos fidedignos son escasos, ya que existen pocos registros escritos contemporáneos de fuentes persas primarias.

Varios escritores antiguos posteriores a la época de Ciro se aventuraron en la confusión de los mitos y leyendas que rodearon su nacimiento y su juventud, de forma similar a los mitos y leyendas sobre muchas otras grandes figuras del pasado antiguo. Parece que los antiguos se vieron obligados a crear al menos algún tipo de historia milagrosa o maravillosa en torno a tales figuras, ya que ningún simple mortal ordinario podría alcanzar el éxito y la grandeza que se les atribuye.

El relato de Heródoto sobre Ciro ante el Imperio

Heródoto (484 a. C.-425 a. C.) relató el nacimiento y la infancia de Ciro el Grande en sus *Historias*, con su habitual advertencia de que solo repetía lo que le habían contado. Para Jenofonte (431 a. C.-354 a. C.), Ciro era obviamente un héroe y un gobernante idealizado. Jenofonte incluso dedicó a Ciro el Grande ocho volúmenes, la *Ciropedia*, subtitulada «La educación de Ciro».

Lo que todos los relatos tienen en común son los detalles sobre sus padres. Ciro era hijo del príncipe heredero de Anshan, Cambises I, y de una princesa meda, Mandane. Anshan era una antigua ciudad elamita que había sido usurpada por una de las tribus persas, los pasargada. En esta época, las desunidas tribus persas eran estados tributarios de los medos.

Mandane era hija del rey medo Astiages y su madre era Arienis. Esta última era hija del rey de Lidia y hermana del legendario rey Creso. Astiages fue el último rey del Imperio medo.

Los medos eran gente civilizada y culta, aunque también parecían haber sido bastante crueles y estrictos. Tenían hábiles astrónomos, matemáticos y escribas, pero también eran supersticiosos. Tenían una tribu o clase de sabios, los magi, que interpretaban las señales y los sueños. Cuando nació Mandane, su padre Astiages tuvo un sueño en el que orinaba hasta cubrir el mundo entero. Los magi fueron llamados para interpretar el sueño. Consultaron y dijeron que Mandane tendría un hijo que crecería para apoderarse del mundo, incluido el imperio de Astiages.

Astiages les creyó y se dispuso a crear un plan que impidiera que esto sucediera. Cuando Mandane alcanzó la edad núbil, la casó con el príncipe heredero de Anshan, un oscuro y lejano reino del suroeste. Entonces tuvo otro sueño. Esta vez, un olivo crecía del vientre de Mandane y cubría el mundo entero. Los magi estuvieron de acuerdo en que predecía el mismo mensaje premonitorio. Cuando Astiages recibió la noticia de que Mandane estaba embarazada, la convocó a su corte cuando su hijo estaba a punto de nacer para asegurarse de que no viviría para amenazarlo a él y a su imperio algún día.

Cogió al hijo de Mandane nada más nacer y se lo entregó a su visir de confianza, Harpago, con órdenes de matar al bebé. Astiages no le dijo que era hijo de Mandane. El asombrado Harpago vio que el bebé estaba vestido con ropas funerarias reales, adornadas con oro. Pudo oír los lamentos en palacio cuando lo llamaron y dedujo que era el hijo recién nacido de Mandane. Tenía que obedecer a su rey, no solo por lealtad, sino también porque se enfrentaría a la muerte si desobedecía. Harpago discutió el asunto con su esposa, y ambos estuvieron de acuerdo en que no podía matar al pequeño príncipe.

Harpago fue en busca de uno de los pastores del ganado real y le entregó al bebé. Ordenó al pastor, Mitrídates, que llevara al bebé a las montañas para que los animales salvajes pudieran matarlo. La mujer del pastor estaba embarazada. Ese mismo día había dado a luz a un niño muerto. Mitrídates y su mujer conspiraron para cambiar a los bebés. Rápidamente cambiaron las ropas de los dos niños y el pastor se llevó a su hijo muerto a las montañas. Al cabo de tres días, avisó a Harpago de que lo había hecho.

Harpago envió un mensajero a ver al niño muerto, quien confirmó que efectivamente había muerto. Harpago confirmó a Astiages que el niño había sido asesinado como se le había pedido. Mientras tanto, el pastor de vacas y su esposa criaron al niño como si fuera suyo. No sabemos cómo se llamaba el niño, pero Estrabón, otro historiador griego antiguo, dice que sus padres adoptivos lo llamaron Agradato. Cambises I lo rebautizó como Ciro tras devolverlo a sus padres. Ciro (o, en esta época, Agradato) creció en una pequeña aldea rural donde vivían sus padres adoptivos, creyendo que sus padres eran Mitrídates y su esposa.

Según Heródoto, cuando el niño tenía diez años, estaba jugando alegremente con los demás niños de la aldea. Decidieron jugar a un juego en el que elegirían un rey y este les diría a cada uno lo que tenía que hacer. Como Ciro era popular, lo eligieron rey. Resultó ser un rey inteligente y capaz, que nombró a cada uno de sus compañeros de juego más capaces para un papel de liderazgo. Serían responsables de reunir a sus propios equipos para que realizaran sus tareas con ellos.

Uno de los chicos, cuyo padre era un alto funcionario de la corte de Astiages, se negó a obedecerlo. Ciro y sus amigos le dieron una paliza. El muchacho fue corriendo a ver a su padre, que estaba tan furioso como él. ¿Cómo se atrevía el hijo de un pastor de vacas a darle órdenes y luego tener la osadía de pegarlo por no obedecer? El padre llevó a su hijo ante el rey para mostrarle los latigazos en los hombros de su hijo. El rey convocó al pastor y a su hijo. Ciro se hizo cargo de la explicación de su padre adoptivo y contó claramente al rey lo que había sucedido.

El rey se quedó perplejo ante el hecho de que el hijo de un simple pastor pudiera explicarle el asunto al rey sin miedo y con tanta franqueza. Pero le pareció reconocer rastros de sí mismo en el muchacho. Ordenó a todos, incluido Ciro, que salieran de la habitación. Sin embargo, exigió que el pastor de vacas se quedara. Astiages intimidó al pastor, que se derrumbó y le contó toda la verdad. Ocultando su ira, Astiages interrogó a Harpago por separado.

Al ver al pastor dentro del palacio, Harpago se dio cuenta de que la historia había salido a la luz y decidió confesar. Astiages actuó como si en realidad se sintiera aliviado porque el asunto de la muerte de su nieto y el posterior distanciamiento de su hija habían sido una pesada carga para él. Los magi le confirmaron que ya no tenía que temer a su nieto cuando Astiages les consultó sobre toda la saga. Astiages actuó como si hubiera perdonado a su visir por el engaño, pero en su mente planeaba un acto de horrible venganza por el engaño. Siguiendo el consejo de sus magi, Astiages envió a Ciro con sus padres a Anshan.

La *Ciropedia* de Jenofonte no incluye la historia del nacimiento y la vida de Ciro como hijo de un pastor de vacas. Sitúa a Ciro en Persia desde su nacimiento hasta su adolescencia, cuando visita a Astiages con su madre y luego se queda para aprender las costumbres medas. Su abuelo, Astiages, se enfada cuando Ciro inventa la historia de que su padre, Cambises I, está enfermo y tiene que volver a Persia. Según Jenofonte, esta mentira enciende la ira de Astiages hasta el punto de instigar la guerra contra los persas.

Un paso hacia la grandeza

Heródoto dice que Astiages envió a Ciro con sus padres a Anshan después de que los magi le aseguraran que Ciro, ahora un niño de diez años, ya no era una amenaza para él. Ciro se enteró de toda la historia de su nacimiento, la traición de su madre y el intento de Astiages de hacer asesinar a su propio nieto por los medos enviados por Astiages para escoltarlo.

Ciro se reunió con sus felices padres en Persia. Se integró sin esfuerzo en su cultura y fue un estudiante aplicado de todo lo que podía absorber de sus programas educativos. Jenofonte lo describió más tarde con todo detalle en su *Ciropedia*. A pesar de la admiración sesgada de Jenofonte por Ciro y de su desviación hacia un tratado para describir las cualidades de un gobernante ideal en lugar de uno realista, nos da una idea sólida de los valores y sistemas de los persas, en concreto de la cultura aqueménida en la que Ciro estaba ya plenamente arraigado.

Etimología y mitología

Se ha hablado mucho del origen del nombre de Ciro el Grande. Escritores antiguos y modernos han analizado, considerado y debatido cómo y por qué Ciro fue llamado Ciro II. Sin embargo, esto puede ser un ejercicio inútil. En primer lugar, Ciro recibió el nombre de su abuelo, el rey Ciro I, por lo que el nombre no se originó con él. Todos los significados de perspicacia y gracia que se leen en el nombre al atribuirlo específicamente a Ciro II no pudieron haber sido pensados por sus padres, ya que Ciro desarrolló estos atributos más tarde.

En segundo lugar, no sabemos cuál fue el nombre de Ciro durante los diez primeros años de su vida como hijo de un pastor de vacas (si es que fue así como pasó su primera infancia). El nombre de Ciro probablemente ya estaba previsto por sus verdaderos padres para un futuro príncipe heredero, al igual que Ciro llamó a su primogénito Cambises (II) en honor a su padre. Cuando Ciro fue devuelto a sus padres de entre los muertos, por así decirlo, automáticamente lo llamaron por el nombre que le habían dado al nacer.

En cuanto al nombre del clan aqueménida al que pertenecía, no existen registros del fundador de este clan. Este hombre fue llamado Aquémenes en varias inscripciones. Pudo ser una figura mítica o un miembro destacado de la tribu de Pasargada que fue elegido jefe o líder por encima de los reyes de todas las tribus en una época en la que los clanes estaban poco unidos. Esto podría haber ocurrido en tiempos de agitación, especialmente durante las migraciones a Irán con las demás tribus persas.

Los pastores nómadas del mundo antiguo, a los que pertenecían las tribus de los últimos persas, dejaron pocos artefactos y estructuras permanentes o existentes, por lo que se sabe. Rara vez tenían asentamientos estacionales permanentes en las vastas tierras de pastoreo abiertas o en las montañas y valles del norte. Sin embargo, gracias a la tecnología moderna, en los últimos cincuenta años se han descubierto muchas estructuras hasta ahora desconocidas. Puede que haya muchos más Göbekli Tepes inesperados por venir.

Capítulo 3: La conquista del Imperio medo

Los medos

Entre los emigrantes que llegaron a las tierras del actual Irán después del año 1000 a. C. se encontraban los medos, que se asentaron en el noroeste de Irán. Aunque las tribus se asentaron allí alrededor del cambio de milenio, los medos no se unieron y expandieron su territorio hasta convertirse en un reino y, más tarde, en un imperio hasta alrededor del siglo VIII a. C. La mayor parte de lo que se sabe sobre el reino medo se basa en los registros neoasirios y babilónicos.

Desde el comienzo del Imperio medo (675-549 a. C.), sus reyes parecen haber seguido un duro patrón de gobierno despótico. Su primer rey, Deyoces, engañó a las tribus medas haciéndoles creer que necesitaban un juez, y el cargo pronto se convirtió en el de rey. Como Deyoces había demostrado hacía tiempo que era un buen juez, sabía que lo elegirían de forma natural. Aunque primero llamó la atención como juez sabio dentro de su propia tribu y más tarde del resto de los medos, se convirtió en un tirano arrogante y sediento de poder.

Deyoces hizo que el pueblo le construyera un magnífico palacio en lo alto de una colina en una nueva ciudad conocida por los griegos como Ecbatana, la actual Hamadán en Irán. Uno de los escritores antiguos escribió que era conocida como el palacio y la ciudad más magníficos de su época. La ciudad estaba rodeada por siete murallas concéntricas, cada una pintada de un color diferente. Deyoces vivía en un espléndido aislamiento y solo permitía que se le acercaran ciertas personas, en parte como medio de intimidación. En su opinión, era demasiado importante para ser visto por cualquiera. Esperaba que los que solicitaban su opinión esperasen fuera y entregasen sus mensajes a sus ayudantes, que luego los llevaban a Deyoces y devolvían sus respuestas a los peticionarios.

Sometidos a las molestias de los escitas del norte, los medos pagaban tributo a los neoasirios, que les ayudaban a proteger su territorio de los invasores. Cuando el Imperio neoasirio entró en decadencia, los medos fueron uno de sus tributarios que dejaron de pagar tributo. En el año 612, los medos, en alianza con algunos otros estados súbditos, conquistaron Nínive y provocaron el fin del Imperio neoasirio.

La lengua de los medos, al igual que la de los persas, pertenecía a la rama occidental de la rama indoirania del grupo de lenguas indoeuropeas. Los medos estaban formados por seis tribus repartidas por una zona del noroeste de Irán y territorios vecinos. Su capital era Ecbatana (la actual Hamadán). Los eruditos no se ponen de acuerdo sobre si Media siguió siendo solo un reino o si tuvo el estatus de imperio.

Astiages, el último rey de los medos, fue solo el tercer rey medo, ya que la línea de reyes se había roto por un periodo de dominio escita. El relato de Heródoto sobre los crueles castigos de Astiages incluye la historia del nacimiento de Ciro y la cruel venganza contra Harpago, su visir, a quien astutamente sirvió de comida a su propio hijo como castigo. Estos dos, Harpago y Ciro, se unirían llegado el momento para vengarse de Astiages.

Harpago y Ciro: Doble venganza

Astiages fue el dueño de su propia muerte por su duro y, en ocasiones, excesivamente cruel trato a sus súbditos y cortesanos. Harpago nunca olvidó que, sin saberlo, le habían servido la carne frita y hervida de su único hijo. Y después de comer, el rey le regaló los pies, las manos y la cabeza de su hijo. Harpago se tomó su tiempo y esperó su venganza, y en este caso, la venganza funcionó para él, para que no olvidemos la advertencia de Confucio de que uno debe cavar dos tumbas antes de emprender la venganza: una para uno mismo y otra para el objeto de su venganza.

Cuando Ciro creció, Harpago se puso en contacto con él. Le recordó que su abuelo había intentado matarlo cuando nació y que él, Harpago, había contribuido a salvarlo. Sugirió que Ciro podría querer vengarse, insinuando que, si Ciro emprendía esta empresa, los medos le darían la bienvenida y se unirían a él para derrocar a Astiages. Harpago ya se había puesto manos a la obra para convencer discretamente a sus colegas medos de que había llegado el momento de librarse de Astiages. Estaban dispuestos a unirse a Ciro si decidía atacar.

Sea mito o realidad, ni Jenofonte ni ninguna otra fuente antigua confirman la historia de Heródoto sobre la conspiración entre Ciro y los medos para derrocar a Astiages. De algún modo, Harpago consiguió enviar a Ciro este mensaje tan confidencial. El mensaje era claramente una traición, y Astiages no era un rey indulgente. La historia de Heródoto dice que Harpago seleccionó a su sirviente de mayor confianza para la tarea. Atrapó una liebre, le hizo un corte en el estómago y le introdujo el mensaje. Luego volvió a coser el corte. El sirviente recibió la liebre dentro de unas redes para que pudiera actuar como un cazador con su presa. El plan funcionó, y el criado logró pasar a salvo a los guardias y entregar el mensaje a Ciro.

Crecimiento del Imperio persa

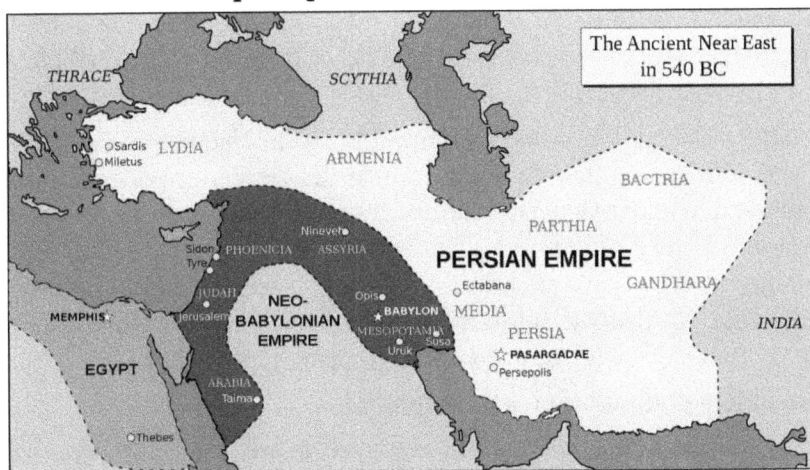

El antiguo Próximo Oriente en el 540 a. C.
https://commons.wikimedia.org/w/index.php?curid=5061033

Según algunas fuentes, entre ellas Jenofonte, Ciro seguía siendo el príncipe heredero de Anshan en Persis o Persia. Cambises I, su padre, seguía siendo el rey y, por tanto, tenía la última palabra sobre las tropas persas. Pero Heródoto afirma que ya era rey de la tribu Pasargada.

En cualquier caso, Ciro recibió el mensaje de Harpago. Entonces tuvo que decidir la mejor manera de conseguir que las tribus persas se unieran y se rebelaran. Según Heródoto y Jenofonte, Ciro era muy popular, pero no tenía por costumbre dar órdenes a sus amigos y a los demás, a pesar de su posición. Adoptó un enfoque más sutil, diciendo a los persas que Astiages, como señor de los persas, lo había nombrado jefe de las tropas. A continuación, pidió a los jefes de las tribus que acudieran a él al día siguiente con sus hoces. Ciro los puso a limpiar un terreno difícil y trabajaron todo el día. Luego los envió a casa y les pidió que regresaran al día siguiente.

El segundo día, Ciro los agasajó con un suntuoso banquete. Después, les preguntó qué día preferían. Naturalmente, eligieron el segundo día. Ciro les prometió que, si le seguían en su rebelión contra los medos, serían tratados así a menudo y recibirían muchas más bendiciones. Si no querían seguirlo, podían estar seguros de que les esperaba un trabajo difícil. Los persas no solo prometieron unirse a Ciro por sus tentadoras promesas, sino también porque llevaban mucho tiempo resintiéndose de pagar tributo a los medos.

Los persas recién unidos bajo el mando de Ciro marcharon sobre los medos. Astiages intentó convocar a Ciro para reunirse con él cuando se enteró del avance del ejército. Ciro le respondió que lo vería antes de lo que pensaba. Astiages se preocupó mucho y, sin pensar en su vil conducta contra Harpago, lo nombró comandante de sus fuerzas.

Cuando los ejércitos se encontraron, todos aquellos con los que Harpago se había confabulado desertaron del ejército medo para unirse a los persas. La mayoría de los demás huyeron. El pequeño grupo medo que retomó la lucha fue rápidamente vencido. Ciro y sus fuerzas atacaron Ecbatana, donde se encontraba Astiages. Este fue capturado y encadenado. Harpago se burló amargamente de él por la vil muerte de su hijo y el cruel truco que le hizo comer la carne de su propio hijo.

Uniendo a conquistadores y conquistados

Ciro ya hacía gala de su admirable y gentil estilo de tratar a sus conquistas. Se llevó a Astiages a su casa y lo mantuvo allí hasta que murió. Ciro era ahora rey de los medos y los persas. Sin embargo, según algunas fuentes antiguas, Astiages fue asesinado tras la batalla en su capital, Ecbatana, la actual Hamadán, en Irán.

Aquí es donde los relatos se vuelven realmente confusos. Según algunos, Cambises I seguía vivo y era rey de Persia. Y en Ecbatana, la capital de Media, Ciáxares II, hijo de Astiages, se convirtió en rey de los medos, que pasaron a ser un estado vasallo de Persia. No había mala sangre entre Ciro y Ciáxares, que además era tío de Ciro. Además, Ciro se casó supuestamente con una hija de Astiages, lo que significaría que se casó con la hermana de su madre. Seguramente, ella habría sido un poco mayor para el capaz y vibrante Ciro, que sería padre de varios hijos.

En este relato en particular, Ciro emprende campañas contra el Imperio neoasirio y el Imperio babilónico en nombre de su tío Ciáxares II.

Una vez más, debemos recurrir a Heródoto, a pesar de su versión recargada de muchos acontecimientos, ya que es generalmente aceptado y corroborado por crónicas contemporáneas que los babilonios y sus aliados ya habían conquistado a los neoasirios y se habían apoderado de sus territorios y estados vasallos antes de que naciera Ciro.

Tras conquistar a los lidios, Ciro emprendió por su cuenta la conquista de Elam y Babilonia, pensando en apoderarse de Egipto más adelante. Finalmente, Egipto fue conquistado por los persas bajo el mando del hijo y heredero de Ciro, Cambises II.

Pasargada: la nueva capital persa

Tras conquistar a los medos, Ciro eligió la llanura donde ambos ejércitos se enfrentaron para construir la nueva capital del Imperio persa-medo. La extensa llanura sobre la que se construyó se encuentra a unos noventa kilómetros al noreste de la actual ciudad de Shiraz. Fue declarada Patrimonio de la Humanidad por la UNESCO en 2004.

El nombre de la ciudad fue probablemente elegido por Ciro en honor de la tribu persa Pasargada, a la que pertenecía su clan aqueménida. También hay opiniones de que su nombre derivaba del significado de la palabra «Pasargada», que podría haber sido «trono de Pars» o «garrote fuerte».

La ciudadela era una gran construcción en forma de plataforma sobre una colina baja que ofrecía una vista sin obstáculos sobre la llanura para ver cualquier aproximación a la ciudad. Puede que fuera un punto de observación crucial, ya que la ciudad no estaba rodeada de murallas. Al parecer, bajo la ciudadela había un magnífico jardín.

Pasargada fue construida en un estilo único, que se convertiría en específico del Imperio aqueménida. Los grandes edificios públicos se distribuyeron por toda la ciudad, en lugar de agruparse en el centro. En la actualidad, el gran recinto abierto de Pasargada alberga las ruinas de un caravasar (posada para viajeros y sus animales en las regiones áridas de Asia y el norte de África) que data del siglo XIV de nuestra era. Las ruinas de la antigua ciudad incluyen varios elementos ajardinados, pilares decorados, ruinas de al menos tres palacios con distintos fines, pabellones, canales de agua y una alta torre de piedra, esta última considerada la tumba de Cambises II, hijo y sucesor de Ciro, que solo gobernó ocho años.

La tumba de Ciro destaca por su sencillez. Se asemeja a un pequeño zigurat con una cámara en la parte superior. Según los textos antiguos, Ciro diseñó la tumba y eligió su emplazamiento entre su palacio privado y el jardín. Un compañero de Alejandro Magno, Aristóbulo, describió el jardín con todo tipo de árboles, fuentes y césped. Aristóbulo también dijo que, en aquella época, había una inscripción persa en la tumba que la identificaba como la tumba de Ciro:

«Oh hombre, yo soy Ciro hijo de Cambises, que fundó el imperio de Persia y gobernó sobre Asia. No me guardes rencor por mi monumento». Los escritos de Aristóbulo ya no existen, pero las palabras son citadas por varios escritores antiguos posteriores, como Arriano y Estrabón, que dan crédito a Aristóbulo como fuente.

Ciro el Grande: Padre y esposo

Ciro fue llamado padre de su pueblo en varias fuentes antiguas. En su vida personal, de la que sabemos poco, fue padre y esposo. En algún momento de su vida, Ciro se casó con Cassandane, una compañera aqueménida, por lo que podemos suponer que ocurrió tras su larga visita a su abuelo, Astiages, en Ecbatana. Cassandane aún se celebra hoy en día en Irán. Se dice que fue el gran amor de la vida de Ciro. Se cree que Cassandane murió en el año 538 a. C.

Según algunas fuentes posteriores, Cassandane fue solo una de las esposas de Ciro, pero según otros relatos, fue su única esposa y la madre de sus hijos, el príncipe heredero Cambises II, Esmerdis (Bardia), Atosa, Artistona y, según algunas fuentes, Roxane. Se dice que Ciro lloró su muerte durante el resto de su vida. El Imperio aqueménida, según antiguos registros contemporáneos, lloró oficialmente su muerte durante seis días en el año 538 a. C. Cassandane fue enterrada en la nueva capital de Ciro, Pasargada; algunas fuentes dicen que fue enterrada junto al lugar previsto para la tumba de Ciro.

Jenofonte complica aún más la cuestión de la esposa o esposas e hijos de Ciro. Hace que Ciro pronuncie un largo discurso en su lecho de muerte. Al final, pide a sus hijos que se despidan de su madre por él. Los hijos se llaman Cambises y Tanyoxarces y son sus principales herederos: Cambises hereda el imperio y Tanyoxarces varias satrapías (provincias). Así pues, su esposa —o su primera esposa, la madre del hijo mayor de

Ciro, Cambises— seguía viva.

Si utilizamos el relato de Jenofonte sobre la muerte de Ciro, este no pudo haberla llorado como afirmaban otros historiadores antiguos, ¡porque le envió saludos desde su lecho de muerte! También en este caso nos encontramos con uno de los problemas que plantean las diferencias de nombres entre las distintas fuentes, ya que Heródoto y otros llaman al segundo hijo Bardia o Esmerdis, y aquí se lo llama Tanyoxarces. Hay que mencionar que las diferencias de nombres se debían a menudo a traducciones del persa antiguo a la lengua del escritor.

Y luego está la cuestión de Amitis como esposa de Ciro. De algunas fuentes se desprende que, tras derrocar al rey de los medos, Ciro pudo haberse casado con la hermana de su madre y, por tanto, con otra hija de Astiages, para legitimar su pretensión al trono del Imperio medo. Esto suena un poco innecesario porque ya contaba con el apoyo de la élite meda y, según todos los indicios, era popular entre el pueblo. Sus ejércitos habían derrotado a la pequeña fuerza meda que no se unió a los generales que luchaban con los persas. Ciro ya tenía un estrecho vínculo con la familia gobernante meda porque Astiages era su abuelo. Astiages no tenía un hijo que heredara el trono. Entonces, ¿por qué Ciro tuvo que casarse con su tía?

Esta Amitis podría haber sido mucho más joven que su hermana, la madre de Ciro, Mandane. Ctesias la menciona exigiendo retribución por la muerte de Tanyoxarces (Tanaoxarces), llamado Bardia y Esmerdis por otros autores, después de que su hermano, Cambises II, lo asesinara. Al no conseguirlo, se suicidó bebiendo veneno.

Los hijos de Ciro el Grande

Si pensaba que las casas reales de la Edad Media eran atrozmente endogámicas, conozca algunas de las antiguas familias gobernantes.

El hijo mayor de Ciro, Cambises, le sucedió. Atosa, hija de Ciro y Casandra, se casó con su hermano Cambises. Otra hija, Roxana, también se casó con Cambises II. Al parecer, murió en Nubia durante la campaña egipcia de Cambises II. Atosa se casó después con su otro hermano, Esmerdis. Pero este Esmerdis era, en realidad, un usurpador medo que se hacía pasar por Esmerdis, el hijo de Ciro. El verdadero Esmerdis había sido asesinado por Cambises II por celos antes de embarcarse en su campaña egipcia. Después de que Darío I, que procedía de otra rama de la familia aqueménida, y sus cómplices reclamaran el trono para la dinastía aqueménida, Darío se casó con Atosa. Darío también se casó con la hermana de Atosa, Artisona, y con su prima, Parmis.

Darío y Atosa tuvieron cuatro hijos, de los cuales uno —Jerjes— le sucedería. Artisona y Darío tuvieron tres hijos. Se dice que ella era la esposa favorita de Darío. Incluso tenía una estatua dorada de ella en su jardín.

Jenofonte nos dejó el hermoso discurso final de Ciro dirigido a sus hijos cuando estaba en su lecho de muerte. Si hubieran seguido su consejo, la historia habría sido diferente. Pero, ¿cuándo han seguido los hijos el sabio consejo de un padre?

«Considerad de nuevo que no hay nada en el mundo más parecido a la muerte que el sueño; y el alma del hombre precisamente en esos momentos se revela en su aspecto más divino y en esos momentos, también, mira hacia el futuro; porque entonces, parece, está más libre de las ataduras de la carne.

Ahora bien, si esto es cierto, como creo que lo es, y si el alma abandona el cuerpo, entonces haced lo que os pido y mostrad reverencia por mi alma. Pero si no es así, y si el alma permanece en el cuerpo y muere con él, entonces al menos temed a los dioses, eternos, que todo lo ven, omnipotentes, que mantienen unido este ordenado universo, intacto, sin edad, infalible, indescriptible en su belleza y su grandeza; y nunca os permitáis hacer o propongáis nada malo o impío».

Capítulo 4: La conquista del Imperio lidio

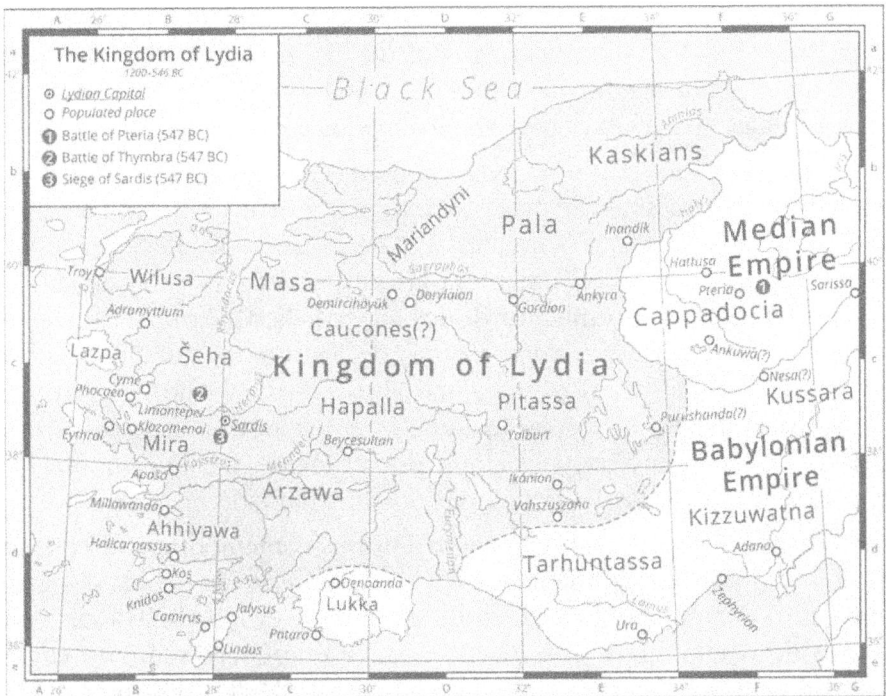

Reino lidio bajo el rey Creso, que fue conquistado por Ciro en 547 a. C.
Cattette, CC BY 4.0 <https://creativecommons.org/licenses/by/4.0>, vía Wikimedia Commons; https://commons.wikimedia.org/wiki/File:Map_of_the_Kingdom_of_Lydia.png

Después de los medos

Sea cual sea el historiador antiguo al que creamos, al menos parecen estar de acuerdo en que la siguiente guerra de Ciro se libró contra Lidia. Lidia era el reino del famoso Creso, a quien se refiere la expresión idiomática «tan rico como Creso», al menos en lengua inglesa. Lidia estaba situada en Asia Menor, es decir, al norte del Levante o antiguo Oriente Próximo, en la actual Turquía. Creso contaba con un gran ejército formado en su mayoría por mercenarios. Muchas de las naciones circundantes pagaban tributo a Lidia, ya que temían enfadar al rey Creso.

Los lidios habían hecho varias incursiones en Media y viceversa durante los años anteriores a esta guerra. Cuando el padre de Creso, Aliates, aún era rey de Lidia, Media y Lidia se enzarzaron en sangrientas batallas y escaramuzas durante cinco años seguidos. Esta guerra se detuvo en su sexto año debido a los temores paranormales de ambas naciones cuando un eclipse solar ocurrió una tarde temprano durante los intensos combates. Se sabe que este eclipse en concreto había sido predicho por uno de los Siete Sabios de Grecia, Tales, de la isla griega jónica de Milesia (la actual Mileto). Para sellar su tratado de paz, que fue negociado objetivamente por dos fuentes externas, el padre de Creso se vio obligado a dar a su hija, Arienis, a Astiages de los medos en matrimonio.

Después de que Ciro se deshiciera del yugo medo y capturara a Astiages, Creso se sintió obligado a vengar a su cuñado. También tenía otros dos objetivos que cumplir. La tierra de este rico rey estaba atravesada por un río con un suministro aparentemente interminable de oro aluvial, pero como muchos de los superricos, Creso quería más, en este caso, ¡tierra! Así que atacó algunos de los estados que antes habían sido vasallos de los medos, pero que ahora estaban bajo el mando de Ciro. Creso destruyó los asentamientos y capturó a la gente como esclavos. Creso también pensó que era prudente mostrar su fuerza y detener al joven Ciro antes de que se hiciera demasiado poderoso.

Ahora bien, Creso, como la mayoría de sus contemporáneos, consultó uno o dos oráculos antes de lanzarse a la guerra. Hizo su debida diligencia y encontró que el oráculo de Delfos, también conocido como Pitia, en el templo de Apolo, era el más respetado. Así que Creso reunió una gran cantidad de tesoros y envió a sus representantes a Delfos para preguntar al oráculo si debía ir a la guerra contra Ciro y si debía reunir aliados que se le unieran.

Pitia respondió de su habitual manera oscura que podía ser interpretada de varias maneras por un oyente incauto, especialmente después del hecho. La respuesta fue que Creso destruiría un gran imperio si iba a la guerra contra Ciro. La segunda pregunta fue contestada en una respuesta separada, y aconsejó a Creso que se aliara con los estados griegos más fuertes.

Creso supuso que Pitia predijo que destruiría a Ciro y a las fuerzas de Media y Persia, pero tenía que conseguir un fuerte aliado griego. Creso hizo un pacto de defensa mutua con los espartanos y se preparó para la guerra con Ciro. El estado vasallo de Lidia en Frigia se acercó a Ciro y se convirtió en un estado vasallo persa. Creso utilizó esto como excusa para entrar en guerra con Ciro.

Sus fuerzas acamparon en un lugar ideal de Capadocia y procedieron a atacar este recién adquirido estado vasallo de los persas. Destruyeron todo a su paso, desde los campos hasta los asentamientos, y tomaron a la gente como esclavos. Su botín incluía la cercana ciudad de Pteria, que era la capital de la provincia.

Mientras tanto, Ciro, que se había enterado de las escapadas de Creso, reunió sus fuerzas y se preparó para enfrentarse a Creso. En su camino, sus ejércitos reunieron más y más soldados, ya que muchos estaban ansiosos por unirse a este nuevo líder carismático. Se encontraron en una provincia de Capadocia, y comenzó una batalla en la que perecieron muchos soldados de ambos bandos. Al anochecer, cuando las tropas se retiraron a sus respectivos campamentos, la batalla seguía sin resolverse.

Los errores de cálculo de Creso

Al día siguiente, las tropas de Ciro no se presentaron en el campo de batalla. Creso supuso que los medos y los persas se habían ido a casa, ya que la temporada de combates había terminado. Estaba convencido de que no había ganado la batalla porque los hombres de Ciro superaban en número a su ejército.

En esta época de la historia, los soldados lidios lo tenían todo a su favor. Tenían fama de ser valientes, fuertes y aguerridos. Además, estaban bien equipados y su mayor fuerza residía en la caballería. Eran hábiles jinetes y luchaban desde sus caballos con lanzas largas y mortíferas que blandían con gran precisión. La única razón evidente por la que no obtuvieron una victoria rotunda debió de ser, como determinó Creso: la superioridad numérica de los persas. Sin embargo, si se tienen en cuenta las observaciones de Jenofonte sobre el culto al héroe y el deseo de complacer a Ciro que todos sus hombres sentían hacia él, cabe preguntarse si tal vez había una diferencia psicológica en la fuerza motriz de los ejércitos en este campo de batalla. La mayoría de los soldados de Creso eran mercenarios movidos por el pago de sus servicios.

Cuando Creso se dispuso a regresar a Sardes, la magnífica capital lidia, resolvió pedir refuerzos a todos sus aliados anteriores para remediar la cuestión numérica antes de que se reanudara la temporada de batallas en primavera.

Desde su palacio en la colina fortificada de Sardes, envió a las tropas mercenarias a casa y despachó mensajeros a sus aliados para que se unieran a él o enviaran refuerzos en primavera. También envió mensajeros a Esparta, Babilonia y Egipto, con los que había firmado tratados de defensa, para que acudieran en su ayuda cuando se reanudara la guerra. Especuló que esto ocurriría en unos cinco meses, cuando comenzara la primavera.

Ciro, mientras tanto, había discutido el asunto con sus oficiales y consejeros, y decidieron que era el momento ideal para atacar al desprevenido Creso.

Creso se quedó muy sorprendido y desprevenido cuando Ciro apareció en las llanuras de las afueras de su capital. Reunió sus fuerzas y salió a su encuentro. Una vez que las fuerzas se dispusieron en formaciones de batalla frente a frente, Ciro no pudo evitar preocuparse por el magnífico despliegue de caballería de su enemigo. Uno de sus comandantes, el medo Harpago, sugirió que utilizaran los camellos de los trenes de equipajes y los montaran con soldados como primera línea de ataque. Los caballos, dijo, se asustaban mucho con los camellos. Sembraría la confusión entre la caballería de Creso cuando los caballos se encabritaran y arrojaran a sus jinetes para huir del campo de batalla.

Ciro siguió este excelente consejo y envió a los camellos al frente. Cuando los dos ejércitos se encontraron, el orgullo y la fuerza del ejército de Creso, la caballería, se desorganizaron. Pero los hombres de Creso lucharon valientemente hasta que tuvieron que retirarse a su ciudad.

Sardes sitiada

Ciro sitió la ciudad. Cada bando observaba y esperaba, uno desde la llanura, el otro desde las murallas. ¿Quién se rendiría primero? Se acercaba el invierno, así que los lidios de la ciudad se aprovisionaron adecuadamente para muchos meses. Creso y los lidios suponían que el asedio sería largo, pero sabían que podrían resistir todo el tiempo que fuera necesario. Por otro lado, el ejército de la llanura desprotegida solo tenía sus tiendas para protegerse de los fríos vientos invernales de la llanura desarbolada. Solo tenían la comida que llevaban consigo.

Asedio de Sardes, grabado de Jacob Abbott, 1803-1879
https://commons.wikimedia.org/wiki/File:The_Siege_of_Sardis.jpg

Los lidios reían y se burlaban de los medos y persas. Se sentían seguros y acogidos en su ciudad bien fortificada. Los mensajeros que Creso había enviado a sus aliados antes del asedio ya habrían llegado a su destino. Los refuerzos llegarían en cinco meses, tal y como Creso les había pedido. Los mercenarios que había enviado a sus hogares también estarían de vuelta en cinco meses, cuando comenzara la primavera.

Creso se sentía seguro y cómodo en su palacio, donde podía permitirse todos los lujos. La vida podía seguir como siempre. Después de todo, era el hombre más rico del mundo y podía regodearse en la opulencia, ya que su ciudad estaba a salvo y segura. Según la leyenda, las murallas de la ciudad habían sido bendecidas para que nunca fueran traspasadas porque el rey anterior, Meles, había llevado un león sagrado alrededor de las murallas. La leyenda decía que este león había nacido de una de sus concubinas. Meles llevaba al cachorro de león milagroso por todos los rincones y grietas, por cada centímetro de la muralla circundante, para su protección sagrada, excepto en los lugares donde la muralla se extendía sobre un acantilado escarpado. Pero nadie podía subir hasta allí.

Debajo de las murallas, fuera del alcance de los misiles y las flechas de los guardias de la ciudad, Ciro y sus hombres escudriñaban las murallas con atención aguda para encontrar cualquier vulnerabilidad. Los oficiales y los hombres consideraban cualquier forma factible de entrar, pero ningún lidio entraba o salía de la ciudad. Ciro prometió grandes recompensas al hombre que fuera el primero en escalar las murallas, porque esa parecía la única forma de entrar.

Un día, tras dos semanas de vigilancia y espera, uno de los hombres de Ciro vio que un hombre de la ciudad bajaba por la muralla y la escarpada pared del acantilado para coger un casco. Volvió a trepar hábilmente por el acantilado y la muralla. Furtivamente, el persa se acercó cuando el hombre desapareció. Intentó imitar las acciones del lidio y consiguió escalar por la misma ruta. Otros soldados lo siguieron, y pronto, ¡estaban dentro de Sardes! La ciudad fue tomada. Por orden de Ciro, Creso, que estaba escondido dentro de su palacio, no debía ser herido de ninguna manera. Fue llevado ileso ante el rey Ciro.

Ciro construyó una gran pira funeraria sobre la que colocó a Creso y a catorce jóvenes lidios. Mientras sus captores encendían la leña, Creso, que no había hablado desde que fue capturado, suspiró de repente y gritó tres veces el nombre de Solón. Solón (630 a. C.-560 a. C.) fue uno de los Siete Sabios de Grecia. Creso había recordado las palabras de Solón de que ningún hombre vivo era dichoso. Obviamente, pensó en su propia abundancia de bendiciones que había dado por sentadas al considerarse siempre un hombre bendito.

Al oír todo esto, Ciro se arrepintió, pensando en cómo estaba en el proceso de dar muerte a otro mientras se creía bendecido, al igual que Creso. Se dio cuenta de que la gente no podía contar con ningún tipo de seguridad en la vida; las circunstancias de uno podían cambiar en un instante. Ciro ordenó apagar el fuego. Pero las llamas ya se habían apoderado de él y, por mucho que lo intentaron, no pudieron extinguirlo.

Desde la pira, Creso vio lo que estaba a punto de suceder. Pensando en todas las ofrendas, regalos y riquezas que había entregado al templo de Apolo en Delfos cada vez que consultaba el oráculo, invocó a Apolo. Como en respuesta a su súplica, una repentina lluvia apagó las llamas y los jóvenes lidios y Creso se salvaron.

Tratamiento de Creso tras la derrota

Creso frente al rey Ciro
https://commons.wikimedia.org/wiki/File:Croesus_and_Cyrus.jpg

Después, Ciro quiso saber por qué Creso, sin haber sido provocado en modo alguno, había atacado y destruido tierras persas. Creso admitió plenamente que él era el único culpable, pues ningún hombre debería desear la guerra por encima de la paz. Añadió que los hijos enterraban a sus padres en tiempos de paz, pero en la guerra, los padres enterraban a sus hijos. La respuesta de Creso y sus acciones en la hoguera hicieron ver a Ciro que se había salvado justo a tiempo de cometer un acto cruel. Según Heródoto y Jenofonte, Ciro decidió conservar a Creso a su lado por sus valiosos consejos. Así, Creso pasó a formar parte del grupo de asesores que Ciro mantenía siempre cerca cuando quería escuchar otros puntos de vista al considerar opciones y acciones.

Las controversias habituales surgen cuando se consultan otras fuentes sobre la desaparición o, más bien, el sometimiento de los lidios por Ciro.

Baquílides, poeta lírico griego, afirma que Creso no quiso ser esclavizado por Ciro tras su victoria de Sardes. Por ello, construyó su pira funeraria y la de su familia e hizo que un esclavo le prendiera fuego. Zeus apagó el fuego con una tormenta. Apolo salvó a Creso de las llamas llevándoselo a la tierra de los hiperbóreos, un reino mítico situado más allá del límite septentrional del mundo conocido. Se cree que Hiperbórea es una tierra de primavera perpetua, un lugar hermoso y abundante. Generalmente se interpretaba como la tierra del más allá.

Ciro hace crecer de nuevo el Imperio persa

Ciro el Grande, pintura de Jean Fouquet, c. 1470

Tras la derrota de Lidia, varios de sus estados vasallos dejaron de pagar el tributo exigido. Ignoraban que Creso y Ciro habían acordado que los persas no saquearían Sardes si los lidios compartían libremente sus riquezas. Creso también legó todos sus ingresos de los reinos tributarios lidios a Ciro y a los persas. Sin embargo, los reinos de los que Creso era señor creyeron conveniente aprovechar la oportunidad de independizarse. Ciro no tardó en aplastar estas revueltas.

Uno de estos otros reinos, el de los jonios, había sido invitado por Ciro antes de su incursión en Lidia a unir sus fuerzas a las suyas. Se negaron porque esperaban que Creso fuera el vencedor. Los jonios no tardaron en pedir a Ciro que se hiciera cargo de su señorío en las mismas condiciones en que lo habían hecho antes con Lidia. Los jonios vivían en las ciudades e islas del sureste de la actual Turquía, en el mar Jónico y sus alrededores, la mayoría de las cuales son hoy lugares arqueológicos y turísticos muy conocidos, como Éfeso y Priene.

Ciro le transmitió astutamente la historia de un flautista que esperaba que los peces, a los que veía nadar en las aguas cristalinas, se unieran a él en la playa para escuchar la hermosa música que estaba tocando. Los peces no lo hicieron. El flautista los atrapó en una red. Al verlos saltar y agitarse en la red, les dijo que dejaran de bailar. Ya era demasiado tarde, pues cuando había tocado para ellos antes, no habían acudido a él. Los jonios comprendieron su mensaje.

Los jonios esperaban la guerra. Fortificaron sus ciudades y convocaron a la Liga Jonia a su lugar sagrado de reunión, un templo dedicado a Poseidón. Decidieron enviar una delegación a Esparta para pedir ayuda. Los espartanos se negaron a unirse a ellos. Sin embargo, los espartanos advirtieron a Ciro que debía alejarse de los territorios griegos o lo castigarían. Ciro respondió que no temía a los hombres que disponían de un santuario en el que celebrar sus reuniones en un cónclave secreto. Dio a entender que en ese tipo de consejos reinaban el engaño y la mentira. Añadió que sería mejor que los espartanos se olvidaran de los jonios y se ocuparan de su propio pueblo.

Ciro dejó Sardes a cargo de uno de sus persas. Un lidio fue puesto a cargo de los tesoros de Creso, que debía entregar al tesoro de Pasargada. Ciro regresaba a Persia para planificar nuevas campañas, con Elam y Babilonia a la cabeza. Un mensajero llegó para informarle de que los lidios, bajo la dirección del lidio que había quedado a cargo del tesoro, se habían sublevado contra el gobernador persa.

Con el tesoro de Creso en la mano, los rebeldes bajo el mando del lidio habían huido de Sardes y estaban contratando mercenarios para que les ayudaran a expulsar a los persas de Lidia. Al parecer, el líder rebelde soñaba con convertirse en rey de Lidia. Ciro envió a uno de sus generales medos para sofocar la revuelta. Creso consiguió convencerle de que no esclavizara a los lidios como castigo. Aconsejó a Ciro que prohibiera a los lidios fabricar o portar armas. Dijo que Ciro debía ordenarles que cambiaran su estilo de vida para que pudieran buscar la paz y la armonía en lugar de la guerra.

Una vez que este general medo sometió la rebelión lidia, se lanzó a la conquista del resto de Anatolia y luego persiguió a los jonios. Cuando murió de una enfermedad durante estas campañas, fue sustituido por Harpago, el mismo medo que había ayudado a Ciro a conquistar el Imperio medo. Harpago tuvo éxito en la conquista de las naciones al norte y al este de Irán.

Capítulo 5: La caída de Babilonia

Los neoasirios: Ya fue suficiente

Antes de la época de Ciro, los medos y los babilonios habían luchado juntos contra el poderoso Imperio neoasirio. El Imperio neoasirio era un duro soberano. Tras sangrientas y brutales batallas, los asirios tomaban prisioneros a los pueblos conquistados, o al menos a un gran número de ellos, y los reasentaban en otros lugares en el exilio. Un buen ejemplo de ello serían las diez tribus de Israel en el siglo VIII a. C. Tiglat Pileser III las deportó del norte de Israel en el 722 a. C. y las sustituyó por exiliados de otros países.

Los sustitutos eran en su mayoría pueblos mesopotámicos. De este modo, los asirios mantuvieron bajo control y al mínimo las revueltas de los pueblos conquistados en su vasto imperio. Desterraron a los gobernantes, la élite y los artesanos de otros países conquistados, dejando en su mayoría solo campesinos. Estos pueblos exiliados fueron repartidos entre otros pueblos conquistados para ser asimilados y perder su identidad nacional.

Hay magníficos relieves de asedios y deportaciones diversas que se recuperaron del periodo neoasirio en el palacio de Nínive; ahora se exponen en el Museo Británico. En los lugares de asentamiento de estos inmigrantes forzados en Israel, las tablillas de arcilla, la cerámica y otros objetos culturales confirman que entre las poblaciones reasentadas e intercambiadas había grupos babilonios bastante numerosos.

Mientras tanto, los caldeos del golfo Arábigo se habían hecho fuertes. Alrededor del año 626 a. C., su rey, Nabopolasar, los liberó de sus señores asirios. Se coronó rey de Babilonia y se dispuso a restaurar su antigua gloria. Renovó la infraestructura de la capital, Babilonia, y añadió nuevos edificios públicos, templos y canales de irrigación, allí y en otros lugares de Babilonia, mientras mantenía a raya a los asirios. En tiempos de Ciro y del Imperio aqueménida, la ciudad de Babilonia era una de las más grandes y prósperas del mundo conocido. Los babilonios y sus aliados aprovecharon las luchas civiles y atacaron a los neoasirios en el año 612 a. C. Nínive, la capital asiria en aquella época, fue tomada en el 609 a. C. El Imperio neoasirio nunca volvería a levantarse.

Por fin, en pos del premio: Babilonia

Nabopolasar había entrenado y educado bien a su hijo, Nabucodonosor II, en asuntos de estado y de guerra para heredar y expandir con éxito el Imperio neobabilónico tras su muerte. Nabucodonosor se convirtió en el gobernante más exitoso de la dinastía caldea de Babilonia, pero le siguieron gobernantes más débiles. Ciro finalmente marchó contra el último rey de la dinastía caldea independiente de Babilonia, cuando un gobernante bastante débil y muy impopular, Nabonido, estaba en el trono.

Según Jenofonte, Ciro fue desviado varias veces en esta empresa y solo llegó a su destino después de muchas otras aventuras. Heródoto, en su estilo habitual de describir los entresijos de cada persona importante y aspecto geográfico a lo largo del camino, describe finalmente las increíblemente fuertes fortificaciones de Babilonia. Una tercera fuente existente sobre la conquista de Babilonia por Ciro es la muy fragmentada y dañada crónica de Nabonido. A partir de estas fuentes, que en realidad son muy difíciles de comparar debido al uso de diferentes nombres de personas y países, los historiadores han conseguido elaborar un escenario razonable de la conquista de Babilonia por Ciro.

Asedios y batallas

El primer gran enfrentamiento entre persas y babilonios tuvo lugar en la batalla de Opis, situada al noreste de Babilonia. Nabonido había enviado a cierto comandante, Belsasar, para interceptar a los persas, pero sus fuerzas fueron derrotadas decisivamente por los persas. Según algunas fuentes antiguas, Belsasar era el hijo y regente de Babilonia cuando Nabonido vivió en Arabia durante diez años. También era el rey o rey en funciones a quien Daniel de la Biblia cristiana había dicho que había sido pesado y hallado falto y que sería abatido esa misma noche. Daniel, judío en el exilio, había sido llamado por Belsasar para explicarle un texto que apareció de repente en la pared de su palacio mientras celebraba una fiesta.

Parece que Nabonido era un poco cobarde, pues no participó en la batalla de Opis. Los restos de su ejército huyeron de vuelta a Babilonia. Nabonido se escondió en Sippar y dejó que la ciudad fuera atacada, esperando plenamente que no fuera conquistada y que él pudiera regresar y seguir siendo rey.

Por fin, las mayores fuerzas de los ejércitos persas llegaron a Babilonia y acamparon a cierta distancia de la ciudad cuando las tropas babilónicas no salieron a su encuentro en la batalla. Hay que tener en cuenta que varios de los ejércitos de Ciro, bajo el mando de sus amigos de confianza y leales, estaban constantemente ocupados en otras regiones del Imperio persa, asegurando la paz, cortando de raíz las revueltas y conquistando nuevos territorios.

En Babilonia, Ciro planeó primero hacer desfilar a sus tropas bajo las murallas de la ciudad. Fue disuadido por uno de sus compañeros y consejeros, que sugirió que marcharan a cierta distancia. Ciro quería conocer las defensas y fortificaciones de Babilonia. Se comprometió a elegir una distancia que fuera lo suficientemente lejos como para estar a salvo de las flechas enemigas y los misiles de las murallas de la ciudad.

La propia inspección de Ciro puso de manifiesto que los cuentos de que las murallas de Babilonia eran infranqueables eran ciertos. Aparte de los fosos llenos de agua que rodeaban los muros exteriores de la ciudad, las murallas eran gruesas y fuertes. Heródoto afirma que se construyeron con ladrillos de arcilla cocida unidos con alquitrán y que los muros tenían hasta cincuenta codos reales de profundidad (un codo real mide aproximadamente 21 pulgadas o 53 centímetros). La tierra excavada en las zanjas se utilizó para fabricar los ladrillos, y el alquitrán procedía de otra ciudad babilónica. Babilonia estaba dividida por la mitad por el río Éufrates, que era una fuente de abastecimiento de agua. La ciudad también contaba con un buen suministro de alimentos en caso de asedio.

A ambos lados de las orillas del río había murallas paralelas con puertas de bronce que podían abrirse para dar acceso a las calles. Según Heródoto, la ciudad estaba llena de casas de tres y cuatro pisos. A un lado de la ciudad estaba el centro, ocupado por el palacio real, y al otro un recinto sagrado con un templo para Marduk llamado Esagila y un zigurat. El zigurat estaba coronado por otro templo para Marduk, el dios principal de los babilonios. Este era conocido como Etemenanki (templo de la creación del cielo y de la tierra), aunque Heródoto, siendo completamente griego, lo llamaba el templo de Zeus.

Semíramis y Nitocris

Un dato interesante sobre las defensas de Babilonia procede de Heródoto. Se menciona a dos reinas en diferentes épocas que contribuyeron a la construcción de Babilonia. Semíramis, a quien los antiguos escritores griegos sitúan erróneamente como gobernante de Babilonia (r. 811 a. C.-806 a. C.) en lugar de Assur en Asiria, hizo canales de drenaje y acequias a través de la amplia llanura abierta sobre la que se construyó la ciudad de Babilonia. Esto impidió que el Éufrates inundara regularmente la ciudad y la llanura.

La historia de esta mujer está rodeada de misterio. Ctesias la describe como mitad diosa y mitad humana. Según los mitos, fue criada por palomas. Otros autores antiguos le atribuyen los famosos Jardines Colgantes de Babilonia, una de las Siete Maravillas del Mundo Antiguo. Es probable que fuera una princesa babilónica que se casó con un rey asirio, Shamshiadad V. Tras la muerte de este, se convirtió en regente del Imperio asirio hasta que su hijo, Adad-nirari III, pudo ocupar el trono. Su nombre era Sammu-ramat o Sammuramat, pero los historiadores griegos posteriores la llamaron Semíramis. La mayor parte de lo que se ha escrito sobre ella son leyendas, pero aparece claramente mencionada en los registros asirios y tenía su propio obelisco en Assur, Irak.

La segunda reina mencionada por Heródoto es Nitocris (c. 550 a. C.). Nitocris reforzó enormemente las defensas de Babilonia de numerosas maneras. Se dice que desvió el poderoso río Éufrates antes de que se acercara a Babilonia para que fluyera con varios giros y vueltas, serpenteando de un lado a otro sobre su curso recto anterior. Esto influyó en el avance de cualquier ejército que se acercara a la ciudad. Luego construyó refuerzos a lo largo de las orillas del río para hacerlas más altas y resistentes. También excavó una cuenca lo suficientemente profunda como para encontrar el nivel de las aguas subterráneas, de modo que el agua pudiera filtrarse en la cuenca y formar pantanos en la ruta más rápida hacia el país de los medos, que, según Heródoto, era su enemigo más peligroso en aquel momento.

En la ciudad de Babilonia, Nitocris tapió el lecho y las orillas del Éufrates por donde discurría la ciudad. Los barcos solían cruzar antes de un lado a otro de la ciudad, pero ella construyó un puente que solo estaba abierto durante el día. Según Heródoto, Nitocris mandó construir su tumba encima de la puerta principal de la ciudad con una inscripción seductora para algún futuro gobernante que realmente necesitara fondos, diciendo que podían abrir la tumba y llevarse su ajuar funerario. Nadie lo intentó hasta que llegó Darío el Grande. Encontró la tumba vacía salvo por una nota que decía: «Si no fueras insaciable de riquezas y vilmente deseoso de ganancias, no habrías abierto los ataúdes de los muertos».

Ciro tomó la ciudad en octubre de 539 a. C., utilizando el río para romper las defensas de Babilonia. Una parte de sus tropas se quedó preparada en el lugar donde el río entraba en la ciudad, mientras que él se llevó el resto a kilómetros de distancia para desviar el río. Los babilonios fueron tomados completamente por sorpresa porque todas las actividades de excavación de grandes trincheras para desviar el poderoso y rápido río Éufrates ocurrieron fuera de la vista. Y el agua fue desviada durante la noche.

Era la noche de una fiesta nacional en Babilonia. Cuando los ciudadanos que festejaban se dieron cuenta, los persas ya estaban entre ellos. Habían entrado por el lecho poco profundo del río y encontraron que muchas de las puertas interiores de la ciudad en la muralla del río habían quedado abiertas por descuido.

Bienvenida a Ciro

Según la fragmentada crónica de Nabonido, este estuvo ausente de Babilonia durante largos periodos. Por ejemplo, una vez vivió en Taima, un gran oasis en el desierto de Arabia, durante diez años, aparentemente para someter a Arabia. Es posible que tuviera demasiado miedo a las intrigas palaciegas y se sintiera tan incómodo en Babilonia como la gente con él. Finalmente, regresó a Babilonia y fue capturado en su palacio. Según la crónica de Nabonido, hubo mucho derramamiento de sangre, especialmente entre los ciudadanos particulares de toda la ciudad. Este hecho puede cuestionarse, ya que Ciro había dado instrucciones a las tropas para que ordenaran a la gente que volviera a sus casas, con la advertencia de que solo se mataría a los que fueran sorprendidos en la calle a posteriori o a los que se resistieran.

Ciro era un hombre que prefería la paz a la guerra, como atestiguan las inscripciones en tablillas de arcilla excavadas en varios lugares de su imperio. Un ejemplo es la inscripción de un ladrillo de arcilla cocida hallado en Ur por el arqueólogo británico sir Leonard Woolley. Actualmente se exhibe en el Museo Británico. Está inscrita en babilonio y contiene varios nombres y títulos de Ciro, junto con una declaración de que estableció la paz en la tierra. Está fechado en el siglo VI a. C. y probablemente fue uno de los muchos que se utilizaron en todo el imperio.

En este escenario, se deduce que la mayoría de los habitantes de Babilonia dieron la bienvenida a Ciro en su ciudad. Además, había muchos exiliados extranjeros presentes en la ciudad y en el país porque los babilonios, desde la época de su rey más grande, Nabucodonosor, habían desplazado a los pueblos conquistados, de forma similar a lo que hicieron los asirios. Pero los asirios habían cambiado a menudo a sus cautivos con los de otros países conquistados, mientras que los babilonios los tenían en sus propias ciudades entre su propia gente. Naturalmente, estos grupos estaban jubilosos de librarse del yugo babilónico y celebraban a los conquistadores.

Con la conquista de Babilonia, como ocurrió tras la conquista de los medos y luego de los lidios, Ciro se convirtió automáticamente en el señor de sus estados vasallos. En el caso del gran Imperio babilónico, esto incluía a los países ribereños del mar Mediterráneo, como Siria y Palestina.

Por fin Elam

Un mapa de Elam
Por File:Near East topographic map-blank.svg: SémhurFile:Elam-map-PL.svg: Wkotwicaderivative work: Morningstar1814 - File:Elam-map-PL.svg, CC BY-SA 3.0, https://commons.wikimedia.org/w/index.php?curid=61956849

Aunque Ciro tenía la vista puesta en Elam como uno de sus próximos objetivos cuando abandonó Sardes, solo conquistó su capital, Susa, en algún momento entre 540 y 538 a. C., justo antes o después de la conquista de Babilonia. Los elamitas habían fluctuado entre la grandeza, siendo conquistados por naciones más fuertes, siendo vasallos de varios señores y siendo independientes durante más de un milenio. Fueron frecuentes asaltantes de naciones vecinas y viceversa desde la época de los sumerios y los acadios.

En ocasiones, los elamitas se aliaron con otras potencias extranjeras para atacar a sus vecinos. Alrededor del año 1000 a. C., su capital fue conquistada por los babilonios. Sus fortunas aumentaron y disminuyeron como vasallos de Babilonia. Desarrollaron su propia escritura, que sigue sin descifrarse en su mayor parte, a pesar de varios avances. Parte del problema radica en el escaso número de textos o inscripciones de que disponen los eruditos.

En el año 645 a. C., Elam fue conquistada por Asurbanipal de Asiria. Destruyó por completo la ciudad de Susa. Posteriormente fue reconstruida y repoblada en un periodo relativamente corto de apenas un siglo.

Luego llegó el turno de los persas. Después de que Ciro el Grande conquistara finalmente a todos los elamitas en 538 a. C., Susa siguió siendo una ciudad importante en el Imperio aqueménida, actuando como centro administrativo. De hecho, se convirtió en una de las tres capitales administrativas del Imperio persa durante el reinado de Cambises II (hijo de Ciro) y posteriormente de Darío I. Las otras dos capitales administrativas eran Babilonia y Ecbatana.

Capítulo 6: El gobierno del Imperio

Historia de los Imperios: Caída de los tiranos

Ciro se dio cuenta de que, a lo largo de la historia del mundo antiguo, los imperios caían porque era imposible que una sola persona controlara vastos territorios de pueblos conquistados. Así que empleó varios métodos para contrarrestar los errores de los emperadores del pasado. La *Ciropedia* de Jenofonte es especialmente útil por su relato de los antecedentes y la educación de Ciro y su análisis del exitoso gobierno de Ciro, que sentó las bases del Imperio aqueménida.

El sistema educativo de la tribu aqueménida y, por ende, del resto de las tribus persas, recuerda a los enfoques Montessori y Ad Astra actuales. Jenofonte describe el sistema educativo masculino, pero muchos relatos de esta época indican que las mujeres tenían la misma educación y los mismos derechos que los hombres.

Jenofonte dice que la plaza pública de Anshan estaba dividida en cuatro espacios: uno para niños, otro para jóvenes, otro para hombres maduros y otro para ancianos. Aunque Ciro pasó sus primeros diez años en Media como hijo de un pastor de vacas (al menos según Heródoto), su inteligencia y habilidades innatas le permitieron aprender de cada experiencia. Después de que Ciro fuera reconocido y regresara con su propia familia, el rey Cambises y su esposa, Mandane de Media, fue educado en las costumbres persas.

Las principales lecciones de la sección de niños en la plaza de la ciudad persa giraban en torno a la justicia y la disciplina. La autodisciplina y el autocontrol se valoraban por encima de la mayoría de los demás rasgos. Presidiendo cada uno de los espacios de la plaza había doce oficiales, uno de cada una de las doce tribus persas. Se los seleccionaba por sus habilidades y destrezas. Estos oficiales juzgaban y castigaban cuando los muchachos se acusaban entre sí. Aparte de las acusaciones de hurto, robo, agresión, engaño y otros delitos que nuestras leyes suelen incluir hoy en día, los persas consideraban que los delitos derivados de la ingratitud eran los más graves. En su opinión, la ingratitud causaba egoísmo, y el egoísmo causaba la mayoría de los delitos y la negligencia en el cumplimiento del deber.

Filosofía central de Ciro el Grande

«Siempre que puedas, actúa como un libertador. La libertad, la dignidad y la riqueza constituyen la mayor felicidad de la humanidad. Si legas las tres a tu pueblo, su amor por ti nunca morirá». — Ciro el Grande, según Jenofonte.

La cita anterior muestra la filosofía que Ciro tenía sobre la vida en general, y esto incluía su forma de gobernar.

Esta filosofía se convertiría en un elemento central de la forma en que Ciro gobernó su vasto imperio de 2,1 millones de millas cuadradas (5,5 millones de kilómetros cuadrados). Fue la doctrina que hizo que su gobierno sobre semejante imperio fuera manejable y próspero en términos de innovaciones, negocios y marcos sociales.

¿Cómo conquistó y gestionó Ciro este vasto imperio?

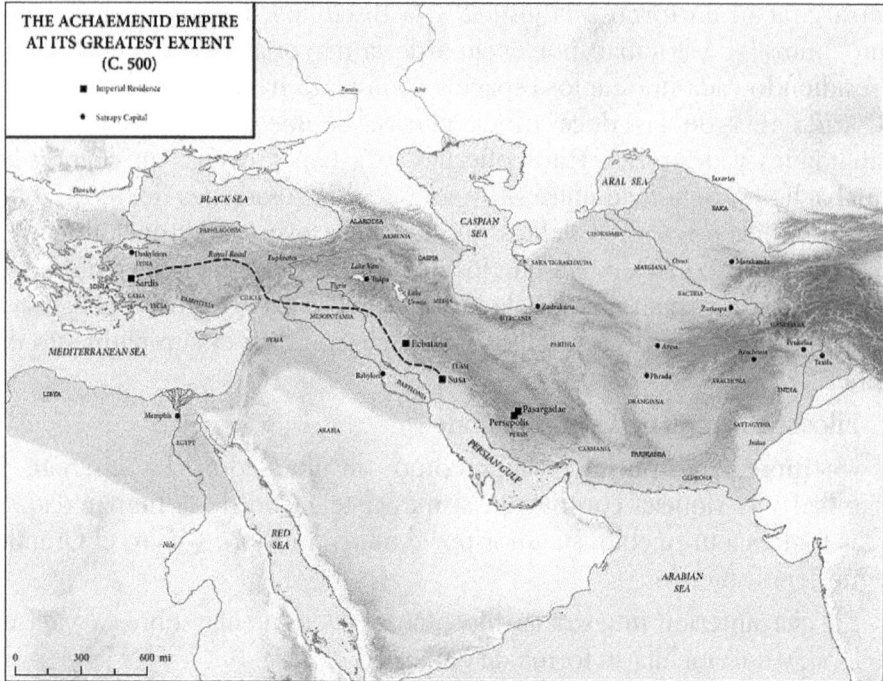

Imperio aqueménida

Creador original: MossmapsCorrecciones según Oxford Atlas of World History 2002, The Times Atlas of World History (1989), Philip's Atlas of World History (1999) de पाटलिपुत्र, CC BY-SA 4.0 <https://creativecommons.org/licenses/by-sa/4.0>, vía Wikimedia Commons; https://commons.wikimedia.org/wiki/File:Achaemenid_Empire_at_its_greatest_extent_according_t o_Oxford_Atlas_of_World_History_2002.jpg

El imperio que creó Ciro abarcaba desde el mar Mediterráneo en el oeste hasta el río Indo en el este. El Imperio persa fue, sin duda, el mayor imperio hasta entonces. Tras la muerte de Ciro, sus sucesores, Cambises II y Darío el Grande, continuaron expandiendo el imperio hasta alcanzar los Balcanes, el sureste de Europa y Egipto. Ciro el Grande dejó intacto el entramado administrativo de los territorios que conquistó, aunque hizo algunos ajustes y dejó allí personas que dependían de él y de sus centros de administración. Creó una estructura inigualable para administrar y gestionar este vasto imperio y, puesto que la infraestructura y la logística ya estaban en marcha, sus sucesores simplemente tuvieron que mantener y mejorar los métodos de gobierno existentes.

La primera victoria

Otras versiones de Ciro el Grande difieren en los detalles de lo que hemos visto hasta ahora, que ha sido principalmente de Heródoto y Jenofonte.

Tras la muerte de su padre, Cambises I, Ciro se convirtió en rey de Anshan. Sin embargo, como Anshan era un estado vasallo de Media, no era un gobernante independiente. El reino de Ciro pagaba tributo al rey de Media, que resultó ser su abuelo materno, Astiages.

En la crónica de Nabonido, una tablilla de arcilla expuesta en el Museo Británico de Londres, un escriba detalla el ataque a Ciro por parte de su abuelo Astiages. El texto cuneiforme afirma específicamente que Astiages lanzó un ataque contra el «rey de Anshan». Hay varios relatos de esta batalla y de quién la inició.

En la Crónica de Nabonido se confirma el motín de Ecbatana y la captura de Astiages. Los historiadores Heródoto y Ctesias escribieron que Ciro se casó con la hija de Astiages, Amitis, para pacificar a los vasallos medos, incluyendo Saka, Bactriana, Partia e Hircania. Heródoto también señala que Ciro integró Sogdia en su Imperio persa durante sus campañas militares contra los rebeldes que querían su libertad tras la conquista de Media.

Mayor unificación: Un negocio familiar

Como Ciro se convirtió en rey de todos los estados vasallos que antes estaban bajo el dominio de Media, Parsa, que estaba gobernada por su tío Arsames, pasó pacíficamente a formar parte del nuevo imperio. Ciro dejó el gobierno de esta ciudad-estado en manos de su tío. Histaspes, primo de Ciro e hijo de Arsames, quedó a cargo de Partia y Frigia. Ciro unió los reinos aqueménidas, incluyendo Parsa y Anshan, e hizo del Imperio persa en ciernes una empresa familiar bien gestionada.

Expansión

La ocupación y toma de Media fue solo el principio de lo que se convertiría en el vasto imperio de Ciro. Según algunos relatos, Ciro no quería apoderarse de ningún reino vecino en ese momento. Estaba satisfecho con dirigir el Imperio persa, que ahora incluía Media. Estaba gestionando los asuntos del Estado y gobernando acertadamente, por lo que no había necesidad de ir a la guerra después de aplastar las rebeliones que estallaron en los estados vasallos de Media.

Como era costumbre, Creso, rey de Lidia, enviaba regularmente mensajeros al oráculo de Delfos para pedir consejo a Pitia antes de tomar decisiones trascendentales. Como señala Pausanias, geógrafo y erudito griego (110-180 d. C.), los magníficos regalos del rey Creso a Apolo y al oráculo de Delfos eran un testimonio regular de su riqueza y confianza en sus profecías.

Durante una de estas visitas al oráculo, se le dijo a Creso que «destruiría un gran imperio» si atacaba a los persas. Creso entendió que destruiría el imperio de Ciro. Creso decidió atacar Pteria en 547 a. C. Aunque Pteria había sido anteriormente un estado vasallo de Lidia, había declarado su lealtad al Imperio persa y a Ciro el Grande.

Cuando el rey Ciro se enteró del asedio de Pteria, reunió a sus ejércitos y se trasladó a defender la ciudad. Sin embargo, a su llegada, se encontró con que Pteria ya había sido conquistada y los ciudadanos esclavizados por Creso. Este último había incendiado la ciudad para que Ciro no pudiera utilizarla como lugar estratégico desde el que luchar.

Creso se retiró a Sardes, suponiendo que Ciro no lo seguiría. Ciro hizo lo contrario y atacó a Creso y al ejército lidio en Thymbra. Ciro conquistó Sardes y puso fin al Imperio lidio y a la dinastía Mermnada. Ciro perdonó la vida a Creso, que pasó a formar parte del equipo de asesores militares de Ciro.

El final aproximado del Imperio lidio es generalmente aceptado como 547 o 546 a. C. Tras la caída de Lidia, sus estados vasallos de Anatolia, Licia, Jonia, Cilicia y Fenicia pasaron a formar parte del Imperio persa.

Plano del Imperio persa

Ciro se convirtió en gobernante de Anshan y conquistó el Imperio medo con el general medo Harpago a su lado. A continuación, conquistó el Imperio lidio, los elamitas y su capital Susa, el Imperio babilónico y continuó su expansión militar por Asia Central. Estos hechos generales parecen confirmarse históricamente en la mayoría de las fuentes, tanto primarias como secundarias.

Durante sus treinta años de reinado, Ciro mostró cualidades de gran estadista y líder militar, sobre todo a la hora de invadir territorios extranjeros. Primero se dirigía al líder de la región con la opción de negociar la toma del poder de forma no violenta. Solo cuando su oferta era rechazada, declaraba la guerra. Incluso en caso de guerra, Ciro actuaba con humanidad, como puede verse con el rey Creso, que se unió al imperio de Ciro como parte de una unidad militar asesora. Ciro tuvo la opción de matar a Creso, como era costumbre en la época, pero no lo hizo.

Una versión diferente de la conquista babilónica es que el gobernante de Babilonia, Nabonido, huyó a Sippar después de que Ciro conquistara Elam. Nabonido dejó a Ugbaru al mando del ejército. Ugbaru, anteriormente gobernador de Gutium, cambió de lealtad. Según la Crónica Babilónica, «Ugbaru, gobernador del distrito de Gutium, y el ejército de Ciro entraron en Babilonia sin una batalla». Ugbaru es llamado Gobrias por el historiador griego Jenofonte. Fue nombrado gobernador de Babilonia por Ciro tras la conquista babilónica.

Nabonido fue capturado, pero se le perdonó la vida, y fue enviado al exilio a vivir su vida en la región de Carmania. Se supone que su cogobernante e hijo, Belsasar, fue asesinado durante la toma de Babilonia. Nabonido seguía viviendo en el exilio durante el gobierno de Darío el Grande.

Los relatos de Ciro y sus campañas de expansión militar se registraron como traer «en sumisión a todas las naciones sin excepción».

Según algunos historiadores, el Imperio persa siempre intentaba negociar con sus enemigos antes de entrar en batalla, ya que las batallas eran (y siguen siendo) costosas en todos los sentidos, y Ciro prefería intentar que el enemigo se rindiera.

Compartiendo el poder: cómo gobernar un gran imperio

Ciro el Grande fue un estadista ingenioso, un líder carismático y un genio militar. Esto se debió a que fue lo suficientemente sabio como para rodearse de asesores especialistas en sus campos y conocedores de los pueblos y las zonas geográficas en las que pretendían introducirse.

Tras establecer su nueva capital, Pasargada, en la provincia de Fars del actual Irán, Ciro perfeccionó la forma de gobernar y gestionar su vasto Imperio persa. Mostró una gran destreza administrativa en el desarrollo de un gobierno socialmente aceptable y organizado.

Mediante el establecimiento de un sistema de gobierno regional que dependía del gobierno central, Ciro consiguió administrar eficazmente el Imperio persa. Lo dividió en veintiséis provincias llamadas satrapías.

Satrapías

El Imperio aqueménida se extendía por la mayor parte de Asia occidental y gran parte de Asia central, incluyendo zonas del Mediterráneo y el Helesponto (el estrecho de los Dardanelos en la actual

Turquía) en el oeste y llegando hasta el río Indo en el este.

Ciro desarrolló un sistema en el que cada región se convertía en una provincia autónoma con un sátrapa o gobernador que lo representaba en cada provincia. Este sistema de gobiernos provinciales se originó en la época de los medos alrededor del año 648 a. C., y se formalizó y se hizo más eficaz bajo el gobierno de Ciro el Grande a partir del año 547 a. C.

A lo largo de los siglos, las tierras fueron gobernadas por los reyes o emperadores que conquistaron esas regiones, es decir, hasta Ciro el Grande. Ciro adaptó los estilos de gobierno anteriores a sus propias necesidades. Probablemente estudió cómo fracasaron los imperios anteriores y evitó los problemas conocidos.

Ciro dividió su imperio en veintiséis provincias bajo sátrapas que gobernaban en su nombre. Cada sátrapa debía velar por el bienestar de su pueblo y su territorio. Un sátrapa era responsable de la ley y el orden, la recaudación de impuestos, la administración civil y la selección y entrenamiento de un ejército para cada provincia al que el rey pudiera recurrir cuando surgiera la necesidad. Además, Ciro comprendió la necesidad de honrar las actividades sociales y culturales de cada nación. La supervisión se dejó en manos del sátrapa.

Aunque los sátrapas tenían amplios poderes autónomos sobre sus provincias, existían muchos controles y equilibrios para garantizar que no se extralimitaran.

Profundizando

Ciro el Grande se ganó su reputación no solo por sus conquistas militares, sino también por sus dotes naturales de comunicación y su comprensión de la psique humana. Es posible que el método básico de gobernar a través de un gobernador o sátrapa no fuera inicialmente idea suya. Sin embargo, el alcance de la autonomía local, la comprensión de la población local, la responsabilidad de los sátrapas y los sistemas de controles y equilibrios en la administración de estos sátrapas se debieron a sus ingeniosos métodos.

Sistema de cinco niveles

En tiempos de Darío se utilizaba un sistema de gobierno de cinco niveles. Se supone que fue iniciado por Ciro y posteriormente perfeccionado y adaptado a un sistema más centralizado por Darío I. Ciro sabía que tenía que haber controles y equilibrios en todos los niveles, ya que tenía que asegurarse de que podía gobernar con éxito y con la máxima eficacia. Las diferentes jerarquías funcionarían de forma independiente, pero entrelazadas para formar un sistema de controles y equilibrios sobre los sátrapas.

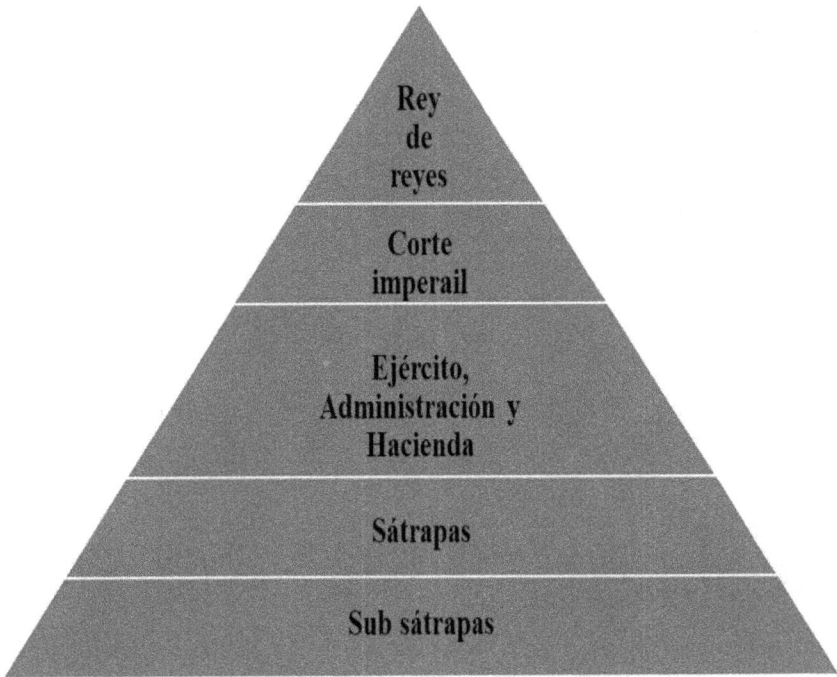

Sistema de gobierno de cinco niveles del Imperio aqueménida

Rey de reyes

El monarca, en este caso el rey Ciro, era la autoridad suprema. Se consideraba que no tenía igual en la tierra y que su palabra era ley. En teoría, desde esta posición de gran poder, el rey podía hacer lo que quisiera. Sin embargo, a efectos prácticos, debía rendir cuentas ante la corte imperial.

La corte imperial

La corte imperial se elegía entre la nobleza y los ciudadanos de élite del Imperio persa. Estos ministros desempeñaban un papel clave a la hora de asesorar y aconsejar al rey, y vigilaban las satrapías. A la hora de seleccionar a los miembros de su corte imperial, el rey Ciro volvió a hacer gala de sus ideas innovadoras. Se rodeó de los consejeros más leales seleccionados entre los persas y de cada territorio conquistado.

Ejército, Administración y Hacienda

El tercer escalón de la jerarquía tenía una inmensa responsabilidad y un gran poder. Eran las instituciones flexibles pero permanentes e inamovibles que dirigían el gobierno cotidiano del imperio.

La famosa unidad del ejército aqueménida, conocida como los Diez Mil Inmortales, fue creada por Ciro el Grande y constituía el núcleo de seguridad del Imperio persa. Heródoto describe a los Inmortales como «infantería pesada», y su tamaño se mantenía en un número constante de diez mil soldados. Bajo sus ropajes llevaban armaduras de escamas. Usaban espadas, grandes puñales, lanzas cortas, arcos y flechas, y para defenderse utilizaban escudos de mimbre. Estos legendarios Inmortales siguen siendo hoy en día un tema fascinante para los cineastas de Hollywood.

Los Inmortales, una foto de la celebración del Imperio aqueménida en Irán en 1971
https://commons.wikimedia.org/w/index.php?curid=7497892

El principal objetivo de la administración imperial acabó siendo el beneficio y el control. Pero, por supuesto, con el tiempo, la corrupción y el nepotismo se instalaron, oscureciendo los altos ideales de Ciro de igualdad para todos. Incluso Darío I, posiblemente uno de los más grandes gobernantes de la historia, nombró sátrapas a miembros de su familia. Darío también fue el responsable de monetizar los tributos y convertirlos en una contribución obligatoria de una suma fija, mientras que Ciro confiaba en los «regalos» de bienes y objetos de valor aportados voluntariamente, a menudo excedentes de la producción de un país o metales y piedras preciosas. Ciro se arriesgó y confió en la lealtad de sus súbditos y en su voluntad de acudir en su ayuda siempre que los necesitara. A cambio, lo admiraban y lo llamaban padre.

Más tarde, la reasignación de la propiedad de las tierras conquistadas de los ciudadanos de clase baja a la élite garantizó que el imperio siguiera siendo rentable durante un tiempo. Esta reasignación y elevación de la clase de élite contribuiría finalmente a la caída del poderoso Imperio persa. El lujoso estilo de vida de la élite empezó a paralizar la economía. En ese momento, Ciro era un recuerdo lejano.

Sátrapas

Los sátrapas eran los gobernadores encargados de las provincias del imperio y de su administración, finanzas, ley y orden, y actividades sociales y culturales. Los sátrapas ejercían sobre sus regiones el mismo poder que el rey sobre el imperio. Esto significaba que los sátrapas eran extremadamente poderosos por derecho propio. A veces, a un sátrapa que había gobernado bien su región se le otorgaba una provincia vecina, lo que aumentaba sus ingresos y su poder.

Para mantener la ley y el orden, el sátrapa actuaba como juez supremo en casos civiles y criminales, y era responsable de hacer justicia. Según Jenofonte, un sátrapa también era responsable de la seguridad de las carreteras interprovinciales y tenía derecho a acabar con los rebeldes y las bandas que intentaban robar a los viajeros y a los trabajadores de correos en el Camino Real.

También en este caso, Ciro fue sabio y permitió que los gobernadores de las regiones conquistadas continuaran gobernando, pero insistió en que se adhirieran al sistema de gobierno de cinco niveles. Puesto que ya eran gobernantes de sus regiones locales, conocían la cultura, la administración y los requisitos financieros para dirigir sus provincias con éxito.

Sub sátrapas

El último estrato del gobierno persa formaba parte de la corte «real» de los sátrapas y era elegido entre los ciudadanos locales, conocedores de las costumbres y tradiciones de su pueblo. Su función consistía en asesorar y ayudar a los sátrapas a integrar nuevas prácticas fiscales o administrativas en las provincias. También asesoraban sobre diversos temas, como prácticas religiosas, códigos de vestimenta y tradiciones locales.

Modus operandi

Algunos historiadores sugieren que el método de Ciro para gobernar un imperio multinacional que toleraba las diversidades etnorreligiosas y culturales surgió de la necesidad. Comprendió que imponer una identidad única en una zona geográfica tan extensa y diversa provocaría constantes conflictos.

Como forma de gobierno monárquico, los métodos utilizados por el rey Ciro eran complejos, flexibles y estratégicos, a la vez que ejemplares en términos de humanidad.

Los reyes posteriores abusaron de la forma de gobierno burocrática central. Todos los cargos dependientes del rey tenían que obedecer implícitamente las órdenes del monarca, mientras que Ciro negociaba los resultados. Sus órdenes eran más bien peticiones. Cabe imaginar que los legendarios Diez Mil Inmortales habrían bastado para mantener la paz y hacer cumplir la ley en caso necesario. Las satrapías obedecían al monarca en todos los aspectos del gobierno local y conocían el resultado de la rebelión o el robo: ¡los Inmortales!

Durante el reinado de Ciro el Grande no se registraron rebeliones, y el respeto que se ganó puede verse en la forma en que, según se dice, era considerado como un padre por sus súbditos. No puede haber mayor honor que ver a un gobernante como una figura paterna.

George W. F. Hegel, filósofo alemán, en su libro *Lecturas sobre la Filosofía de la Historia*, describe el Imperio persa como «el primero en desaparecer» y a su pueblo como el «primer pueblo histórico».

> «El Imperio persa es un imperio en el sentido moderno, como el que existió en Alemania y el gran reino imperial bajo el dominio de Napoleón, ya que consiste en una serie de estados que, aunque dependientes, han conservado su propia individualidad, sus costumbres y sus leyes. Las disposiciones generales, obligatorias para todos, no atentaban contra sus idiosincrasias políticas y sociales, sino que incluso las protegían y mantenían; de modo que cada una de las naciones que constituyen el conjunto, tenía su propia forma de constitución. Como la luz lo ilumina todo —impartiendo a cada objeto una vitalidad peculiar—, así el Imperio persa se extiende sobre múltiples naciones y deja a cada una su carácter particular. Algunas tienen incluso reyes propios; cada una, su lengua, sus armas, su modo de vida y sus costumbres. Toda esta diversidad coexiste armoniosamente bajo el dominio imparcial de la Luz... una combinación de pueblos, dejando a cada uno de ellos en libertad. De este modo, se pone fin a la barbarie y ferocidad con que las naciones habían querido llevar adelante sus destructivas contiendas». (*Filosofía de la Historia* de Hegel, Capítulo III)

La filosofía de Ciro influyó en grandes figuras históricas, como Karl Marx, Friedrich Nietzsche, Friedrich Engels y Jean-Paul Sartre, entre otros.

Ciro el Grande gobernó principalmente desde Ecbatana hasta que se construyó Pasargada, pero el imperio tuvo cuatro capitales. Jenofonte especifica el calendario anual del monarca. No podemos estar seguros de que este calendario se aplicara a Ciro, pero ya estaba en vigor en la época de Darío I. Babilonia tenía un clima cálido y soleado, y el rey gobernaba desde allí durante siete meses al año. Durante la primavera, gobernaba desde Susa unos tres meses. Durante el calor de mediados de verano, gobernaba desde Ecbatana, en las tierras altas medas, donde el clima era más tolerable y fresco. Pasargada, la capital ceremonial, era un lugar de visión y confort para Ciro, donde tenía sus famosos jardines con árboles y plantas de todo el imperio. Aquí pasaba el tiempo con su familia en su palacio privado. Pasargada siguió siendo un lugar sagrado incluso después de que fuera sustituida por Persépolis en tiempos de Darío I. Todos los reyes aqueménidas fueron coronados en Pasargada.

Servicios de inteligencia

Para asegurarse de que cada satrapía funcionaba de acuerdo con las normas y reglamentos del imperio, Ciro creó puestos especiales para vigilar las provincias. Estos hombres eran agentes especializados del «rey de reyes». En tiempos de Darío I, podían realizar inspecciones sin previo aviso en las provincias.

El «ojo del rey» servía de extensión del ámbito de actuación del rey. Vigilaban a los sátrapas y eran una extensión casi encubierta del monarca, ya que este deseaba tener conocimiento de lo que ocurría a sus espaldas. Dicho más claramente, eran los espías del rey. Tanto Jenofonte como Ctesias hicieron hincapié en el poder que ejercía el ojo del rey. Permitían al rey conocer de primera mano a sus súbditos. En tiempos de Ciro, se hacía por justicia y equidad, pero después se corrompió. Jenofonte, que nació mucho después de la muerte de Ciro, escribió que en sus viajes por el Imperio persa vio a personas que habían perdido los ojos por haber cometido un delito contra el rey. En el *Persica* de Ctesias, menciona que los persas se sacaban los ojos como castigo por traición.

Los «oídos del rey» escuchaban cualquier rumor e investigaban y confirmaban los hallazgos antes de informar directamente al rey. Esto incluía corrupción, mala administración, robos y sátrapas que hubieran abusado de su poder.

Los secretarios del rey ocupaban cargos independientes y eran considerados las autoridades más importantes, aparte del rey de reyes. Tenían una línea de comunicación directa con el rey. Su función era la de supervisar la administración, la recaudación de impuestos y la ley y el orden en sus provincias. Eran considerados los confidentes más cercanos y de mayor confianza del rey. La responsabilidad de leer las cartas privadas del rey a los sátrapas también recaía en los secretarios del rey.

Un ejemplo de cómo funcionaba este cargo nos llega a través de Heródoto, que describe un caso en el que Darío el Grande utilizaba un secretario; sin embargo, una vez más, no sabemos si era lo mismo en la época de Ciro II. Oretes (también llamado Oretus en algunas traducciones), el sátrapa a cargo de Frigia, Lidia y Jonia durante el reinado de Darío I, tenía un ejército personal de mil soldados. Cuando el secretario del rey leyó las instrucciones para que los mil soldados dejaran de proteger a Oretes y lo ejecutaran, obedecieron inmediatamente.

El Imperio aqueménida era avanzado, exitoso, innovador y estaba regido por un gobierno burocrático centralizado que construyó una infraestructura inigualable. Según algunos relatos antiguos, el entramado que Ciro inició y Darío perfeccionó era tan eficiente que, después de que Alejandro Magno conquistara Persia, hizo muy pocos cambios, si es que hizo alguno.

El sistema de carreteras llamado Camino Real, que iba de Susa a Sardes, dio lugar en tiempos de Darío al innovador servicio postal que prestaba servicio a todo el imperio. Se denominaba *Chapar Khaneh* («casa de correos»). Cada *Chapar Khaneh* era una estación de descanso y reabastecimiento a lo largo del Camino Real. Aquí, los *chapares* o correos podían cambiar de caballo y abastecerse para su viaje. Los *chapares* solo tardaban siete días en ir de Sardes a Susa, mientras que un viajero normal tardaría noventa días o más, según Heródoto. Se cree que viajaban noche y día, todos los días en zonas seguras y en casos de emergencia.

Mapa del Imperio aqueménida con el Camino Real, que iba de Susa en Elam a Sardes en Lidia
Fabienkhan, CC BY-SA 2.5 <https://creativecommons.org/licenses/by-sa/2.5>, vía Wikimedia Commons; https://commons.wikimedia.org/wiki/File:Map_achaemenid_empire_en.png

Las excavaciones realizadas en la década de 1930 sacaron a la luz más de diez mil fragmentos de tablillas cuneiformes que detallaban la administración diaria y las transacciones del Imperio persa. El lenguaje es mayoritariamente elamita, que no se ha descifrado. Hasta ahora solo se ha podido leer y comprender una tablilla en persa antiguo, obra de Darío. También se encontraron sellos e impresiones personales y gubernamentales en lo que se conoce como los Archivos Administrativos de Persépolis.

Tras el sometimiento de toda Mesopotamia e Irán, toda la comunicación escrita entre provincias se realizaba en arameo oficial o arameo imperial. Según los historiadores, esto contribuyó en gran medida al éxito del control del vasto imperio.

Heródoto elogió estos sistemas burocráticos y afirmó que estaban bien mantenidos y excelentemente atendidos.

Capítulo 7: Tolerancia religiosa

Diplomático por excelencia

Ciro el Grande, el carismático monarca de Persia, tenía facilidad de palabra. Era un excelente diplomático, pero parece que su sabiduría tenía un origen más profundo. Era como si sus palabras se hicieran eco de los verdaderos sentimientos, creencias y emociones de su corazón. Hablaba con el corazón a sus súbditos, administradores, militares y consejeros. Era un hombre verdaderamente grande que se convirtió en un gran gobernante y, en el proceso, creó un gran imperio.

Por supuesto, somos conscientes de que gran parte de sus palabras y hechos están adornados con mitos y leyendas por quienes escribieron sobre él años después de su reinado, pero hay indicios en los anales de las naciones conquistadas de que era admirado por sus amigos y enemigos.

El relato de Jenofonte sobre los consejos de Ciro a sus hijos, amigos y magistrados cuando estaba en su lecho de muerte casi hace desear que tuviéramos un registro contemporáneo de sus dichos y consejos. Algo parecido a los proverbios de Confucio o Salomón sería ideal, pero por ahora los entendidos tienen que contentarse con los registros y fuentes de segunda mano que existen.

El Imperio aqueménida llegó a albergar al 44% de la población mundial, según las estimaciones de algunos expertos. Esta civilización multiétnica estaba formada por naciones y tribus que hablaban diferentes lenguas, practicaban diversas religiones, vestían diferentes ropas y tenían diferentes marcos culturales, sociales y visiones del mundo.

Cuando Ciro conquistó estos territorios extranjeros, debió de reflexionar profundamente y pidió a sus consejeros que le dieran ideas sobre cómo gobernar un imperio que se extendía por una zona geográfica tan extensa. Sabemos que, al principio, dejó establecido el sistema de cada región mientras lo resolvía todo.

Tal vez en su proceso de pensamiento influyeran sus años de infancia, que pasó como hijo de un pastor de vacas jugando con los hijos de los nobles o las élites. A los diez años, su estatus social cambió por completo cuando fue enviado a desempeñar su verdadero papel como hijo del rey de Anshan. Ciro experimentó el mundo desde ambos lados, primero como hijo de un siervo y luego como príncipe heredero de un reino. Sus experiencias en la vida debieron de influir en su personalidad y en su actitud hacia la gente de todos los niveles de la sociedad.

Luego se convirtió en un rey poderoso pero benevolente. Sus súbditos eran de todas las clases y procedían de muchas sociedades diferentes, etnias distintas y culturas diversas. Tenía que encontrar la manera de gobernar, y sin duda se dio cuenta de que, si reconocía, respetaba, toleraba y gestionaba la diversidad, gobernaría desde la fortaleza y la paz, ya que no tendría que enfrentarse a rebeliones religiosas, culturales y sociales.

En la práctica, la tolerancia era la mejor manera de mantener la paz y de que Persia se convirtiera en un imperio próspero, armonioso y multicultural. Ciro era poco convencional en su forma de gobernar en aquella época de la historia. Su política de respeto y aceptación de las tradiciones, creencias y costumbres de sus súbditos aseguró la unificación de su imperio. Fue un rey sin precedentes. Fue honrado como el padre de su pueblo, incluso cuando su poder era a veces temido por los pueblos que gobernaba.

Tras conquistar Babilonia, se presentó a sí mismo como un libertador y el legítimo sucesor del rey vencido, más que como un conquistador. A sus palabras siguieron acciones que respaldaban su declaración política.

La conquista de Babilonia desempeñó un papel importante durante el reinado de Ciro. Le dio el control de las rutas comerciales de la Ruta de la Seda, la carretera que unía Babilonia con Ecbatana y la que unía Susa, en Elam, con Sardes, en Anatolia. Más tarde, Darío I convirtió la carretera entre Susa y Sardes en la bien construida Vía Real. En ese momento, era aún más valiosa porque la nueva carretera tenía surcos para los carros. ¡Imagínense el impacto en el comercio y los viajes!

El control de un imperio tan vasto inspiró a Ciro para hacer inscribir su visión del imperio en un cilindro de arcilla y colocarlo en los cimientos del templo de Marduk, conocido como Esagila, en la ciudad de Babilonia.

Según algunas fuentes, tanto Alejandro Magno como Julio César se inspiraron en Ciro.

Historiadores y expertos postulan hoy que la política de Ciro el Grande se basaba en las enseñanzas de Zoroastro. Los zoroastrianos hacen hincapié en la libertad de elección del individuo entre la oscuridad y la luz o el bien y el mal. Esta elección, cuando va seguida de actos honorables, buenos pensamientos y buenas palabras del individuo, aumentará el *aša* en el mundo y en la persona. *Aša* se refiere al «buen funcionamiento» o «buen orden» del mundo.

La ideología de Ciro y las estrategias que utilizó para gobernar el imperio constituyeron el hilo conductor a través del cual evitó la rebelión y recibió la cooperación de los siervos hasta la más alta de las clases elitistas. Sus políticas de respeto y libertad en materia de religión, costumbres y estructuras sociales garantizaron el buen funcionamiento de la administración. El gobierno fue eficiente y funcional a todos los niveles mientras vivió.

El rey Ciro se declaró guardián de los templos y santuarios de todas las religiones del imperio. Permitió que las costumbres y tradiciones continuaran sin interrupción después de que las naciones conquistadas pasaran a formar parte del Imperio persa. A veces, incluso participaba en las ceremonias y rituales locales. Los nobles y sacerdotes de las nuevas regiones pasaron a formar parte de su entramado y concedió a las regiones una autonomía política limitada. Esto solía hacerse como parte de una estrategia más amplia. Así, por ejemplo, permitir que el pueblo judío regresara a Judea le ayudó a crear una frontera entre el Imperio persa y Egipto.

Un dato interesante sobre el Imperio persa es que la tolerancia religiosa y el papel de la mujer en la sociedad fueron innovadores y visionarios. Las tablillas de arcilla excavadas en Persépolis, la capital ceremonial iniciada por Darío, detallan la posición de la mujer en la sociedad, los negocios y las finanzas. Los textos detallan las transacciones financieras entre mujeres que viajaban por motivos personales o para realizar negocios. Estos textos se remontan al gobierno de Artajerjes I (465-424 a. C.) y registran un número considerable de transacciones.

Panorama de la igualdad

Para comprender el alcance de la igualdad de la mujer en el Imperio persa, debemos profundizar en el papel exacto que desempeñaba la mujer en los negocios, la cultura y la sociedad.

Las mujeres de la antigua Persia eran consideradas básicamente iguales en estatus a los hombres. Poseer tierras, dirigir un negocio, viajar y recibir la misma remuneración por el trabajo eran derechos básicos de las mujeres persas. Las mujeres de la realeza podían celebrar sus propias reuniones del consejo para debatir políticas, y sus opiniones eran importantes. Ciro se aseguró de que las mujeres de distintas clases fueran tratadas con dignidad y respeto.

Los derechos de la mujer fluctuaron a lo largo de los tiempos. Su independencia se deterioró drásticamente mucho más tarde, sobre todo a partir del primer milenio de la era cristiana, a menudo debido a creencias religiosas, incluidas las de los credos abrahámicos. La opinión de que las mujeres son intrínsecamente pecadoras, incapaces de decidir su propio destino y necesitan ser controladas bajo el velo de la protección está presente en la correspondencia entre los padres de la Iglesia cristiana. Se trata, en esencia, de un retroceso en el progreso de las civilizaciones que ha perdurado hasta nuestros días y que legalmente sigue arraigado en las políticas de algunos países.

Aunque el Imperio aqueménida era un sistema patriarcal, las mujeres tenían derechos. Más tarde, la jerarquía femenina constituyó un marco esencial dentro del Imperio persa.

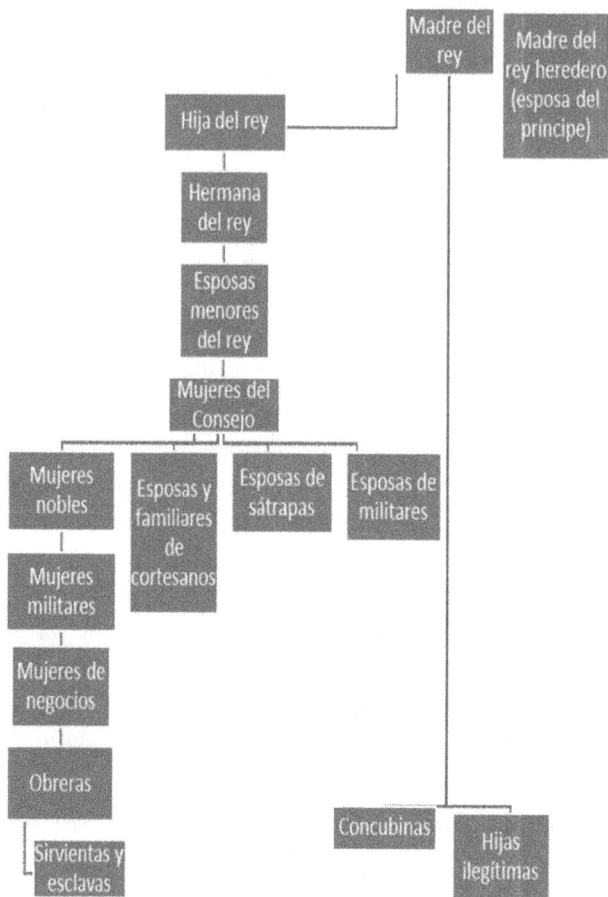

Jerarquía de la mujer

Funciones clave de la mujer

Madre del rey y esposa principal

La madre del rey y la esposa principal, también llamada Shahbanou o «dama del rey», viajaba con el rey en las campañas militares, como la esposa de Cambises II, Roxana, que fue asesinada en Nubia mientras viajaba con él en una campaña militar. Iban acompañadas de sus propios asistentes, ocupaban puestos de honor en los banquetes, celebraban sus propias cortes, firmaban tratados y acuerdos con sus propios sellos y tenían acceso ilimitado al rey. Sabemos por el Libro de Ester de la Biblia cristiana que esto había cambiado en la época de Ester, que sustituyó a Vashti como esposa del rey persa Jerjes I o Asuero en la Torá.

Las mujeres podían elegir con quién querían casarse, aunque los tratados, alianzas y transacciones comerciales se aseguraban con matrimonios con las hijas y hermanas del rey.

Las mujeres en el ejército

Las excavaciones han confirmado que algunas mujeres eran guerreras en el Imperio aqueménida. No sabemos si esto ocurrió durante el reinado de Ciro. Sin embargo, es muy posible que así fuera, ya que las tribus de mujeres guerreras de las estepas tuvieron contacto con Ciro en el pasado y formaban parte de la herencia de su pueblo cuando los persas se trasladaron a Irán siglos antes de Ciro.

Jerjes I quedó tan impresionado con las habilidades de la mujer guerrera Artemisia I de Caria que fue honrada con la escolta de sus hijos hasta un lugar seguro tras la batalla de Salamina en 480 a. C. Según los informes de un erudito llamado Kaveh Farrokh, «se han [encontrado en Irán y] excavado también en Europa Oriental tumbas que atestiguan la existencia de mujeres guerreras de habla iraní».

Pantea Arteshbod, junto con su marido, organizó la élite de los Inmortales bajo el mando de Ciro el Grande. Artunis (540-500 a. C.) fue una hábil teniente comandante de los Inmortales. Las guerreras persas lucharon en los ejércitos persas durante todo el periodo aqueménida, como Youtab Aryobarzan (m. 330 a. C.), que estuvo entre las que defendieron la Puerta Persa. Youtab Aryobarzan era muy valiente y hábil, y se dice que murió junto a su hermano, Ariobarzanes (330 a. C.), en la batalla de la Puerta Persa durante la conquista del Imperio persa por Alejandro Magno.

Las mujeres en los negocios

Las mujeres se dedicaban a los negocios, como demuestran los textos excavados en Persépolis. Irdabama fue una mujer de negocios, probablemente durante el reinado de Darío, que gestionó personalmente el comercio y la producción en Irán, Babilonia, Egipto, Media y Siria. Tenía a su cargo unos 480 trabajadores, sin contar a su numeroso personal.

Obreras, sirvientas y esclavas

Mujeres y hombres trabajaban codo con codo, y las mujeres solían ser supervisoras y encargadas. Las supervisoras eran conocidas como *arashshara.* Estaban bien pagadas y recibían una mayor cantidad de grano y vino como supervisoras de un gran número de subordinados.

Los salarios se basaban en la habilidad, la experiencia y el tipo de trabajo. No había diferencias salariales en función del sexo. Las mujeres embarazadas cobraban salarios más altos. Las madres primerizas recibían salarios más altos durante el primer mes tras el nacimiento de su hijo. El médico, la madre y la comadrona recibían una cantidad adicional si el niño era varón.

Los esclavos de toda Persia eran tratados más como sirvientes y recibían un salario. Las leyes bajo Darío I establecían que ningún esclavo podía ser maltratado o asesinado. Un esclavista que desobedeciera esta ley sería juzgado según el delito cometido, y un esclavo sería considerado de la misma manera que un ciudadano libre.

Religiones en el Imperio de Ciro

Representación del dios principal de Babilonia, Marduk, en un sello cilíndrico del siglo IX a. C.
https://commons.wikimedia.org/wiki/File:Marduk_and_pet.jpg

Panteones protoindoiranios

Las tribus nómadas que habitaban alrededor de los montes Zagros y los elamitas adoraban a un panteón de dioses. Estas tribus nómadas también se denominaban protoindoeuropeos y vagaban por las estepas de la región. Los protoindoiranios fueron una rama de estos nómadas indoeuropeos y se mezclaron con grupos semitas y otros pueblos a medida que se desplazaban. Incluso podrían estar vinculados a una rama de la civilización anatolia ya extinguida y parecen datar de alrededor de 1900 a. C.

Puede que el panteón de dioses haya madurado en la cuna de la civilización (Mesopotamia), pero conocemos muchos dioses anteriores, como la diosa madre representada en casi todas las culturas antiguas. Si comparamos los panteones de los pueblos griego, romano, celta y escandinavo, observamos similitudes en los mitos y poderes de los dioses. Los conceptos religiosos eran esencialmente los mismos o similares, pero los nombres eran diferentes. Por ejemplo, el padre del cielo se transformó en Zeus en la mitología griega y se llamó Júpiter en el panteón romano.

Según Jenofonte, Ciro hizo votos al dios Mitra. Mitra estaba asociado con la luz, el sol, la justicia, los juramentos y los pactos. Mitra era el dios que todo lo veía, protegía las cosechas, guardaba el ganado y reinaba sobre las aguas. Los textos que se han descifrado han llevado a los eruditos a creer que Ciro seguía un sistema de creencias politeísta; sin embargo, otros eruditos e historiadores están seguros de que era zoroastriano.

No obstante, podemos estar seguros de que existía una plétora de deidades en todo su imperio. Ciro debió de hacer sus deberes porque, según cuentan, hacía ofrendas a las deidades patronas de cada ciudad cuando la visitaba.

Los panteones antiguos, desde los primeros registros y excavaciones, tenían dioses que regían todos los aspectos de la vida y los orígenes. Sin embargo, aún no conocemos del todo ni podemos interpretar a todos los dioses. Un ejemplo de ello son los nuevos hallazgos de las últimas décadas en Anatolia, como el de Göbekli Tepe. La mayoría de los panteones solían incluir un dios del cielo, una deidad del amanecer, una diosa de la fertilidad o madre tierra, un dios del tiempo o del trueno y un dios del agua.

Padre del cielo

El padre del cielo era la deidad suprema del panteón protoindoeuropeo, según los relatos verbales. Dieus, el padre del cielo, tiene poderes similares a los de Zeus (griego) y Júpiter (romano). Tiwaz, un dios germánico (Tyr en nórdico antiguo), ejercía el mismo poder e influencia sobre los elementos. Traducido directamente, Dieus significa «dios del cielo diurno». A Dieus se le atribuía una relación con la Madre Tierra.

La diosa del amanecer

Mallory y Adams, que editaron la *Enciclopedia de la Cultura Indoeuropea* en 1997, reconstruyeron el nombre de la diosa del amanecer a *hausos*, que significa «amanecer», y otros textos se refieren a ella como *dhughtēr diwos*, que significa «hija del dios del cielo». Las pruebas que apoyan su labor se encuentran en los Vedas y en un poema de Homero. Mallory es un experto en arqueología, y Adams es un distinguido lingüista.

La diosa del amanecer ahuyentaba la noche y era venerada como una deidad importante, como puede verse en textos conservados de antiguas lenguas indoeuropeas.

La Madre Tierra

La información sobre la deidad Madre Tierra sigue siendo controvertida a día de hoy, ya que algunas pruebas se refieren a la Madre Tierra no como una diosa, sino como la tierra misma. El significado traducido de su nombre es «tierra ancha». Según otras pruebas descubiertas, es venerada como la esposa del dios del cielo. En griego, Gea es la personificación de la tierra como diosa, y en el panteón romano, esta diosa recibe el nombre de Tellus Mater.

Independientemente de las controversias, la diosa Madre Tierra ilustra los antiguos procesos de pensamiento. La gente se preguntaba por las cosas que le rodeaban y que eran inexplicables, como el proceso del parto. El parto es similar a la tierra que brota nueva vida en primavera.

El tronador

Traducido directamente, el nombre Perkūnas o *perk'unos* significa «el tronador» o «"el señor de los robles"». Esta deidad gobierna el clima, y su nombre se invoca en épocas de sequía. En la mitología indoeuropea, el dios del trueno lucha contra una serpiente de agua de varias cabezas para que esta libere el agua que ha estado reteniendo. El arma de Perkūnas se conoce como *meld-n*, que los lingüistas interpretan como un martillo o un rayo.

El sobrino de las aguas

El nombre de este dios parece ser Apąm Napāt en el zoroastrismo, que ha sido traducido como hijo, nieto o sobrino por diversos expertos de las culturas indoiranias. Este dios solo aparece en relatos indoiraníes y no tiene equivalente romano ni griego. Neptuno es el dios romano del agua dulce y del agua de mar, y el dios griego Poseidón sería el dios equivalente a Neptuno. Sin embargo, no existe ningún dios «sobrino», al menos según los lingüistas que han examinado textos griegos, romanos, irlandeses antiguos y latinos.

De los demás dioses o diosas del panteón protoindoeuropeo apenas quedan pruebas. Incluso la historia de la creación de la civilización protoindoeuropea está fragmentada, ya que los relatos escritos son escasos o inexistentes. Las excavaciones realizadas en Turquía durante este siglo han hecho retroceder la cronología de los centros ceremoniales religiosos hasta los siglos posteriores a la última glaciación. Los expertos aún no saben cómo interpretar y comprender los magníficos grabados y tallas descubiertos en estos centros, pero están bastante seguros de que la mayoría se realizaron en honor de una o varias deidades.

Zoroastrismo

La *Ciropedia* de Jenofonte está repleta de relatos sobre las creencias, la vida y la tolerancia religiosa de Ciro el Grande. Va más allá al decir que las políticas del rey Ciro estaban «basadas en el respeto a las personas, los grupos étnicos, otras religiones y los antiguos reinos».

La *Ciropedia* ensalza las virtudes de un gobernante ideal, que Jenofonte ve personificadas en Ciro el Grande. «¿Qué otro hombre, sino Ciro, después de haber derrocado un imperio, murió con el título de padre de los pueblos que había sometido a su poder? Porque es evidente que este es un nombre para el que otorga, más que para el que quita».

Hay muchos indicios de que Ciro seguía las enseñanzas del zoroastrismo, aunque no hay pruebas concluyentes de ello. Además, en un relato de Jenofonte invocó a Mitra en lugar de a Ahura Mazda. En las *Historias* de Heródoto, este subraya que sus súbditos se referían a Ciro como padre. Era un gobernante justo, amable, incorrupto y carismático.

Ciro y los judíos

La Biblia hebrea menciona al rey persa como el «ungido» que liberó al pueblo judío de la esclavitud en Babilonia. El Antiguo Testamento de la Biblia menciona al rey Ciro más de veintitrés veces en los libros de Esdras, Crónicas, Daniel e Isaías.

El rey Nabucodonosor II invadió Judea y conquistó Jerusalén en el año 597 a. C. Esclavizó a parte del pueblo judío y exilió a Babilonia al rey de Judá y al pueblo que capturó.

En el Antiguo Testamento se describe el siguiente ataque a Jerusalén en 586 a. C.:

> «Quemó la casa del Señor, la casa del rey y todas las casas de Jerusalén; incendió todas las casas grandes. Todo el ejército de los caldeos que estaba con el capitán de la guardia derribó los muros alrededor de Jerusalén. Nabuzaradán, el capitán de la guardia, se llevó al exilio al resto de la gente que había quedado en la ciudad y a los desertores que se habían pasado al rey de Babilonia; a todo el resto de la población. Pero el capitán de la guardia dejó a algunos de los más pobres del país como viñadores y labradores de la tierra». (2 Reyes 25:9-12)

Estos acontecimientos dieron lugar a lo que se denomina el cautiverio babilónico. Lo que fue casi peor para el pueblo judío fue que Nabucodonosor destruyó el Templo de Salomón y se llevó todo lo que había en él, incluidos los objetos sagrados que validaban su fe, al tesoro de Babilonia.

Mientras estuvo esclavizado en Babilonia, el pueblo judío fue perseguido por sus amos y el resto de los ciudadanos babilonios. Al principio, intentaron seguir adorando a Dios, pero esto les acarreó severas palizas y castigos, a veces incluso la muerte. Los sacerdotes redactaron, cambiaron y transcribieron textos antiguos para influir y mantener vivo el judaísmo. Por ejemplo, Abraham vino de «Ur de los caldeos» porque los caldeos y sus tierras serían comprendidos por el pueblo judío. Los antiguos habitantes de esa tierra en la época de Abraham, incluidos los sumerios de Ur y otros pueblos mesopotámicos, habían desaparecido hacía mucho tiempo en la época del cautiverio babilónico.

Ciro se menciona en el Antiguo Testamento cristiano en el libro de Isaías, capítulo 45, donde se hace referencia a él como el «ungido» del Señor. «Él es mi pastor, el que llevará a cabo todo mi propósito, y el que dice de Jerusalén: será reconstruida, y del templo: serán puestos sus cimientos. Así dice el Señor a su ungido, a Ciro, cuya diestra he asido para someter ante él a las naciones y despojar a los reyes de sus vestiduras, para abrir ante él las puertas y que las puertas no se cierren».

Después de que Ciro conquistara Babilonia en 539 a. C., el pueblo judío que estaba esclavizado en la ciudad dio la bienvenida al rey Ciro como su libertador. Ciro decretó que el pueblo judío era libre de regresar a su patria. En el Libro de Esdras del Antiguo Testamento, se registra que 42.360 judíos regresaron a Jerusalén y Judá, excluyendo a sus siervos y siervas.

Ciro el Grande también ordenó a los judíos que reconstruyeran el Templo de Jerusalén y proporcionó fondos para este proyecto. El proyecto se completó durante el reinado del rey Darío I, que también proporcionó fondos para la reconstrucción del templo. El rey Ciro también emitió órdenes de que todos los objetos de valor que habían sido tomados por los babilonios debían ser devueltos a ellos y al templo.

Parte del pueblo judío permaneció en Babilonia, donde, con el paso de las décadas, abrieron negocios y tuvieron familias que a menudo incluían a babilonios. A los judíos que permanecieron en Babilonia se les dio libertad para practicar su religión y no se les pusieron trabas durante las horas de culto o las fiestas religiosas.

Pruebas fiables de la invasión babilónica

Recientes descubrimientos arqueológicos prueban, sin lugar a dudas, que los babilonios invadieron Judá y destruyeron sus ciudades. Las crónicas y los profetas judíos también registraron los acontecimientos ocurridos.

Los campos geomagnéticos de todo Israel han permitido a los investigadores de la Universidad de Tel Aviv (TAU) y de la Universidad Hebrea de Jerusalén (HU) formarse una idea más clara y aportar pruebas físicas de los ataques y conquistas babilónicos de Israel y Judá.

En 2020, los investigadores reconstruyeron el campo magnético del día en que el Primer Templo y la ciudad de Jerusalén fueron invadidos por Nabucodonosor y el poderoso ejército babilónico. La fecha fue el nueve de Av, 586 a. C. Esta fecha se ha convertido en un día tradicional de luto para el pueblo judío, durante el cual recuerdan la destrucción del Primer Templo de Jerusalén, construido por el rey Salomón. Av es un mes del calendario judío. Según el calendario gregoriano, Av tiene lugar en julio y agosto. Las fechas de inicio y fin de Av varían, pero los días siempre caen en ambos meses.

Utilizando objetos recuperados en yacimientos arqueológicos de toda la región, los geofísicos han rastreado minerales magnéticos que registraban el campo magnético en el momento de la conflagración. Probaron el nuevo método de datación en varios yacimientos antiguos donde los resultados podían compararse con fechas ya confirmadas. Se confirmó que la destrucción de Jerusalén por Nabucodonosor II tuvo lugar el nueve de Av. También demostraron las teorías de los arqueólogos de que los babilonios no destruyeron todas las ciudades y pueblos de

Judea durante esta invasión.

El avance científico del siglo

Este nuevo método de datación ayudará a los arqueólogos a determinar la antigüedad de los hallazgos en las excavaciones utilizando datos geomagnéticos.

Veinte investigadores de diferentes países y disciplinas dataron con precisión veintiún capas de destrucción que se produjeron en diecisiete yacimientos arqueológicos de Israel. La destrucción del Reino de Judá fue una de las confirmaciones de fechas más interesantes expuestas por este nuevo método de datación.

Capítulo 8: El cilindro de Ciro

¿Qué es el cilindro de Ciro?

El cilindro de Ciro está hecho de arcilla. Se parece a un pequeño barril. La arcilla se aplicó y coció por etapas alrededor de un núcleo de grandes piedras grises. Así, el cilindro se construyó por capas y se coció numerosas veces hasta conseguir su forma y tamaño definitivos. Una vez hecho esto, se añadía una fina capa de arcilla que servía de superficie para la inscripción.

El cilindro de Ciro se utilizó para describir al rey Ciro, sus hazañas, sus conquistas, sus proyectos de construcción y su magnanimidad hacia los pueblos y lugares que conquistó.

La inscripción elogia a Ciro y detalla su linaje, afirmando que era descendiente de un linaje milenario de reyes y que había derrotado al rey plebeyo de Babilonia, Nabonido, opresor del pueblo. Según el texto, el dios principal de Babilonia, Marduk, había elegido a Ciro para devolver la paz y la prosperidad a los babilonios. El texto también pide bendiciones del dios Marduk para Ciro y su hijo Cambises. El cilindro hace referencia al rey Asurbanipal, que restauró las murallas anteriormente durante la ocupación asiria y que dejó una inscripción similar, que se encontró mientras restauraba la muralla de la ciudad de Babilonia. Continúa alabando a Ciro por ser un rey generoso con los ciudadanos de Babilonia y por reconstruir templos y santuarios de culto por toda Mesopotamia y el imperio. El texto concluye describiendo la restauración de la muralla de Babilonia.

El cilindro de Ciro

Durante las excavaciones originales realizadas en 1879 bajo los auspicios del Museo Británico, el cilindro se rompió en fragmentos. La sección conocida como fragmento A se envió al Museo Británico de Londres.

El fragmento B fue adquirido por James B. Nies a un anticuario de la Universidad de Yale. Nies publicó la inscripción en 1920. El fragmento B pudo encontrarse entre los escombros dejados por los arqueólogos o pudo ser retirado durante la excavación original. El fragmento B no se identificó como parte del cilindro original de Ciro hasta 1970, cuando Paul-Richard Berger, de la Universidad de Münster, confirmó definitivamente su origen.

La escritura utilizada en el cilindro cocido es cuneiforme y el idioma del texto es el acadio. Puede datarse en torno al año 539 a. C.

Para qué servía

El cilindro de Ciro se utilizó como parte del depósito fundacional del templo de Marduk, conocido como Esagila, en la antigua Babilonia. Los depósitos fundacionales son fosas u hoyos revestidos bajo puntos específicos de edificios importantes. Estas fosas se llenaban con objetos ceremoniales y a menudo incluían una tablilla de arcilla que relataba la historia de la persona o el edificio o el motivo por el que se había colocado allí. Se creía que estos objetos ceremoniales aseguraban la protección divina del edificio y evitaban su ruina.

También solían describir el legado de un gobernante y ofrecían a los futuros gobernantes un relato de las conquistas y virtudes de los constructores del templo o de otros edificios importantes.

Sin embargo, el cilindro de Ciro ha demostrado ser mucho más importante que el habitual depósito fundacional. El Irán actual adoptó el cilindro como símbolo nacional de Irán por el sah Mohammad Reza, de la familia Pahlavi. En 1971, el cilindro de Ciro se expuso en Teherán para conmemorar los 2.500 años del Imperio persa; fue prestado por el Museo Británico.

La princesa Ashraf Pahlavi entregó una réplica del cilindro al entonces secretario general de las Naciones Unidas, U Thant. Según la princesa Ashraf, «la herencia de Ciro era la herencia de la comprensión humana, la tolerancia, el valor, la compasión y, sobre todo, la libertad humana». Añadió que su hermano, el sah de Persia (actual Irán), Mohammad Reza Pahlavi, veía el cilindro de Ciro como una «carta de los derechos humanos».

Hay expertos que sugieren que la redacción del cilindro sigue el patrón habitual de una declaración, algo que la mayoría de los gobernantes de la antigüedad hacían al comienzo de su mandato. Para ellos, el cilindro es propaganda. Pero en el caso de Ciro, hay pruebas de fuentes contemporáneas de que sus hechos coincidían con sus palabras. El mejor ejemplo es el pueblo judío, al que permitió regresar a su patria. Ciro también era respetado y admirado por sus enemigos, lo que indicaría que las palabras del cilindro tenían al menos algo de verdad.

Por qué es importante

Neil MacGregor, antiguo director del Museo Británico, ha afirmado en alguna ocasión que la importancia del cilindro de Ciro radica en que representa «el primer intento que conocemos de dirigir una sociedad, un Estado, con diferentes nacionalidades y credos: un nuevo tipo de arte de gobernar». Se lo considera el mayor experto en el tema del cilindro de Ciro.

Tradicionalmente, los biblistas han considerado las inscripciones del cilindro como prueba de la autenticidad bíblica del regreso de los judíos a Jerusalén para reconstruir el templo que Nabucodonosor había destruido. El edicto de Ciro que permitía al pueblo judío y a otros exiliados regresar a casa después de haber estado cautivos en Babilonia fue emitido después de que capturara la ciudad de Babilonia. Esto se relata en el Libro de Esdras, que dice: «Entonces los jefes de familia de Judá y Benjamín, y los sacerdotes y levitas —todos aquellos a quienes Dios había movido el corazón— se prepararon para subir y edificar la casa del Señor en Jerusalén. Todos sus vecinos les ayudaron con objetos de plata y oro, con bienes y ganado, y con regalos valiosos, además de todas las ofrendas voluntarias» (Esdras 1:6-11).

La interpretación bíblica ha sido refutada por otros numerosos académicos, ya que el texto en algunas traducciones solo se refiere a los pueblos de Mesopotamia y no especifica ningún grupo étnico en particular.

En el libro del sah Mohammad Reza Pahlavi, publicado en 1967 y titulado *La revolución blanca*, se refiere al cilindro de Ciro como la «primera declaración de los derechos humanos». El sah describe a Ciro el Grande como un defensor de los principios humanos, la justicia y la libertad, cosas todas ellas que figuran en el cilindro de Ciro. Continúa diciendo que Ciro fue el primer gobernante que permitió a sus súbditos «la libertad de opinión y otros derechos básicos».

En 1968, las Naciones Unidas celebraron una conferencia sobre derechos humanos en Teherán, que fue inaugurada por el sah, el último gobernante de Irán antes de que se convirtiera en un país estrictamente musulmán. En su discurso de apertura, el sah dijo que el texto tal y como estaba escrito en el cilindro de Ciro era el predecesor de lo que conocemos como Declaración Universal de los Derechos Humanos.

Es interesante señalar que se sabe que varios de los Padres Fundadores y firmantes de la Declaración de Independencia de los Estados Unidos de América tenían ejemplares de la *Cyropaedia* de Jenofonte, que atesoraban. Se dice que Thomas Jefferson tenía tres ejemplares. La Carta de los Derechos Humanos de la ONU se hace eco de la Declaración de Independencia y pretende garantizar los derechos humanos básicos e iguales para todas las personas del mundo, algo asombrosamente similar a la visión de Ciro el Grande tal y como se recoge en el texto cuneiforme del cilindro de Ciro.

El sah Mohammad Reza Pahlavi declaró en un discurso de Nouruz (Año Nuevo) que 1971 sería conocido como el Año de Ciro el Grande. El año estaría dedicado a la celebración del aniversario del Imperio aqueménida y de Ciro el Grande. El sah esperaba que la civilización reconociera las contribuciones del Imperio persa a la sociedad, los negocios y la humanidad. En sus discursos afirmó que la época aqueménida era un momento del pasado nacional de Irán que serviría de modelo para la sociedad imperial moderna que esperaba crear.

Durante ese año, el cilindro de Ciro y el escudo oficial de Irán se convirtieron en un símbolo mundial. Revistas y periódicos publicaron artículos sobre el antiguo Imperio persa. El Museo Británico prestó el cilindro de Ciro original a Irán durante las festividades. El cilindro se expuso en la Torre Shahyad, ahora llamada Torre Azadi, en Teherán.

Las celebraciones oficiales comenzaron el 12 de octubre de 1971 y terminaron una semana después con una espectacular ceremonia en la tumba de Ciro en Pasargada. La fecha del 12 de octubre coincide con el día en que se cree que Ciro entró en Babilonia en el año 539 a. C.

¿Dónde está hoy?

Las excavaciones del templo de Marduk en Babilonia, donde se encontró el cilindro, se hicieron por encargo de los administradores del Museo Británico y con un decreto del sultán otomano, Abdul Hamid I, que establecía que las antigüedades halladas en el lugar podían retirarse, empaquetarse y enviarse a Inglaterra, siempre que no hubiera duplicados. Para asegurarse de que se seguían estas instrucciones, un representante del sultán estaba presente para examinar todos los objetos a medida que se descubrían.

El cilindro de Ciro fue enviado al Museo Británico de Londres tras su excavación en marzo de 1879 por el asiriólogo y arqueólogo Hormuzd Rassam, que había tomado el relevo del excavador original, Austen Henry Layard, quien también le enseñó y formó. Rassam recibió más formación en Londres para convertirse en el primer arqueólogo conocido de Oriente Próximo.

El fragmento A y el fragmento B se reunieron en 1972, después de que Yale cediera el fragmento B al Museo Británico en préstamo permanente a cambio del préstamo de una tablilla de arcilla similar. El cilindro de Ciro permanece hasta hoy en el Museo Británico de Londres y solo ha sido prestado para exposiciones en cuatro ocasiones.

Esta antigua declaración de los derechos humanos es utilizada continuamente como símbolo por las Naciones Unidas. Una réplica del cilindro de Ciro puede verse en la sede de las Naciones Unidas en Nueva York.

Valor arqueológico

La información arqueológica que puede obtenerse del cilindro de Ciro es inestimable, ya que proporciona detalles sobre las ciudades y pueblos invadidos por el rey Ciro y los plazos de estas conquistas. Además, la información del cilindro también se corresponde con la de la Biblia, concretamente con la de los libros de Isaías, Esdras y Crónicas. Básicamente confirma que en el año 539 a. C., el conquistador persa Ciro el Grande permitió que el pueblo judío fuera liberado del cautiverio en Babilonia.

La información del cilindro de Ciro nos dice exactamente cómo fue conquistada la ciudad. El 12 de octubre del calendario juliano (7 de octubre del calendario gregoriano) del año 539 a. C., el ejército aqueménida entró por las puertas de Babilonia sin que los habitantes, incluido el ejército, opusieran resistencia. Ciro el Grande entró en la ciudad el 29 de octubre. Fue recibido por los ciudadanos como un libertador y se proclamó «rey de Babilonia, rey de Sumer y Acad, rey de las cuatro esquinas (o cuartos) del mundo».

Un importante texto del cilindro de Ciro describe la conquista de Babilonia y que su ejército entró pacíficamente en la ciudad como libertadores. Esta afirmación está respaldada por una declaración inscrita en la crónica de Nabonido. Nabonido fue el último rey de Babilonia. Se lo consideraba un tirano malvado que ofendió al dios de la ciudad, Marduk, e impuso sus ideas religiosas extranjeras a sus súbditos honrando al dios de la luna, Sin. El mito cuenta que su falta de respeto por la deidad patrona de Babilonia hizo que Marduk interviniera y convocara a Ciro para rectificar las abominaciones en Babilonia. Se considera que Ciro fue elegido por el dios supremo.

El cilindro de Ciro permaneció bajo los muros del Esagila, el templo del dios patrón Marduk, hasta que fue redescubierto en 1879. La colocación de este cilindro como depósito fundacional continuaba una tradición mesopotámica de siglos. Ciro honró esta tradición, al igual que las costumbres sagradas de todas las sociedades que conquistó.

El valor arqueológico del cilindro de Ciro se basa en sus tres decretos principales:

1. Una declaración política formal de igualdad racial, religiosa y lingüística, que incluye a los pueblos anteriormente desplazados, esclavizados y deportados. Se les permitió regresar a sus hogares y restaurar sus templos destruidos.

2. Otro texto que detalla el respeto que Ciro tenía por la humanidad, la libertad y el trato humano de todas las personas, independientemente de sus orígenes o creencias religiosas.

3. El compromiso de Ciro el Grande, que consistía en convertir el imperio en un imperio próspero, pacífico, innovador y armonioso de naciones que comerciaban y compartían entre sí y con el resto del mundo.

Capítulo 9: Muerte y entierro

A menos que creamos que la tumba de Ciro está vacía o contiene sus restos sin cabeza, tenemos que considerar la versión de Jenofonte sobre su muerte. Jenofonte afirma que Ciro murió a una edad avanzada en su cama en su palacio de Pasargada. Como hombre recto que siempre honró a Ahura Mazda y a los demás dioses de sus súbditos cuando se encontraba en sus regiones, Ciro fue advertido por los dioses de que su fin estaba cerca. Estaba cansado y feliz de enfrentarse a la muerte porque, como zoroastriano, creía que solo moría el cuerpo; el alma seguía adelante. Tuvo tiempo de poner en orden sus asuntos.

Ciro llamó a sus dos hijos, que lo habían acompañado a Pasargada desde Babilonia, y a sus amigos y algunos magistrados a su cabecera, donde descansaba. Nombró a su hijo Cambises en su lugar como rey de reyes y a su hijo Tanyoxarces como gobernante de los sátrapas de Media, Armenia y Cadusia. Les aconsejó que siempre se honraran y apoyaran mutuamente, y que se cubrieran las espaldas en todo momento contra las conspiraciones. Dijo que la clave para gobernar con éxito un imperio tan grande era convertir a los demás en compañeros guardianes de los territorios. Tras lo que pareció un discurso enormemente largo para un anciano tan cansado, repartiendo instrucciones y consejos a todos los presentes, Ciro se tapó la cabeza con las mantas y falleció.

Según Ctesias, Ciro fue herido de muerte en una batalla contra los derviches, un clan familiar de la tribu nómada Maságetas, en el noreste de Irán. Permaneció tres días, durante los cuales puso en orden sus asuntos antes de morir. Sus tropas llevaron su cuerpo a Pasargada. Según

Estrabón, geógrafo, filósofo e historiador griego (63 a. C.-23 d. C.), Ciro murió en una batalla contra los escitas. Según Beroso, un escriba y astrólogo babilonio que escribió una historia de Babilonia (c. 310 a. C.), Ciro murió en una batalla contra los dajaos, otra tribu vinculada a los escitas.

Está claro que muchos escribas antiguos y aspirantes a historiadores repitieron muchas leyendas diferentes. Los cuentos populares y el paso del tiempo, junto con las migraciones y sustituciones de tribus y pueblos, confundieron aún más la cuestión. A pesar de las historias adornadas de Heródoto, su versión de la muerte de Ciro sigue siendo quizá la más popular y merece la pena repetirla.

La versión de las *Historias* de Heródoto

Heródoto creía que las montañas del Cáucaso eran la más alta de todas las cadenas montañosas. Al este de las montañas se extendía el mar Caspio. Bordeando el mar Caspio y extendiéndose desde allí hacia el este, se extendía una gran llanura. La tribu más fuerte que vivía allí era la de los maságetas.

Según Heródoto, los maságetas se parecían a los escitas en la vestimenta, salvo por sus característicos gorros puntiagudos. También compartían muchas otras costumbres similares. Sin embargo, a diferencia de los escitas, Heródoto afirma que los maságetas se comían a sus hombres cuando envejecían. Solo enterraban a los que morían de enfermedad. Quizá por eso Heródoto no visitó esta región en sus viajes. Heródoto también menciona que tenían una extraña costumbre según la cual las mujeres podían acostarse con cualquiera después del matrimonio, pero no los hombres.

A menudo se confundía a los maságetas con los escitas. Todavía se los conoce como una de las tribus escitas, los sacas, o al menos como parientes de los sacas. Estudios recientes han indicado que los vínculos tribales a través de la estepa euroasiática, desde los Balcanes hacia el este, estaban a menudo entrelazados y genéticamente vinculados con pueblos indoeuropeos e indoiranios.

Una de las cualidades más destacadas de los maságetas era su equitación. Puede que incluso tuvieran un culto centrado en los caballos, ya que sacrificaban caballos a sus dioses. Es posible que este pueblo nómada y guerrero se asentara en centros de culto. La hipótesis de los eruditos se debe al uso extensivo de metales y a la fabricación de bronce, lo que significa que seguramente debieron tener instalaciones permanentes para el proceso de fundición y fabricación de aleaciones metálicas.

Heródoto afirma que solo adoraban a una deidad, el dios Sol. Montados en caballos de flotas, los maságetas asaltaban a menudo pueblos y ciudades de los reinos y estados vecinos, y se salían con la suya. En el año 530 a. C., Ciro quiso proteger sus fronteras orientales de las incursiones de los pueblos nómadas de la estepa. El rey de los maságetas había muerto y su esposa, la reina Tomiris, heredó el trono. En otras versiones, Tomiris era hija única del señor de varias tribus. Fue criada para tomar el poder. Se casó con un rey de otra tribu, pero ya era reina de todas las tribus cuando esto sucedió.

Ciro pensó que el cambio de liderazgo era una excelente oportunidad para hacerse con el control de las estepas, además de su oro y bronce. Los maságetas utilizaban oro y bronce en todo, incluidas las armaduras y las armas. Incluso los bocados de los caballos contenían porciones de bronce y oro.

La reina Tomiris era una princesa guerrera que luego se convirtió en reina guerrera. Las leyendas relacionan a los maságetas con las famosas guerreras amazonas descritas por los antiguos autores griegos. Es probable que, en lugar de que las tribus estuvieran formadas solo por mujeres, se tratara de tribus con igualdad de condiciones, deberes conjuntos y formación de hombres y mujeres desde una edad temprana.

En 2019 se descubrió una interesante tumba con cuatro mujeres en el río Don, en Rusia, que parece confirmar las leyendas griegas sobre estas mujeres luchadoras. Eran de diferentes edades; había una adolescente, dos mujeres jóvenes y una mujer de entre 45 y 50 años. Fueron enterradas al mismo tiempo. Este enterramiento confirmó la condición guerrera de las mujeres. Contenía varios tipos de armas, como lanzas, cuchillos y puntas de flecha, así como joyas. La corona del hallazgo fue sin duda el magnífico tocado, llamado *calathus*, que lucía la mujer de más edad, el primero encontrado in situ.

Probando las aguas

Ciro envió una delegación a Tomiris con regalos y una carta en la que pedía su mano. La astuta Tomiris sabía que lo que buscaba era su reino y no a ella. Se negó a aceptar su propuesta. Ciro se dio cuenta de que su estratagema no iba a funcionar y que tendría que luchar contra los maságetas si quería conquistar las estepas. Esto llevó a que el propio Ciro liderara a los persas en su búsqueda.

Cuando Ciro y su vasto ejército llegaron al río Araxes, que bordeaba su imperio, encargó a sus ingenieros y tropas que construyeran un puente para cruzar el río de forma segura con su caballería y carros cargados con su equipo, herramientas, tiendas, alimentos y armas. Tomiris le envió un mensaje sugiriéndole en términos inequívocos que se quedara en su imperio y la dejara en paz a ella y a su pueblo. Añadió que, si insistía en probar la fuerza de los maságetas, había dos opciones. O bien Ciro la dejaba retroceder desde la frontera para darle tiempo a cruzar a su territorio, o bien podía retirarse la misma distancia y dejar que su ejército invadiera su territorio.

Como era su costumbre, Ciro reunió a sus consejeros. La mayoría coincidió en que era mejor retirarse y dejar que los maságetas cruzaran, ya que podrían elegir un campo de batalla y disponer sus tropas en formaciones ideales. Sin embargo, el viejo y sabio Creso no estaba de acuerdo. Recordó a Ciro que él y sus hombres no eran inmortales. Si los maságetas entraban en su reino y ganaban una batalla, no se detendrían allí, sino que seguirían conquistando sus provincias. Ciro podría perder su imperio. Si, por el contrario, Ciro atacaba a los maságetas en su propio territorio, podía tenderles una emboscada y conseguir la victoria.

El plan de Creso consistía en cruzar el río y acampar con un suculento banquete a base de todo tipo de alimentos y mucho vino. Las principales fuerzas persas se retirarían al río, dejando solo una pequeña fuerza de soldados decrépitos en el banquete. Los maságetas atacarían el campamento, vencerían fácilmente a estos hombres y luego, sin duda, tendrían la tentación de celebrar su victoria continuando con el festín y la bebida. Una vez borrachos e incapacitados, la fuerza principal persa podría atacarlos y capturarlos.

El plan de Creso parecía sólido, y Ciro lo siguió. Todo sucedió como Creso había predicho. Cuando los maságetas estaban completamente borrachos, el ejército persa principal atacó. Entre sus cautivos estaba el hijo de Tomiris. Ella estaba furiosa. Envió un mensaje a Ciro diciéndole que no habría represalias si le devolvía a su hijo ileso, a pesar de que había sido víctima de un engaño y no había sido derrotado en una batalla abierta y honesta. Sin embargo, si su hijo resultaba herido y Ciro se empeñaba en continuar la guerra, ella lo empaparía con más sangre de la que él pudiera desear.

Mientras tanto, el hijo de Tomiris había resucitado de su borrachera. Le rogó a Ciro que lo liberara. En el momento en que fue liberado, se suicidó debido a su vergüenza. No había vuelta atrás para Ciro. La guerra tendría que continuar. La batalla se libró con caballería y soldados de a pie, y esta vez, los maságetas fueron los vencedores. Ciro estaba entre las bajas.

La reina Tomiris recibiendo la cabeza de Ciro
https://commons.wikimedia.org/wiki/File:Queen_Tomyris_and_the_head_of_Cyrus_the_Great.jpg

Heródoto cuenta que Tomiris recogió un saco de sangre humana. Buscó el cuerpo de Ciro entre los muertos y metió su cabeza en el saco lleno de sangre, tal y como había amenazado en su mensaje final. En otra versión, sus soldados cortaron la cabeza de Ciro tras la batalla y se la llevaron. Ella la sumergió en sangre.

La tumba de Pasargada

El cuerpo de Ciro fue trasladado a Pasargada, a la tumba que él mismo había diseñado. No existen registros del viaje ni de la ceremonia de enterramiento. Solo podemos imaginar cuándo y cómo el cuerpo del amado rey de reyes fue transportado de vuelta a su ciudad y depositado en su tumba. Lo que sí sabemos por las descripciones de Jenofonte del estilo de vida de Ciro es que probablemente no deseaba una gran ceremonia. Podemos suponer que había muchos rituales funerarios y de duelo a los que había que atenerse. Ciro creía, al menos según Jenofonte, que el cuerpo no era más que un recipiente para el alma, que continuaba en la otra vida con inteligencia y sin las ataduras de la vida terrenal.

Alejandro Magno, que admiraba mucho la historia de Ciro y se dice que se inspiró en él, entró en la tumba cuando él y sus tropas conquistaron a los persas dos siglos después. El escritor Arriano (nacido hacia el año 90 de nuestra era), en su obra *Anábasis de Alejandro*, cita una descripción de Aristóbulo, compañero de Alejandro, según la cual encontraron la tumba dañada y forzada. Alejandro se enfadó y dio instrucciones a Aristóbulo para que restaurara la tumba.

Tumba del rey Ciro en Pasargada
Truth Seeker, CC BY-SA 3.0 <https://creativecommons.org/licenses/by-sa/3.0>, vía Wikimedia Commons; https://commons.wikimedia.org/w/index.php?curid=14482534

El interior de la tumba había sufrido grandes daños y robos. La tapa del ataúd de Ciro se había roto y habían cortado trozos para sacarlo de la tumba, pero los ladrones no pudieron sacarlo porque la puerta era demasiado pequeña. En la época de Alejandro, la cámara funeraria contenía un diván y una mesa con el ataúd de Ciro cubierto de oro. El diván tenía los pies de oro y sobre él había un conjunto de ropas, joyas y armas de ricos colores. Los ladrones se habían llevado todo lo que pudiera contener la tumba. Los restos del esqueleto estaban desparramados en el suelo.

Capítulo 10: El legado de Ciro el Grande

El último sah conmemoró el legado de Persia en 1971

El legado del rey Ciro el Grande goza de credibilidad mundial y se ve reforzado por la *Ciropedia*, escrita por Jenofonte en el siglo IV a. C. Jenofonte escribe un relato idealizado del rey persa y ensalza su creación del mayor imperio del mundo conocido en aquella época, así como su tema central de gobierno, que incluía la libertad de religión, la libertad de expresión, la igualdad de sexos y el respeto por otras culturas y sus tradiciones.

La *Ciropedia*, en cierto modo ficticia, se basa en el conocimiento de primera mano del Imperio persa durante los viajes de Jenofonte por Persia. Utilizó sus conocimientos personales y escuchó relatos de descendientes directos de personas que habían vivido durante el reinado de Ciro el Grande.

La *Ciropedia* presenta al rey Ciro como un líder virtuoso, un excelente político y estratega militar, y un hombre del pueblo. Basándose en los escritos de Jenofonte, tanto Alejandro Magno como Julio César se inspiraron en las experiencias y métodos de Ciro para gobernar un vasto imperio.

Las representaciones artísticas del siglo XVI del rey Ciro lo muestran como uno de los cuatro grandes gobernantes. Los otros gobernantes son Nino de Nínive (el fundador mítico de Nínive), Alejandro y Julio César. Thomas Jefferson era un gran admirador de Ciro el Grande, y tras su muerte se encontraron entre sus pertenencias tres ejemplares de la *Ciropedia* bastante ajados y marcados. Benjamín Franklin fue otro de los padres fundadores de Estados Unidos que creía en los principios de Ciro el Grande, tal y como se relatan en la *Ciropedia*. Tanto Jefferson como Franklin veían valor y honor en el arte de gobernar del rey Ciro, como explica Jenofonte.

El rey Ciro es valorado como libertador y benefactor del pueblo judío, sobre todo porque fue primordial en la reconstrucción del Templo de Salomón en Jerusalén. La caída de Babilonia y la liberación del pueblo judío hicieron de Ciro una figura venerada en la historia judía.

El descubrimiento del cilindro de Ciro en 1879 dio al mundo la prueba física de que las proclamaciones del rey Ciro eran, de hecho, ciertas y no meros relatos bíblicos o judíos.

En 1971, el cilindro de Ciro se convirtió en un símbolo icónico de Irán y fue reivindicado como la primera «carta de los derechos humanos» por el último sah de Irán, Mohammad Reza Pahlavi. Esta conmemoración moderna del antiguo Imperio persa dio un nuevo enfoque al legado de Ciro el Grande. Es interesante señalar que Reza Sah, el padre de Mohammad Reza Pahlavi, pidió que se cambiara el nombre de Persia por el de Irán en 1941.

Las esperanzas del último sah de resucitar la era aqueménida llegaron a su fin, ya que la monarquía fue sustituida por la República Islámica de Irán. Mohammad Reza Pahlavi huyó al exilio. Muchos expertos afirman que el gobierno del sah no habría terminado si se hubiera ganado el respeto del pueblo y hubiera colaborado con los líderes religiosos. Los iraníes querían más democracia y menos monarquía. Esto podría haber sido posible, ya que los líderes religiosos ejercían un gran poder sobre el pueblo y podrían haber conseguido mediar entre el sah y el pueblo.

El propio sah Mohammad Reza Pahlavi era musulmán, pero había perdido el respaldo del clero de Irán, los musulmanes chiíes, debido a sus políticas de modernización y a su relación con los israelíes. Los enfrentamientos con la comunidad religiosa y el aumento del apoyo de la Unión Soviética dieron paso a una época de agitación política.

En agosto de 1953, las calles de Teherán se llenaron de violencia y ciudadanos enfurecidos. Las peleas entre grupos rivales estallaron en plazas de toda la ciudad y en la principal emisora de radio de la ciudad. La casa del primer ministro, Mohammad Mosaddeq, estaba protegida por vehículos blindados y ametralladoras. La multitud coreó «Zendebad Sah»

(«Larga vida al Sah»), y el gobierno de Mosaddeq cayó. El nuevo gobierno estaba dirigido por el general Fazlollah Zahedi y el sah Mohammed Reza Pahlavi.

Tras este golpe, el sah se dedicó a gobernar desde Irán y a mantener una buena relación con Estados Unidos hasta su caída durante la Revolución islámica, que duró de 1978 a 1979. Tras gobernar durante 37 años, el sah y su familia huyeron del país, y el nuevo gobierno convirtió el país en una república islámica.

Inspiración islámica

En 1978, el sah Mohammed Reza Pahlavi revivió el legado humanitario de Ciro el Grande presentando un duplicado del cilindro de Ciro a las Naciones Unidas para conmemorar el reinado y las políticas de Ciro. Desgraciadamente, la Revolución islámica estaba ganando impulso durante esta época y, en 1979, el gobierno de los Pahlavi fue derrocado.

Tras el éxito de la revolución, el régimen islámico quería que la religión y la forma de pensar islámicas fueran aceptadas por todo el pueblo iraní. En un intento de mediar, permitieron que permanecieran algunas tradiciones preislámicas, sobre todo tras la muerte de Ruhollah Jomeini, el primer líder supremo de la República Islámica, en junio de 1989. Se mantuvieron antiguas tradiciones persas, como el Nouruz o Año Nuevo y el Chaharshanbeh Surí o fiesta de Año Nuevo para expulsar el «mal de ojo» del pueblo.

Durante la última década, el pueblo iraní ha iniciado protestas en reuniones no oficiales para recordar a Ciro el Grande el 29 de octubre de cada año. Este día se añadió al calendario oficial iraní en 1977. Las protestas se dirigen contra los ideales de identidad religiosa del actual gobierno.

El 29 de octubre de 2016, Día de Ciro el Grande estalló la violencia entre las fuerzas de seguridad iraníes y miles de civiles que acudieron a celebrarlo a la tumba del rey Ciro en Pasargada.

Miles de ciudadanos se concentraron y gritaron consignas antigubernamentales. El régimen iraní anunció en 2017 que no habría más festivales en la tumba de Ciro el Grande. Desde entonces, las fuerzas armadas han bloqueado las principales carreteras que conducen a la tumba de Pasargada. La situación se ha ido agravando a lo largo de los años, con más de mil manifestantes detenidos en las semanas previas al Día de Ciro el Grande de 2022 en diversos lugares del país.

El comandante de la Guardia Revolucionaria de la provincia de Fars emitió un comunicado en el que advertía de que las fuerzas de seguridad y las leyes judiciales no permitirían que fuerzas antirrevolucionarias se reunieran en la zona para celebrar el Día de Ciro el Grande. Afirmó que esto pondría en peligro la estabilidad de la región y que se tomarían medidas para impedir tales concentraciones.

Los ciudadanos iraníes tomaron represalias iniciando una campaña en las redes sociales, inspirando al pueblo iraní a protestar contra las autocráticas autoridades musulmanas y a seguir celebrando el Gran Día de Ciro. Esta gran campaña en las redes sociales reforzó la importancia histórica de Ciro el Grande como símbolo nacional de la libertad religiosa y de expresión. Además, denunciaron las acciones del régimen islámico contra las celebraciones. Las redes sociales mostraron imágenes de los bloqueos de las principales rutas. Fotografías de civiles cruzando las montañas a pie para llegar a la tumba de Pasargada sin utilizar las carreteras se publicaron en las redes sociales para animar a otros a seguirles.

Otros comentarios en las redes sociales comparaban las acciones del régimen para impedir las celebraciones del Día de Ciro el Grande con los costosos esfuerzos que realiza para fomentar las peregrinaciones a los lugares sagrados musulmanes en Irak. Un comentario en las redes sociales afirmaba que el régimen proporcionaba taxis gratuitos a los lugares sagrados de los musulmanes chiíes durante Arba'een, una festividad que se celebra cuarenta días después de Ashura.

La campaña en las redes sociales sirvió de plataforma para que la gente expresara su desacuerdo con el régimen. Las fuerzas opositoras al régimen aprovecharon este momento para protestar contra él. Otra publicación en la plataforma de redes sociales afirmaba: «Hoy se ha demostrado claramente que la República Islámica e Irán no son lo mismo».

Los partidarios del régimen islámico y de las políticas gubernamentales afirmaron que el Día de Ciro el Grande era un complot occidental-sionista para socavar el gobierno iraní y causar daño al islam.

El ayatolá Ka'abi, clérigo conservador y miembro de la Asamblea de Expertos, denunció el Día de Ciro el Grande en su sermón del viernes en Shiraz, cerca del antiguo yacimiento de Pasargada, y dijo que los enemigos de Irán y los monárquicos iraníes habían creado un acontecimiento falso. La celebración, según el ayatolá Ka'abi, carece de pruebas históricas. En su opinión, su origen es bíblico (judío) e israelí y su objetivo es sembrar el descontento entre el pueblo iraní. Continuó diciendo que Ciro el Grande se convertiría al islam si se levantara de su tumba y viera el poder de Irán bajo el gobierno islámico.

Mehran Solati, destacado sociólogo, declaró que impedir las celebraciones del Día de Ciro el Grande es comparable a los esfuerzos del sah por borrar el islam, que fracasaron. Solati afirmó además que los constantes debates en las redes sociales reforzaban la cultura y la identidad preislámicas, a pesar de que el régimen intenta islamizar a la población.

Según Tabnak, un sitio web persa de noticias, hay un creciente interés por las celebraciones del Día de Ciro el Grande entre la población de Irán. La gente cree que las medidas adoptadas por el régimen son ineficaces. Una opinión alternativa al respecto es que el régimen debería considerar el respeto que el pueblo siente por el fundador del Imperio persa, Ciro el Grande, como una oportunidad para reforzar la solidaridad y el sentimiento nacionales, en lugar de verlo como una amenaza para la seguridad nacional.

La policía iraní prohibió a la gente visitar el mausoleo en octubre de 2021, y aunque el Día de Ciro el Grande sigue siendo una celebración no oficial en el calendario, no estamos seguros de qué ocurrirá con él en el futuro.

Conclusión

Los fascinantes enigmas de la reconstrucción de historias antiguas

Los relatos de civilizaciones antiguas que nos han transmitido los historiadores varían enormemente. Es comprensible que en ello influyan el tiempo y el espacio transcurridos entre los hechos reales y su registro.

El llamado padre de la historia, Heródoto, se basó en los relatos de sus descendientes, pero incluso así, admite que está registrando lo que oyó y no lo que vio. A menudo entrelaza la mitología y los sistemas de creencias del tema tratado con sus propias interpretaciones culturales griegas. Estaba fascinado con los persas, especialmente con las guerras de los persas contra los griegos, y obtuvo gran parte de su información de relatos de segunda generación. Por tanto, estaba mucho más cerca en el tiempo de las guerras reales que los relatos posteriores de Jenofonte y otros.

Por otra parte, Jenofonte estuvo directamente implicado con los persas, ya que llegó a ser comandante de la unidad militar persa de élite, Los Inmortales, que, por si no lo recuerda, eran diez mil soldados de élite. En aquella época (c. 401 a. C.), la unidad estaba formada en gran parte por mercenarios griegos. Jenofonte era un líder militar, filósofo e historiador dotado y consumado. Su relato de Ciro en la *Ciropedia* es, sin embargo, un intento de ficción biográfica similar a la adoración de un héroe, lo que no es sorprendente si recordamos que el rey de reyes, el propio Ciro, nació casi dos siglos antes que Jenofonte.

Otro antiguo escritor de la historia de los persas fue Ctesias. Fue médico en la corte aqueménida hacia el 400 a. C., actuando como médico personal del rey y su familia. Escribió veintitrés libros llamados *Persica* sobre la historia de Persia hasta esa época. A pesar de estar relativamente cerca de la época de Ciro y sus descendientes directos, sus relatos difieren mucho de los de Heródoto y Jenofonte. Esto puede deberse al hecho de que la línea de reyes a la que sirvió pertenecía a una rama diferente de la dinastía aqueménida, que comenzó con Darío I.

La obra original de Ctesias no ha sobrevivido, pero varios escritores antiguos hacen referencia a ella y la citan directamente. De los veintitrés libros, al parecer cinco estaban dedicados a Ciro el Grande. Pero incluso los autores antiguos critican duramente a Ctesias, ya que estaba más interesado en las intrigas de la corte, los escándalos del harén y los romances de la corte que en hechos de importancia histórica.

Un aspecto significativo en el que Ctesias difiere mucho de Heródoto es el linaje de Ciro. Ctesias afirma que Ciro era hijo de una pastora o cabrera llamada Argoste y de un bandido llamado Artadates. Ciro se convirtió en copero de Astiages, luego conspiró con los persas, derrocó a Astiages y se convirtió en rey en su lugar. Lo fascinante de la versión de Ctesias de la historia de Ciro son las evidentes similitudes con el nacimiento, la juventud y el ascenso a la realeza de Sargón el Grande, el fundador del Imperio acadio, que cayó más de mil años antes del nacimiento de Ciro. Sin embargo, ¡el futuro constructor del imperio Sargón fue criado por el jardinero del rey en lugar de por un cabrero! Por cierto, este tipo de leyenda se tejió más de una vez en el caso de figuras heroicas de la antigüedad.

Por lo tanto, sigue siendo una tarea complicada para cualquier erudito moderno extraer y equilibrar la realidad de la ficción cuando se trata de estos antiguos documentos escritos, los registros de otras naciones contemporáneas y los datos arqueológicos, lingüísticos e incluso genéticos. En el caso de los medos, por ejemplo, el escaso conocimiento de su existencia ha aumentado gracias a las excavaciones y descubrimientos arqueológicos de los últimos años. Hay que tener en cuenta que las condiciones climáticas de la mayoría de las zonas geográficas en las que dominaban Ciro y los aqueménidas impedían a menudo la conservación de los documentos escritos —tanto la tinta como la vitela u otros materiales sobre los que se escribía—, a diferencia de los inscritos con un estilete sobre arcilla húmeda o las inscripciones en monumentos o estelas.

Admirado por los enemigos

La crónica de Nabonido es la principal fuente de información de este periodo y ofrece un buen relato del ascenso al poder de Ciro y su conquista de los medos. Describe su destrucción y saqueo de Ecbatana, que había sido la capital y hogar de Astiages. Aquí podemos echar un vistazo a la mente de Ciro cuando destrona a Astiages; según Heródoto, Astiages vive en la corte de Ciro hasta su muerte. Ctesias, sin embargo, afirma que Astiages recibió una provincia para gobernar en la región de Partia, pero murió cuando una provincia vecina lo invadió.

La conquista del rey Creso de Lidia era el principal objetivo de Ciro. Tras capturar a Creso, el antiguo rey lidio pidió a Ciro que le permitiera vivir. Ciro, siempre previsor, pensó en lo que le ocurriría a él si se encontrara en la misma situación que Creso. Esto le hizo replantearse encender la pira en la que estaba Creso y, posteriormente, Creso se convirtió en uno de sus principales asesores en las conquistas militares.

Sabio y carismático, pero no infalible

A lo largo de su reinado, Ciro el Grande hizo gala de carisma y habilidad a todos los niveles, social y político. Un gran ejemplo es cuando quiso expandir su imperio hacia las estepas. Consideró un enfoque más diplomático y pidió a la reina Tomiris que se casara con él.

Tomiris también era una gobernante hábil e inteligente por derecho propio. Además era una hábil guerrera a caballo. Sabía que la propuesta de Ciro solo significaba que quería su tierra. Al final, el rey Ciro, que al principio estaba bastante satisfecho con lo que ya había conseguido, se vio arrastrado a la batalla por su ambición de más tierras, a pesar de su aversión y su abstinencia de toda la vida a la codicia. Le costó la vida.

Terminando

De todos los gobernantes del mundo antiguo y actual, el rey Ciro merece el título de «Grande» unido a su nombre debido a su éxito y habilidad. Llevó a cabo una política de gobierno basada en la generosidad y la tolerancia. Durante el gobierno del rey Ciro, no hubo rebeliones de satrapías o regiones, ya que Ciro gestionó su imperio como un buen director general gestionaría una gran empresa en los tiempos modernos. Tenía consejos consultivos, cortes imperiales y gobiernos, y les permitía funcionar como parte del imperio con responsabilidades para sus propias regiones. Esto les dio la autonomía que necesitaban para sentir que tenían el control. Ciro sabía a nivel instintivo que los gobernantes necesitaban sentirse con poder y actuar como guardianes de sus propios territorios. Al satisfacer esta necesidad básica, podía estar seguro de su lealtad. Sus suposiciones resultaron ser ciertas.

El profesor Richard Frye, catedrático emérito de Estudios Iraníes de la Universidad de Harvard, dijo lo siguiente sobre Ciro el Grande y su legado:

> «En resumen, la figura de Ciro ha sobrevivido a lo largo de la historia como algo más que un gran hombre que fundó un imperio. Se convirtió en el epítome de las grandes cualidades que se esperaban de un gobernante en la Antigüedad, y asumió rasgos heroicos como conquistador tolerante y magnánimo, además de valiente y audaz. Su personalidad, tal como la vieron los griegos, influyó en ellos y en Alejandro Magno y, como la tradición fue transmitida por los romanos, puede considerarse que influye en nuestro pensamiento incluso ahora». («Ciro el Grande y la tolerancia religiosa en la Persia aqueménida»).

Seguir ensalzando sus virtudes sería innecesario. Hemos visto a través de nuestro viaje en el tiempo que este hombre era único. Era digno de su título de Ciro el Grande.

Vea más libros escritos por Enthralling History

Bibliografía

Al Atrash, Sami. "The Rise and Fall of the Scythians in Western Asia". TheCollector, 14 de julio de 2022, https://www.thecollector.com/rise-of-the-scythians/.

Arteshe Iran. "Siege of Pasargadae Hill". Arteshe Iran - Persian Military History, 2009, http://arteshe-iran.blogspot.com/2009/01/siege-of-pasargadae-hill.html

Badian, E. "Darius III". Harvard Studies in Classical Philology, vol. 1000, 2000, pp. 241–267. JSTOR, https://doi.org/10.2307/3185218.

Baldwin, Tanya. "Cyrus the Great Facts & Achievements | Who was King Cyrus the Great? - Video & Lesson Transcript". Study.com, 26 de abril de 2022, https://study.com/learn/lesson/cyrus-the-great-facts-achievements.html.

Bawden, Charles R. "Darius III | king of Persia | Britannica". Encyclopedia Britannica, 1 enero de 2023, https://www.britannica.com/biography/Darius-III.

Behroozi, Mehrnaaz, and Leila Kochaki Kia. "The Administrative Structure of Achaemenid and Seleucid Empires in Observing Civil Rights". International Journal of Culture and History, vol. 3, no. 1, 2017, http://www.ijch.net/vol3/077-SD0018.pdf.

BlueBox Creighton. "Art and Architecture of the Achaemenid Empire". BlueBox Creighton, 2016, https://bluebox.creighton.edu/demo/modules/en-boundless-old/www.boundless.com/art-history/textbooks/boundless-art-history-textbook/art-of-the-ancient-near-east-3/persia-863/art-and-architecture-of-the-achaemenid-empire-292-1911/.

Bosanquet, I. W. "Chronology of the Medes, from the Reign of Deioces to the Reign of Darius, the Son of Hystaspes, or Darius the Mede". Journal of the Royal Asiatic Society of Great Britain and Ireland, vol. 17, 1860, pp. 39-69. JSTOR, https://www.jstor.org/stable/25581223?seq=6.

Bowman, Alan K., et al. "Ancient Egypt | History, Government, Culture, Map, & Facts". Encyclopedia Britannica, 3 enero de 2023, https://www.britannica.com/place/ancient-Egypt.

Briant, Pierre. "Darius II". Oxford Classical Dictionary, 10 de agosto de 2022, https://oxfordre.com/classics/display/10.1093/acrefore/9780199381135.001.0001/acrefore-9780199381135-e-2030;jsessionid=B1D1E132F1430380405FB5B68CE2294D.

Briant, Pierre. From Cyrus to Alexander: A History of the Persian Empire. Pennsylvania State University Press, 2002.

Britannica, The Editors of Encyclopedia. "Ancient Iran | History, Map, Cities, Religion, Art, Language, & Facts". Encyclopedia Britannica, 2022, https://www.britannica.com/place/ancient-Iran.

Britannica, The Editors of Encyclopedia. "Battle of Issus". Encyclopedia Britannica, 4 enero de 2023, https://www.britannica.com/event/Battle-of-Issus-Persian-history

Britannica, The Editors of Encyclopedia. "Deioces | king of Media | Britannica". Encyclopedia Britannica, 2016, https://www.britannica.com/biography/Deioces.

Britannica, The Editors of Encyclopedia. "Greco-Persian Wars | Definition, Battles, Summary, Facts, Effects, & History". Encyclopedia Britannica, 2022, https://www.britannica.com/event/Greco-Persian-Wars.

Britannica, The Editors of Encyclopedia. "Greco-Persian Wars | Definition, Battles, Summary, Facts, Effects, & History". Encyclopedia Britannica, 2022, https://www.britannica.com/event/Greco-Persian-Wars.

Britannica, The Editors of Encyclopedia. "Magus | Persian priesthood | Britannica". Encyclopedia Britannica, 2022, https://www.britannica.com/topic/Magus.

Britannica, The Editors of Encyclopedia. "Media | ancient region, Iran | Britannica". Encyclopedia Britannica, 2020, https://www.britannica.com/place/Media-ancient-region-Iran.

Britannica, The Editors of Encyclopedia. "Battle of Cnidus | Persian history | Britannica". Encyclopedia Britannica, 2022, https://www.britannica.com/topic/Battle-of-Cnidus.

Cartwright, Mark. "Lydia". World History Encyclopedia, 3 de abril de 2016, https://www.worldhistory.org/lydia/.

Charles, Michael. "TWO NOTES ON DARIUS III". The Cambridge Classical Journal, vol. 62, 2016, pp. 52-64, https://doi.org/10.1017/S1750270516000063.

Chua, Michelle. "The Strength and Structure of the Ancient Persian Army". Brewminate, 21 dejunio de 2019, https://brewminate.com/the-strength-and-structure-of-the-ancient-persian-army/.

The Columbia Encyclopedia. "Artaxerxes II". Encyclopedia.com, 2023, https://www.encyclopedia.com/reference/encyclopedias-almanacs-transcripts-and-maps/artaxerxes-ii.

The Columbia Encyclopedia. "Darius II". Encyclopedia.com, The Columbia Encyclopedia, 2023, https://www.encyclopedia.com/reference/encyclopedias-almanacs-transcripts-and-maps/darius-ii.

Course Hero. "Histories Book 5 The Persian Conquest of Thrace Summary". Course Hero, 2019, https://www.coursehero.com/lit/Histories/book-5-the-persian-conquest-of-thrace-summary/.

Criss, Megan. "Achaemenid Art & Architecture: Definition & Characteristics". Study.com, 2016, https://study.com/academy/lesson/achaemenid-art-architecture-definition-characteristics.html.

Cristian, Radu, and Osama Shukir. "Darius I". World History Encyclopedia, 10 de abril de 2017, https://www.worldhistory.org/Darius_I/.

Crystalinks. "Median Empire". Crystalinks, 2023, https://www.crystalinks.com/media.html.

Cyrus, Emperor, and Reza Abbasi. "Persian Art - A History of Ancient Persian Paintings and Iranian Art". Art in Context, 28 de junio de 2022, https://artincontext.org/persian-art/.

Dandamayev, M. A. "ARTABAZUS – Encyclopedia Iranica". Encyclopedia Iranica, 1986, https://iranicaonline.org/articles/artabazus-gk.

Dandamayev, Muhammad A. "CAMBYSES – Encyclopedia Iranica". Encyclopedia Iranica, 1990, https://www.iranicaonline.org/articles/cambyses-opers.

Dandamayev, Muhammad A. "MAGI – Encyclopedia Iranica". Encyclopedia Iranica, 30 de mayo de 2000, https://www.iranicaonline.org/articles/magi.

Deering, Mary. "Persian Empire Timeline & Culture | When Did the Persian Empire Start? - Video & Lesson Transcript". Study.com, 20 de enero de 2022, https://study.com/academy/lesson/persian-empire-history-culture-timeline.html.

Department of Ancient Near Eastern Art. "Assyria, 1365–609 B.C. | Essay". The Metropolitan Museum of Art, 2004, https://www.metmuseum.org/toah/hd/assy/hd_assy.htm.

Ducksters. "Iran History and Timeline Overview". Ducksters, Technological Solutions, 2023, https://www.ducksters.com/geography/country/iran_history_timeline.php.

Dunn, Jimmy. "Egypt: Cambyses II, the First Persian Ruler of Egypt and His Lost Army". Tour Egypt, 12 de junio de 2011, http://www.touregypt.net/featurestories/cambyses2.htm.

Encyclopedia Iranica. "ARTAXERXES I – Encyclopedia Iranica". Encyclopedia Iranica, 2011, https://www.iranicaonline.org/articles/artaxerxes-i.

Encyclopedia Judaica. "Medes and Media". Jewish Virtual Library, 2008, https://www.jewishvirtuallibrary.org/medes-and-media.

Encyclopedia of Ancient Art. "Ancient Persian Art & Culture". Visual Arts Cork, 2022, http://www.visual-arts-cork.com/ancient-art/persian.htm.

The Famous People. "Artaxerxes I Of Persia Biography - Facts, Childhood, Family Life & Achievements". The Famous People, 2020, https://www.thefamouspeople.com/profiles/artaxerxes-i-of-persia-37603.php.

"From Artaxerxes III to Alexander III, 342–332". Trouble in the West: Egypt and the Persian Empire, 525-332 BC, by Stephen Ruzicka, Oxford University Press, USA, 2012, pp. 199-209.

Frye, Richard N., and Matthew Smith. "Cyrus the Great | Biography & Facts | Britannica". Encyclopedia Britannica, 6 de enero de 2023, https://www.britannica.com/biography/Cyrus-the-Great

Garlinghouse, Tom. "Who were the ancient Persians?". Live Science, 14 de julio de 2022, https://www.livescience.com/who-were-the-persians.

Gill, NS. "Ancient Persian Rulers Timeline (Modern Iran)". ThoughtCo, 30 de mayo de 2019, https://www.thoughtco.com/timeline-of-the-ancient-rulers-of-persia-120250.

Gill, NS. "The Battle at Issus". ThoughtCo, 6 de septiembre de 2018, https://www.thoughtco.com/overview-battle-issus-november-333-bc-116810.

Giotto, M. "The Peloponnesian Wars ("The Great War" 431-404 BC)". Penfield Edu, 2013, https://www.penfield.edu/webpages/jgiotto/onlinetextbook.cfm?subpage=164984 9.

GotQuestions. "Who was Artaxerxes in the Bible?". GotQuestions.org, 25 de febrero de 2022, https://www.gotquestions.org/Artaxerxes-in-the-Bible.html.

Gottheil, Richard, and Eduard Meyer. "ARTAXERXES III. - JewishEncyclopedia.com". Jewish Encyclopedia, 2023, https://www.jewishencyclopedia.com/articles/1829-artaxerxes-iii.

Gottheil, Richard, and Eduard Meyer. "ARTAXERXES II - JewishEncyclopedia.com". Jewish Encyclopedia, 2022, https://www.jewishencyclopedia.com/articles/1828-artaxerxes-ii.

Gottheil, Richard, and Eduard Meyer. "ARTAXERXES I - JewishEncyclopedia.com". Jewish Encyclopedia, 2023, https://www.jewishencyclopedia.com/articles/1827-artaxerxes-i.

Harding, Robert. "The Battle of Gaugamela, 1 de octubre de 331 BC". The Past, 8 de septiembre de 2021, https://the-past.com/feature/the-battle-of-gaugamela-1-october-331-bc/.

Heritage History. "Persian Wars of Conquest". Heritage History, 2022, https://www.heritage-history.com/index.php?c=resources&s=war-dir&f=wars_persianconquest.

Hirschy, Noah Calvin. Artaxerxes III Ochus and His Reign: With Special Consideration of the Old Testament Sources Bearing Upon the Period; An Inaugural Dissertation (Classic Reprint). Fb&c Limited, 2016.

History.com Editors. "Peloponnesian War". History, 22 de agosto de 2019, https://www.history.com/topics/ancient-greece/peloponnesian-war.

HIstory.com Editors. "Zoroastrianism". History.com, 13 de febrero de 2018, https://www.history.com/topics/religion/zoroastrianism. Consultado el 19 de febrero de 2023.

History World. "History of Iran (Persia)". HistoryWorld, 2023, http://www.historyworld.net/wrldhis/PlainTextHistories.asp?ParagraphID=azt.

Hodsdon, Edd. "Darius the Great: 9 Facts About the King of Kings". TheCollector, 5 de febrero de 2021, https://www.thecollector.com/darius-the-great-king-of-kings/.

Hodsdon, Edd. "King Xerxes I: 9 Facts About His Life and Rule". TheCollector, 26 de febrero de 2021, https://www.thecollector.com/king-xerxes-i/.

Holmes, Robert CL. "Kings of Persia: These 12 Achaemenid Rulers Led an Empire". TheCollector, 18 de julio de 2020, https://www.thecollector.com/kings-of-persia/.

Homepages. "Artaxerxes II King of Persia". Homepages, 2003, https://homepages.rpi.edu/~holmes/Hobbies/Genealogy2/ps22/ps22_441.htm.

Homepages. "Xerxes I 'The Great' King of Persia". Homepages, 2003, https://homepages.rpi.edu/~holmes/Hobbies/Genealogy2/ps22/ps22_444.htm.

Horne, Charles F. "Ancient Mesopotamia: Biography of Cyrus the Great". Ducksters, 2023, https://www.ducksters.com/history/mesopotamia/cyrus_the_great.php.

Hyland, John O., and Stephen Ruzicka. "Persian Interventions | Hopkins Press". JHU Press, 2017, https://www.press.jhu.edu/books/title/11954/persian-interventions.

Iran Chamber Society. "Historic Personalities of Iran: Median Empire". Iran Chamber Society, 2023, https://www.iranchamber.com/history/median/median.php.

Iran Chamber Society. "History of Iran: Cyrus the Great". Iran Chamber Society, 2023, https://www.iranchamber.com/history/cyrus/cyrus.php.

Iran Chamber Society. "History of Iran: Darius the Great". Iran Chamber Society, 2023, https://www.iranchamber.com/history/darius/darius.php.

Jameson, Zachary, and Stephanie Przybylek. "Persian Empire Architecture & Art | What was the Persian Empire? - Video & Lesson Transcript". Study.com, 28 de julio de 2022, https://study.com/learn/lesson/persian-empire-architecture-art.html.

Joe, Jimmy. "Darius III: The Last King of the Great Persian Empire". Timeless Myths, 2022, https://www.timelessmyths.com/characters/darius-iii/.

Joe, Jimmy. "Darius II: The Authentic Legacy of This Persian King of Kings". Timeless Myths, 2022, https://www.timelessmyths.com/characters/darius-ii/.

Kennedy, Stetson. "Cyrus the Great and Religious Tolerance | Tolerance". Tolerance: Tavaana,

Kerrigan, Michael. "Battle of Nineveh | Summary | Britannica". Encyclopedia Britannica, 2017, https://www.britannica.com/event/Battle-of-Nineveh.

Khan Academy. "The Rise of Persia (article)". Khan Academy, 2017, https://www.khanacademy.org/humanities/world-history/ancient-medieval/ancient-persia/a/the-rise-of-persia.

Kidd, Fiona. "Ideas of Empire: The "Royal Garden" at Pasargadae". Metropolitan Museum of Art, 29 de julio de 2013, https://www.metmuseum.org/blogs/now-at-the-met/features/2013/pasargadae.

Klein, Christopher. "How Cyrus the Great Turned Ancient Persia into a Superpower". How Cyrus the Great Turned Ancient Persia into a Superpower, 14 de julio de 2022, https://www.history.com/news/cyrus-the-great-persian-empire-iran.

Klein, Christopher. "How Cyrus the Great Turned Ancient Persia into a Superpower". How Cyrus the Great Turned Ancient Persia into a Superpower, 14 de julio de 2022, https://www.history.com/news/cyrus-the-great-persian-empire-iran.

Kohansal, Hassan. "The Function of Non- Iranian Languages in the Persian Achaemenid Empire | PalArch's Journal of Archaeology of Egypt / Egyptology". PalArch's Journals, 30 de diciembre de 2020, https://archives.palarch.nl/index.php/jae/article/view/8871.

Kovalev, R. K. "Scythians". Encyclopedia.com, 2018, https://www.encyclopedia.com/history/modern-europe/russian-soviet-and-cis-history/scythians.

Landious Travel. "Artaxerxes III". Landious Travel, 2023, https://landioustravel.com/egypt/pharaohs-egypt/artaxerxes-iii/.

The Latin Library. "The Persian Empire". The Latin Library, 2023, http://www.thelatinlibrary.com/imperialism/notes/persia.html.

Lendering, Jona. "Amyrtaeus". Livius.org, 30 de abril de 2020, https://www.livius.org/articles/person/amyrtaeus/.

Lendering, Jona. "Artabazus (2)". Livius.org, 4 de agosto de 2020, https://www.livius.org/articles/person/artabazus-2/.

Lendering, Jona. "Cambyses II". Livius.org, 30 de abril de 2020, https://www.livius.org/articles/person/cambyses-ii/.

Lendering, Jona. "Cambyses II". Livius.org, 30 de abril de 2020, https://www.livius.org/articles/person/cambyses-ii/.

Lendering, Jona. "Cambyses II (2)". Livius.org, 23 de junio de 2020, https://www.livius.org/articles/person/cambyses-ii/cambyses-ii-2/.

Lendering, Jona. "Cyaxares". Livius.org, 9 de mayo de 2019, https://www.livius.org/articles/person/cyaxares/.

Lendering, Jona. "Cyrus the Great". Livius.org, 12 de octubre de 2020, https://www.livius.org/articles/person/cyrus-the-great/.

Lendering, Jona. "Darius II Nothus". Livius.org, 12 de octubre de 2020, https://www.livius.org/articles/person/darius-ii-nothus/.

Lendering, Jona. "Darius the Great: Death". Livius.org, 21 de abril de 2020, https://www.livius.org/articles/person/darius-the-great/9-death/.

Lendering, Jona. "Medes". Livius.org, 12 de octubre de 2020, https://www.livius.org/articles/people/medes/.

Lendering, Jona. "Mycale (479 BCE)". Livius.org, 10 de agosto de 2020, https://www.livius.org/articles/battle/mycale-479-bce/.

Lendering, Jona. "Persepolis, Hall of 100 Columns". Livius.org, 23 de abril de 2020, https://www.livius.org/articles/place/persepolis/persepolis-photos/persepolis-hall-of-100-columns/.

Library of Congress. "Religion - A Thousand Years of the Persian Book | Exhibitions". Library of Congress, 2022, https://www.loc.gov/exhibits/thousand-years-of-the-persian-book/religion.html.

Livius. "The treaties between Persia and Sparta". Livius.org, 15 de octubre de 2020, https://www.livius.org/sources/content/thucydides-historian/the-treaties-between-persia-and-sparta/.

Lloyd, H. F. "Iranian art and architecture | ancient art | Britannica". Encyclopedia Britannica, 2018, https://www.britannica.com/art/Iranian-art.

Lohnes, Kate, and Donald Sommerville. "Battle of Thermopylae | Date, Location, and Facts". Encyclopedia Britannica, 12 de febrero de 2023, https://www.britannica.com/event/Battle-of-Thermopylae-Greek-history-480-BC.

Lorenzi, Rossella. "Vanished Persian army said found in desert". NBC News, 9 de noviembre de 2009, https://www.nbcnews.com/id/wbna33791672.

Lumen Learning. "Government and Trade in the Achaemenid Empire | World Civilization". Lumen Learning, 2022, https://courses.lumenlearning.com/suny-hccc-worldcivilization/chapter/government-and-trade-in-the-achaemenid-empire/.

Mark, Joshua J. "The Battle of Pelusium: A Victory Decided by Cats". World History Encyclopedia, 13 de junio de 2017, https://www.worldhistory.org/article/43/the-battle-of-pelusium-a-victory-decided-by-cats/.

Mark, Joshua J., et al. "Ancient Persian Art and Architecture". World History Encyclopedia, 22 de enero de 2020, https://www.worldhistory.org/Ancient_Persian_Art_and_Architecture/.

Mark, Joshua J., et al. "Ancient Persian Government". World History Encyclopedia, 14 de noviembre de 2019, https://www.worldhistory.org/Persian_Government/.

Mark, Joshua J., et al. "Ancient Persian Warfare". World History Encyclopedia, 25 de noviembre de 2019, https://www.worldhistory.org/Persian_Warfare/.

Mark, Joshua J., et al. "Artaxerxes II". World History Encyclopedia, 6 de marzo de 2020, https://www.worldhistory.org/Artaxerxes_II/.

Mark, Joshua J., et al. "Battle of Thymbra". World History Encyclopedia, 3 de noviembre de 2022, https://www.worldhistory.org/Battle_of_Thymbra/.

Mark, Joshua J., et al. "Xerxes I". World History Encyclopedia, 2018, https://www.worldhistory.org/Xerxes_I/.

Mark, Joshua J., and Bruce Allardice. "Artaxerxes II". World History Encyclopedia, 6 de marzo de 2020, https://www.worldhistory.org/Artaxerxes_II/.

Mark, Joshua J., and Mark Cartwright. "Artaxerxes I". World History Encyclopedia, 3 de marzo de 2020, https://www.worldhistory.org/Artaxerxes_I/.

Mark, Joshua J., and Marc De Mieroop. "Behistun Inscription". World History Encyclopedia, 28 de noviembre de 2019, https://www.worldhistory.org/Behistun_Inscription/.

Mark, Joshua J., and Katarina Maruskinova. "Elam". World History Encyclopedia, 27 de agosto de 2020, https://www.worldhistory.org/elam/.

Mark, Joshua J., and Osama Shukir. "Ancient Persian Religion". World History Encyclopedia, 11 de diciembre de 2019, https://www.worldhistory.org/Ancient_Persian_Religion/.

Mark, Joshua J., and Osama Shukir. "Assyria". World History Encyclopedia, 2018, https://www.worldhistory.org/assyria/.

Matthews, Rupert. "Battle of Gaugamela". Encyclopedia Britannica, 4 de enero de 2023, https://www.britannica.com/event/Battle-of-Gaugamela.

Matthews, Rupert. "Battle of Granicus | Summary | Britannica". Encyclopedia Britannica, 2017, https://www.britannica.com/event/Battle-of-the-Granicus-334BCE.

Maurino, M. "Battle of Opis - The Great Battles of History". Ars Bellica, 2014, http://www.arsbellica.it/pagine/battaglie_in_sintesi/Opis_eng.html. Consultado el 16 de febrero de 2023.

McCollum, Daniel. "The Persian Empire: Government & Army - Video & Lesson Transcript". Study.com, 28 de diciembre de 2021, https://study.com/academy/lesson/the-persian-empire-government-army.html.

McGill. "Cyrus the Great". Cyrus the Great, 2023,

The Met Museum. "Relief: figure in a procession". MetMuseum, 2017.

Mildenberg, Leo. "Artaxerxes III Ochus (358 – 338 B.C.). A Note on the Maligned King". Zeitschrift Des Deutschen Palästina-Vereins, vol. 115, no. 2, 1999, pp. 201-227. JSTOR, http://www.jstor.org/stable/27931620.

Military History. "Artaxerxes III". Military Wiki, 2022, https://military-history.fandom.com/wiki/Artaxerxes_III.

Military History. "Battle of Pasargadae | Military Wiki | Fandom". Military Wiki, 2023, https://military-history.fandom.com/wiki/Battle_of_Pasargadae.

Ministry. "Research: The Seventh Year of Artaxerxes I". Ministry Magazine, 1953, https://www.ministrymagazine.org/archive/1953/06/research-the-seventh-year-of-artaxerxes-i.

Munn, JM. "Darius I | Biography, Accomplishments, & Facts | Britannica". Encyclopedia Britannica, 2022, https://www.britannica.com/biography/Darius-I.

Muscarella, O. W. "IRON AGE". Encyclopedia Iranica, 15 de diciembre de 2006, https://www.iranicaonline.org/articles/iron-age.

Muscato, Christopher. "Persian Empire: Religion & Social Structure | History & Significance - Video & Lesson Transcript". Study.com, 19 de abril de 2022, https://study.com/academy/lesson/the-persian-empire-religion-social-structure.html.

National Geographic Society. "The Peloponnesian War". National Geographic Society, 19 de mayo de 2022, https://education.nationalgeographic.org/resource/peloponnesian-war.

New World Encyclopedia. "Cyrus the Great". New World Encyclopedia, 23 de junio de 2022, https://www.newworldencyclopedia.org/entry/Cyrus_the_Great.

Nijssen, Daan, and Larry Hedrick. "Cyrus the Great". World History Encyclopedia, 21 de febrero de 2018, https://www.worldhistory.org/Cyrus_the_Great/.

Nijssen, Daan, and Simon Seitz. "Cambyses II". World History Encyclopedia, 18 de mayo de 2018, https://www.worldhistory.org/Cambyses_II/.

Nikiforov, Leonid Alekseyevich. "Phraortes | king of Media | Britannica". Encyclopedia Britannica, 4 de febrero de 2023, https://www.britannica.com/biography/Phraortes.

"Pasargadae | For UNESCO World Heritage Travellers". World Heritage Site, 2022, https://www.worldheritagesite.org/list/Pasargadae.

Peel, Mike. "Cyrus the Great Biography - The Great King of Persia". Totally History, 2013, https://totallyhistory.com/cyrus-the-great/.

Penner, Jay. "The Story of the Lost Army of Cambyses". Jay Penner Books, 2020, https://jaypenner.com/blog/the-story-of-the-lost-army-of-cambyses/.

The Persians. "Iran, the world's first superpower". The Persians, 2018, https://www.the-persians.co.uk/medes.htm.

The Persians. "IRAN: The world's first superpower". The Persians, 10 de agosto de 2022, https://www.the-persians.co.uk/.well-known/captcha/?r=%2FartaxerxesII.1.htm.

The Persians. "IRAN The world's first superpower". The Persians, 10 de agosto de 2022, https://www.the-persians.co.uk/.well-known/captcha/?r=%2FartaxerxesII.1.htm.

Persians Are Not Arabs. "Persian Architecture • Evolution of modern art (& famous buildings) | PANA". Persians Are Not Arabs, 2019, https://www.persiansarenotarabs.com/persian-architecture/.

PressBooks. "Persian Art – Art and Visual Culture: Prehistory to Renaissance". PressBooks, 2023, https://pressbooks.bccampus.ca/cavestocathedrals/chapter/persian/.

Przybylek, Stephanie. "The Persian Empire: Art & Architecture - Video & Lesson Transcript". Study.com, 31 de diciembre de 2022, https://study.com/academy/lesson/the-persian-empire-art-architecture.html.

Public Broadcasting Service. "The Greeks - Sparta and Persia strike up an alliance in 413". PBS, 2023, http://www.pbs.org/empires/thegreeks/keyevents/412_c.html.

Radpour, Ardeshir, and Andre Castaigne. "Achaemenid Military Equipments | CAIS©". The Circle of Ancient Iranian Studies, 2022, https://www.cais-soas.com/CAIS/History/hakhamaneshian/AchaemenidMilitaryEquip.htm.

Rahnamoon, Fariborz. "History of Persian or Parsi Language". Iran Chamber Society, 2023, https://www.iranchamber.com/literature/articles/persian_parsi_language_history.php.

Rattini, Kristin Baird. "Darius I—facts and information" .National Geographic, 11 de febrero de 2019, https://www.nationalgeographic.com/culture/article/darius-i-persia.

Rattini, Kristin Baird. "Who was Cyrus the Great?". National Geographic, 6 de mayo de 2019, https://www.nationalgeographic.com/culture/article/cyrus-the-great.

"The Religion of Xerxes". Xerxes: A Persian Life, by Richard Stoneman, Yale University Press, 2015, pp. 88-108.

Rensselaer Polytechnic Institute. "Cyaxares King of the Medes". Rensselaer Polytechnic Institute, https://homepages.rpi.edu/~holmes/Hobbies/Genealogy2/ps22/ps22_460.htm.

Rezakhani, Khodad. "Medes, the First (Western) Iranian Kingdom - (The Circle of Ancient Iranian Studies - CAIS)©". CAIS @ SOAS, 2023, https://www.cais-soas.com/CAIS/History/madha/medes_first_iranian_kingdom.htm.

Rickard, J. "Artaxerxes III, r.359-338 BC". History of War, 14 de septiembre de 2016, http://www.historyofwar.org/articles/people_artaxerxes_III.html.

Rickard, J. "Artaxerxes II (r.404-359 BC)". History of War, 14 de septiembre de 2016, http://www.historyofwar.org/articles/people_artaxerxes_II.html.

Rickard, J. "Darius II, r.423-404 BC". History of War, 6 de abril de 2017, http://www.historyofwar.org/articles/people_darius_II.html.

Rickard, J. "Persian Conquest of Egypt, 525 BC". History of War, 24 de marzo de 2015, http://www.historyofwar.org/articles/wars_persian_egypt_525.html.

Ronan, Mark. "The Rise and Fall of Nimrud". History Today, 6 de junio de 2015, https://www.historytoday.com/archive/history-matters/rise-and-fall-nimrud.

Ryder, T. T.B. "Spartan Relations with Persia after the King's Peace: A Strange Story in Diodorus 15.9". The Classical Quarterly, vol. 13, no. 1, 1963, pp. 105-109. JSTOR, https://www.jstor.org/stable/637943.

Sancisi-Weerdenburg, Heleen. "DARIUS iv. Darius II – Encyclopedia Iranica". Encyclopedia Iranica, 1994, https://iranicaonline.org/articles/darius-iv.

Savoia, Gianpaolo. "The Median Dynastic Empire; The Coming of the Aryans & Creation of the First Iranian Dynastic Empire | CAIS©". CAIS @ SOAS, 2004, https://www.cais-soas.com/CAIS/History/madha/medes.htm.

Schmitt, R. "ARTAXERXES II – Encyclopedia Iranica". Encyclopedia Iranica, 1986, https://www.iranicaonline.org/articles/artaxerxes-ii-achaemenid-king.

Schmitt, R. "ARTAXERXES III – Encyclopedia Iranica". Encyclopedia Iranica, 1986, https://www.iranicaonline.org/articles/artaxerxes-iii-throne-name-of-ochus-gk.

Schmitt, R. "ASTYAGES – Encyclopedia Iranica". Encyclopedia Iranica, 1987, https://iranicaonline.org/articles/astyages-the-last-median-king.

Schmitt, Rüdiger. "DEIOCES". Encyclopedia Iranica, 17 de enero de 2022, https://www.iranicaonline.org/articles/deioces.

Scmitt, R. "ASTYAGES – Encyclopedia Iranica". Encyclopedia Iranica, 2011, https://iranicaonline.org/articles/astyages-the-last-median-king.

Seymour, Michael. "The Later Legacy of Cyrus the Great". The Metropolitan Museum of Art, 24 de junio de 2013, https://www.metmuseum.org/blogs/now-at-the-met/features/2013/cyrus-the-great.

Shahbazi, A. S. "History of Iran: Achaemenid Army". Iran Chamber Society, 2023, https://www.iranchamber.com/history/achaemenids/achaemenid_army.php.

Shannahan, John. "Artaxerxes II". Macquarie University, 28 de marzo de 2022, https://figshare.mq.edu.au/articles/thesis/Artaxerxes_II/19443077/1.

Shapur Shahbazi, A. "DARIUS iii. Darius I the Great – Encyclopedia Iranica". Encyclopedia Iranica, 1994, https://iranicaonline.org/articles/darius-iii.

Smith, Matthew. "Artaxerxes I | king of Persia | Britannica". Encyclopedia Britannica, 20 de enero de 2023, https://www.britannica.com/biography/Artaxerxes-I.

Smith, Matthew. "Astyages | king of Media | Britannica". Encyclopedia Britannica, 20 de enero de 2023, https://www.britannica.com/biography/Astyages.

Smith, Matthew. "Cambyses II | king of Persia | Britannica". Encyclopedia Britannica, 20 de enero de 2023, https://www.britannica.com/biography/Cambyses-II.

Smith, Matthew. "Croesus | king of Lydia | Britannica". Encyclopedia Britannica, 20 de enero de 2023, https://www.britannica.com/biography/Croesus.

Smith, Matthew. "Cyaxares | king of Media | Britannica". Encyclopedia Britannica, 20 de enero de 2023, https://www.britannica.com/biography/Cyaxares.

Smith, Matthew. "Darius II Ochus | king of Persia | Britannica". Encyclopedia Britannica, 20 de enero de 2023, https://www.britannica.com/biography/Darius-II-Ochus.

Smith, Scott, and Adrienne Mayor. "Scythian Warfare". World History Encyclopedia, 21 de febrero de 2022, https://www.worldhistory.org/Scythian_Warfare/.

Sommerville, Donald. "Battle of Plataea | Summary | Britannica". Encyclopedia Britannica, 2017, https://www.britannica.com/event/Battle-of-Plataea.

Stewart, M. "People, Places, & Things: Medes". Greek Mythology: From the Iliad to the Fall of the Last Tyrant, 2023, http://messagenetcommresearch.com/myths/ppt/Medes_1.html.

Sullivan, Richard E. "Artaxerxes III | king of Persia | Britannica". Encyclopedia Britannica, 31 de enero de 2023, https://www.britannica.com/biography/Artaxerxes-III.

Sullivan, Richard E. "Artaxerxes II | king of Persia | Britannica". Encyclopedia Britannica, 31 de enero de 2023, https://www.britannica.com/biography/Artaxerxes-II.

TAPPersia. "A History of Persian Art and Architecture". TAP Persia, 12 de noviembre de 2022, https://www.tappersia.com/a-history-of-persian-art-and-architecture/.

"10. The Mythical Origins of the Medes and the Persians". Myth, Truth, and Narrative in Herodotus, edited by Emily Baragwanath and Mathieu de Bakker, OUP Oxford, 2012.

ThenAgain. "Darius III: 336-330 BC". thenagain.info, 2022, http://www.thenagain.info/WebChron/MiddleEast/DariusIII.html.

Time Graphics. "Artaxerxes I (Longimanus) King of Persia 475 - 423 B.C.E. (Nov 3, 475 BC – Feb 19, 423 BC) (Timeline)". Time Graphics, 2018, https://time.graphics/period/219447.

TimeMaps. "The Persian Empire: Government and State in Ancient Persia". TimeMaps, 2022, https://timemaps.com/encyclopedia/persian-empire-state/.

Truitt, Benjamin. "King Cyrus the Great: Biography & Accomplishments - Video & Lesson Transcript". Study.com, 14 de septiembre de 2021, https://study.com/academy/lesson/cyrus-the-great-facts-accomplishments-quiz.html.

Twinkl. "What is Persian Religion? - Answered". Twinkl, 2022, https://www.twinkl.com.pk/teaching-wiki/persian-religion.

UC Santa Barbara. "History of Persian Language". Persian Languages and Literature at UCSB, 2017, https://persian.religion.ucsb.edu/home/history-of-persian/.

U*X*L Encyclopedia of World Mythology. "Persian Mythology". Encyclopedia.com, 2023, https://www.encyclopedia.com/history/encyclopedias-almanacs-transcripts-and-maps/persian-mythology.

Walvoord, John F. "6. The Medes and The Persians". Bible.org, 1 de enero de 2008, https://bible.org/seriespage/6-medes-and-persians.

Wasson, Donald L., and Ruth Sheppard. "Battle of the Granicus". World History Encyclopedia, 20 de diciembre de 2011, https://www.worldhistory.org/Battle_of_the_Granicus/.

Waterfield, Robin. "Darius the Great Conquers the Indus Valley". WikiSummaries, 11 de noviembre de 2022, https://wikisummaries.org/darius-the-great-conquers-the-indus-valley/.

Waters, Matt, and Simeon Netchev. "Cyrus the Great's Conquests". World History Encyclopedia, 15 de agosto de 2022, https://www.worldhistory.org/article/2022/cyrus-the-greats-conquests/.

Waters, Matt, and Simeon Netchev. "Cyrus the Great's Conquests". World History Encyclopedia, 15 de agosto de 2022, https://www.worldhistory.org/article/2022/cyrus-the-greats-conquests/.

Wijnsma, Uzume Z. "And in the fourth year Egypt rebelled..." The Chronology of and Sources for Egypt's Second Revolt (ca. 487–484 BC". Journal of Ancient History, vol. 7, no. 1, 2016, pp. 32-61. https://doi.org/10.1515/jah-2018-0023.

World History Edu. "Cambyses II of Persia: History, Reign, Accomplishments, & Legacy". World History Edu, 15 de noviembre de 2022, https://www.worldhistoryedu.com/cambyses-ii-of-persia-history-reign-accomplishments-legacy/.

World History Encyclopedia. "Persia Timeline". World History Encyclopedia, 2021, https://www.worldhistory.org/timeline/Persia/.

World History Encyclopedia. "Xerxes I Timeline". World History Encyclopedia, 2021, https://www.worldhistory.org/timeline/Xerxes_I/.

Young, T. C., and A. D.H. Bivar. "Ancient Iran | History, Map, Cities, Religion, Art, Language, & Facts". Encyclopedia Britannica, 2022, https://www.britannica.com/place/ancient-Iran.

Young, Jr, T. C. The Cambridge Ancient History. vol. 4, Cambridge University Press, 1988, https://doi.org/10.1017/CHOL9780521228046.002.

The Project Gutenberg eBook of Cyrus the Great, Makers Of History, by Jacob Abbott.

"Who was Cyrus the Great? - Culture". 06 de mayo de 2019, https://www.nationalgeographic.com/culture/article/cyrus-the-great.

"Cyrus the Great | Biography & Facts | Britannica". 20 de octubre de 2022, https://www.britannica.com/biography/Cyrus-the-Great.

"Cyrus the Great — M. Rahim Shayegan | Harvard University Press". 02 de abril de 2019, https://www.hup.harvard.edu/catalog.php?isbn=9780674987388.

"Cyrus The Great".

"HOME | Cyrus the Great". https://www.cyrusthegreatstory.com/.

"History of Iran: Cyropaedia of Xenophon; The Life of Cyrus the Great". 19 de octubre de 2022, https://www.iranchamber.com/history/xenophon/cyropaedia_xenophon_book1.php.

"Xenophon's Cyrus the Great: the arts of leadership and war". 25 de enero de 2022, https://archive.org/details/xenophonscyrusgr0000xeno.

"Leadership and 'The Art of War' - Ivey Business School". 03 de marzo de 2022, https://www.ivey.uwo.ca/leadership/for-leaders/leadership-blogs/2022/03/leadership-and-the-art-of-war/.

"CYRUS ACCORDING TO HERODOTUS – Encyclopedia Iranica". 15 de diciembre de 2003, https://www.iranicaonline.org/articles/herodotus-iv.

"Herodotus on Cyrus' capture of Babylon - Livius". https://www.livius.org/sources/content/herodotus/cyrus-takes-babylon/.

"Herodotus and Xenophon. - Bible Hub". https://biblehub.com/library/abbott/cyrus_the_great/chapter_i_herodotus_and_xenophon.htm.

"Histories | Book 1, The Rise of Cyrus the Great | Summary". https://www.coursehero.com/lit/Histories/book-1-the-rise-of-cyrus-the-great-summary/.

"HERODOTUS BOOK 1: CYRUS THE GREAT AND RISE OF PERSIA". http://www.christophergennari.com/uploads/2/3/9/9/2399857/herodotus_on_early_cyrus.pdf.

"Herodotus, bk 1, logos 2 - Livius". https://www.livius.org/sources/about/herodotus/herodotos-bk-1-logos-2/.

"Herodotus (5) - Livius". 16 de abril de 2020, https://www.livius.org/articles/person/herodotus/herodotus-5/.

"THE EKTHESIS OF CYRUS THE GREAT: A CASE STUDY OF HEROICITY VERSUS". 27 De febrero de 2017, https://www.cambridge.org/core/journals/cambridge-classical-journal/article/ekthesis-of-cyrus-the-great-a-case-study-of-heroicity-versus-bastardy-in-classical-athens/9809094BB9FAC1DC67F7CB32C3D02890.

"Cyrus the Great - Livius". 12 de octubre de 2020, https://www.livius.org/articles/person/cyrus-the-great/.

"Herodotus: The defeat of the Persians under Cyrus the Great by Queen". https://www.cais-soas.com/CAIS/History/hakhamaneshian/herod_tomyr.htm.

"Cyrus the Great's Accomplishments & Major Achievements - Totally History". https://totallyhistory.com/cyrus-the-greats-accomplishments/.

"CYROPAEDIA – Encyclopedia Iranica". https://iranicaonline.org/articles/cyropaedia-gr.

Cyrus the Great and Religious Tolerance, https://tolerance.tavaana.org/en/content/cyrus-great-and-religious-tolerance.

"Cyropaedia | work by Xenophon | Britannica". https://www.britannica.com/topic/Cyropaedia.

"Cyropaedia, by Xenophon - Project Gutenberg". 18 de julio de 2009, https://gutenberg.org/files/2085/2085-h/2085-h.htm.

"Cyropaedia: Xenophon: Free Download, Borrow, and Streaming: Internet". https://archive.org/details/cyropaediavolum00millgoog.

"Cyropaedia (The Education of Cyrus) Background | GradeSaver".
https://www.gradesaver.com/cyropaedia-the-education-of-cyrus.

"Cyrus' Paradise | The World's First Online Collaborative Commentary".
http://cyropaedia.online/.

"Cyropaedia Summary - eNotes.com". 06 de mayo de 2015,
https://www.enotes.com/topics/cyropaedia.

"Achaemenid Empire - Wikipedia".
https://en.wikipedia.org/wiki/Achaemenid_Empire.

"Achaemenid Empire Timeline - World History Encyclopedia".
https://www.worldhistory.org/timeline/Achaemenid_Empire/.

"The Achaemenid Empire | World Civilization - Lumen Learning".
https://courses.lumenlearning.com/suny-hccc-worldcivilization/chapter/the-achaemenid-empire/.

"History of Iran: Achaemenid Empire - Iran Chamber".
https://www.iranchamber.com/history/achaemenids/achaemenids.php."The
Achaemenid Persian Empire (550–330 B.C.) - The Met's Heilbrunn".
https://www.metmuseum.org/toah/hd/acha/hd_acha.htm.

"Achaemenid Empire - World History Maps".
https://www.worldhistorymaps.info/civilizations/achaemenid-empire/.

"Persian Empire | History of the Achaemenid Persian Empire".
https://persianempire.org/.

"Achaemenid Empire | Ancient Persia Wiki | Fandom".
https://ancientpersia.fandom.com/wiki/Achaemenid_Empire.

"Persian Empire | National Geographic Society". 20 de mayo de 2022,
https://education.nationalgeographic.org/resource/persian-empire/.

"The Culture, People & Daily Life of Ancient Persia - Study.com". 13 De marzo
de 2022, https://study.com/learn/lesson/ancient-persia-clothing-people-daily-life.html.

"Ancient Persian Culture - World History Encyclopedia". 27 de noviembre de
2019, https://www.worldhistory.org/Ancient_Persian_Culture/.

"Ancient Persia - World History Encyclopedia". 12 de noviembre de 2019,
https://www.worldhistory.org/Persia/.

"Persian Empire - HISTORY". 25 de enero de 2018,
https://www.history.com/topics/ancient-middle-east/persian-empire.

"Ancient Persia: 12 Major Events - World History Edu". 02 de noviembre de
2021, https://www.worldhistoryedu.com/ancient-persia-12-major-events/.

"Who were the ancient Persians? | Live Science". 02 de marzo de 2022,
https://www.livescience.com/who-were-the-persians.

"Ancient Persia: The Achaemenid Empire to the History of Iran". 02 de febrero de 2019, https://historycooperative.org/history-of-iran/.

"42 Astounding Facts About Life in Ancient Persia - Factinate". https://www.factinate.com/things/42-astounding-facts-life-ancient-persia/.

"Persians - Wikipedia". https://en.wikipedia.org/wiki/Persians.

"Persia: Ancient Iran and the Classical World - Getty Museum". https://www.getty.edu/art/exhibitions/persia/explore.html.

"Persian Empire | National Geographic Society". 20 de mayo de 2022, https://www.nationalgeographic.org/encyclopedia/persian-empire/.

"Ancient Iran | History, Map, Cities, Religion, Art, Language, & Facts". https://www.britannica.com/place/ancient-Iran.

"Ancient Persia - ancient.com". https://ancient.com/category/articles/ancient-countries/ancient-persia/.

"Satrap - Wikipedia". https://en.wikipedia.org/wiki/Satrap.

"Satrap Definition & Meaning - Merriam-Webster". https://www.merriam-webster.com/dictionary/satrap.

"satrap | Persian provincial governor | Britannica". https://www.britannica.com/topic/satrap.

"Satrap - Encyclopedia of The Bible - Bible Gateway". https://www.biblegateway.com/resources/encyclopedia-of-the-bible/Satrap.

"Satrap | Encyclopedia.com". https://www.encyclopedia.com/history/asia-and-africa/ancient-history-middle-east/satrap.

"Who were the satraps in the book of Daniel? | GotQuestions.org". 04 de enero de 2022, https://www.gotquestions.org/satraps-Daniel.html.

"Satrap — Watchtower ONLINE LIBRARY - JW.ORG". https://wol.jw.org/en/wol/d/r1/lp-e/1200003846.

"Twelve Great Women of Ancient Persia - World History Encyclopedia". 31 de enero de 2020, https://www.worldhistory.org/article/1493/twelve-great-women-of-ancient-persia/.

"Women in Ancient Persia - World History Encyclopedia". 30 de enero de 2020, https://www.worldhistory.org/article/1492/women-in-ancient-persia/.

"Women in Ancient Persia - World History Encyclopedia". 30 de enero de 2020, https://www.worldhistory.org/article/1492/women-in-ancient-persia/.

"Women Warriors: The Ancient Female Fighters That Ruled Persia". 04 de agosto de 2020, https://historythings.com/women-warriors-ancient-female-fighters-ruled-persia/.

"What Life Was Like for Women in Ancient Persia - Grunge.com". 19 de julio de 2020, https://www.grunge.com/227986/what-life-was-like-for-women-in-ancient-persia/.

"Women in Ancient Persia - Brewminate: A Bold Blend of News and Ideas". 02 de febrero de 2020, https://brewminate.com/women-in-ancient-persia/.

"PERSIA WOMEN WARRIORS - ROOTSHUNT". https://rootshunt.com/aryans/bharatpersiawomenwarriors/persiawomenwarriors/persiawomenwarriors.htm.

"Warrior Women of the Ancient World - ThoughtCo". 11 de julio de 2019, https://www.thoughtco.com/ancient-women-warriors-121482.

"MASSAGETAE – Encyclopedia Iranica". https://www.iranicaonline.org/articles/massagetae.

"Massagetae Tribe And Its Queen Tomyris". 18 de noviembre de 2019, https://www.ancientpages.com/2019/11/18/massagetae-warlike-and-brave-nomadic-tribe-of-central-asia/.

"The Massagetae (Tomyris) - Civilization V Customisation Wiki". 27 de febrero de 2015, https://civilization-v-customisation.fandom.com/wiki/The_Massagetae_(Tomyris).

"Tomyris: The cut-throat warrior queen of Massagetae".

"Massagetae — Google Arts & Culture".

"Achaemenid Persian Empire | Massagetae - Arcadian Venture LLC". https://persianempire.org/cultures/massagetae.

"Massagetes - Livius". https://www.livius.org/articles/people/massagetes/.

The Legend of Tomiris (2019). Movie.

"Tomyris, The Female Warrior and Ruler Who May Have Killed Cyrus the Great". 26 de febrero de 2016, https://www.ancient-origins.net/history-famous-people/tomyris-female-warrior-and-ruler-who-may-have-killed-cyrus-great-005423.

"Tomyris - Wikipedia". https://en.wikipedia.org/wiki/Tomyris.

"Civilization VI: Leader Spotlight - Tomyris - YouTube". https://www.youtube.com/watch?v=zCGNMBi0O3c.

"Cyrus the Great and Persian control of the Middle East". 16 de enero de 2020, https://www.deseret.com/2020/1/16/21065608/daniel-peterson-cyrus-the-great-and-persian-control-of-the-middle-east.

"Cyrus the Great Day: Between Iranian and Islamic Identities". 28 de noviembre de 2017, https://dayan.org/content/cyrus-great-day-between-iranian-and-islamic-identities.

"Cyrus the Great Captures Babylon | History on This Day". 16 de diciembre de 2019, https://historyonthisday.com/events/middle-east/cyrus-the-great-captures-babylon/.

"Iranians arrested after celebrating ancient Persian king Cyrus the Great". 31 de octubre de 2016, https://www.jpost.com/Middle-East/Iranians-arrested-after-celebrating-ancient-Persian-king-Cyrus-the-Great-471309.

"Pasargadae - Wikipedia". https://en.wikipedia.org/wiki/Pasargadae"

Darius the Great - Wikipedia". https://en.wikipedia.org/wiki/Darius_the_Great.

"Darius the Great - Wikipedia". https://en.wikipedia.org/wiki/Darius_the_Great.

"Darius I of Persia – Amazing Bible Timeline with World History". 25 de noviembre de 2012, https://amazingbibletimeline.com/blog/darius-i-of-persia/.

org/wiki/Pasargadae.

"Pasargadae - UNESCO World Heritage Centre". https://whc.unesco.org/en/list/1106.

"PASARGADAE – Encyclopedia Iranica". https://www.iranicaonline.org/articles/pasargadae.

"Pasargadae | ancient city, Iran | Britannica". https://www.britannica.com/place/Pasargadae-ancient-city-Iran.

"Pasargadae - History and Facts | History Hit". 18 de junio de 2021, https://www.historyhit.com/locations/pasargadae/.

"Home [https://www.pasargadae.info/fa/]". https://www.pasargadae.info/en/.

"Pasargadae - Amazing Facts, History, Site Map - Iran Safar". 13 de noviembre de 2021, https://www.iransafar.co/pasargadae-ultimate-guide/.

"Pasargadae - BiblePlaces.com". https://www.bibleplaces.com/pasargadae/.

"Darius (c.-550 - -486) - Genealogy - geni family tree". 18 de junio de 2004, https://www.geni.com/people/Darius-I-the-Great-King-of-Persia/6000000006131567298.

"Pasargadae - World Archaeology". 20 Sept. 2019, https://www.world-archaeology.com/features/pasargadae/.

"Pasargadae | Visit Iran". https://www.visitiran.ir/attraction/pasargadae.

"Pasargadae - UNESCO World Heritage Site | Iran Destination | Iran Tour". https://www.irandestination.com/pasargadae/.

"Pasargadae, Fars Province | Ultimate Guide | Photos - Iran Tourismer". 01 de mayo de 2019, https://irantourismer.com/pasargadae-tomb-of-cyrus/.

"Pasargadae | The Tomb of Cyrus, the Great | Shiraz Attraction - Apochi". https://apochi.com/attractions/shiraz/pasargadae/.

"Pasargadae – Welcome to Iran". https://welcometoiran.com/pasargadae/.

"Cyrus Cylinder - Livius". 12 De octubre de 2020, https://www.livius.org/sources/content/cyrus-cylinder/.

"Cyrus Cylinder - Wikipedia". https://en.wikipedia.org/wiki/Cyrus_Cylinder.

"The Cyrus Cylinder - World History Encyclopedia". 18 de enero de 2012, https://www.worldhistory.org/article/166/the-cyrus-cylinder/.

"10 Facts About the Cyrus Cylinder | Asia Society". https://asiasociety.org/northern-california/10-facts-about-cyrus-cylinder.

"What is the Cyrus Cylinder and why does it matter? – BibleMesh". 26 de julio de 2019, https://biblemesh.com/blog/what-is-the-cyrus-cylinder-and-why-does-it-matter/.

"What is the Cyrus Cylinder? - CYRUS CYLINDER FOR PEACE & HUMAN RIGHTS". 20 De abril de 2021, https://cyruscylinderforpeace.org/what-is-the-cyrus-cylinder/.

"CYRUS CYLINDER FOR PEACE & HUMAN RIGHTS". https://cyruscylinderforpeace.org/.

"Cyrus Cylinder - Bible History". https://bible-history.com/archaeology/cyrus-cylinder.

"cylinder | British Museum". https://www.britishmuseum.org/collection/object/W_1880-0617-1941.

"The Cyrus Cylinder - Tyndale House". https://academic.tyndalehouse.com/explore/articles/the-cyrus-cylinder/.

"The Cyrus Cylinder - Tyndale House". https://tyndalehouse.com/explore/articles/the-cyrus-cylinder/.

"History of Iran: Cyrus the Great - Iran Chamber". https://www.iranchamber.com/history/cyrus/cyrus.php.

"History of Iran: The Cyrus the Great Cylinder - Iran Chamber". 22 de octubre de 2022, https://www.iranchamber.com/history/cyrus/cyrus_charter.php.

"History of Iran: Cyropaedia of Xenophon, The Life of Cyrus the Great". https://mail.iranchamber.com/history/xenophon/cyropaedia_xenophon_book2.php.

"Cyrus the Great - The History Files". https://www.historyfiles.co.uk/FeaturesMiddEast/EasternPersiaKings.htm.

"The Importance of Cyrus the Great in Iranian History - Destination Iran". 04 de marzo de 2015, https://www.destinationiran.com/importance-of-cyrus-the-great-in-iranian-history.htm.

"History of Iran: Cyrus the Great: The decree of return for the Jews". https://www.iranchamber.com/history/cyrus/cyrus_decree_jews.php.

"Iran Regime's Panic and Fear From the Ceremony of Cyrus the Great". 28 de octubre de 2017, https://www.ncr-iran.org/en/news/society/iran-regime-s-panic-and-fear-from-the-ceremony-of-cyrus-the-great/.

"The Persian Empire: Culture and Society | TimeMaps". https://www.timemaps.com/encyclopedia/persian-empire-culture-society/.

"Persepolis - Wikipedia". https://en.wikipedia.org/wiki/Persepolis.

"Persepolis - UNESCO World Heritage Centre". https://whc.unesco.org/en/list/114.

"PERSEPOLIS – Encyclopedia Iranica".
https://www.iranicaonline.org/articles/persepolis.

"The Conquest of Babylon. - Bible Hub".
https://biblehub.com/library/abbott/cyrus_the_great/chapter_viii_the_conquest_o
f.htm.

"Fall of Babylon - Wikipedia". https://en.wikipedia.org/wiki/Fall_of_Babylon.

"How Cyrus Conquered Babylon: God's Kingdom Ministries". 01 de junio de
2015, https://godskingdom.org/studies/ffi-newsletter/2015/how-cyrus-conquered-
babylon.

"Babylonian captivity - Wikipedia".
https://en.wikipedia.org/wiki/Babylonian_captivity.

"History of Babylon in the Bible - Learn Religions". 04 de diciembre de. 2019,
https://www.learnreligions.com/history-of-babylon-3867031.

"The Bible Journey | Assyria is conquered by the Babylonians". 26 de julio de
2015, https://www.thebiblejourney.org/biblejourney2/33-judah-after-the-fall-of-
israel/assyria-is-conquered-by-the-babylonians/.

"Babylonia and the Conquest of Judah". 13 de abril de 2021,
https://www.churchofjesuschrist.org/study/manual/old-testament-student-manual-
kings-malachi/enrichment-g?lang=eng.

"Nabonidus - Wikipedia". https://en.wikipedia.org/wiki/Nabonidus.

"Archaeologists Find Inscribed Stone Honoring Babylonian King Nabonidus". 22
de julio de 2021, https://www.ancient-origins.net/news-history-
archaeology/nabonidus-0015607.

"The Last King of Babylon - Archaeology Magazine".
https://www.archaeology.org/issues/458-2203/features/10334-babylon-nabonidus-
last-king.

"NABONIDUS, BELSHAZZAR, AND THE BOOK OF DANIEL: AN
UPDATE". https://www.biblia.work/sermons/nabonidusbelshazzar-and-the-book-
of-daniel-an-update/.

"The Babylonian King Nabonidus - World History Encyclopedia". 22 de marzo
de 2018, https://www.worldhistory.org/image/8412/the-babylonian-king-
nabonidus/.

"Nabonidus Cylinder, Text | Mesopotamian Gods & Kings". 01 de mayo de
2018, http://www.mesopotamiangods.com/nabonidus-cylinder-text/.

"Cambyses II | king of Persia | Britannica".
https://www.britannica.com/biography/Cambyses-II.

"Cambyses II - Wikipedia". https://en.wikipedia.org/wiki/Cambyses_II.

"Cambyses - Encyclopedia of The Bible - Bible Gateway".
https://www.biblegateway.com/resources/encyclopedia-of-the-bible/Cambyses.

"The Story of the Lost Army of Cambyses - Jay Penner". 21 de octubre de 2019, https://www.jaypenner.com/blog/the-story-of-the-lost-army-of-cambyses.

"Lost Army of Cambyses - Wikipedia". https://en.wikipedia.org/wiki/Lost_Army_of_Cambyses.

"Mysterious Death Of Cambyses II - Ancient Pages". 21 de abril de 2021, https://www.ancientpages.com/2021/04/21/mysterious-death-of-cambyses-ii-natural-suicide-or-assassination-by-darius-i-the-great/.

"Cambyses II - Livius". https://www.livius.org/articles/person/cambyses-ii/.

"CAMBYSES – Encyclopedia Iranica". 15 de diciembre de 1990, https://www.iranicaonline.org/articles/cambyses-opers.

"Persian Emperors List & Timeline | Cyrus, Cambyses II & Darius - Study.com". 11 de abril de 2022, https://study.com/academy/lesson/kings-of-the-persian-empire-cyrus-cambyses-ii-darius-i.html.

"Ezra on Cyrus - Livius". https://www.livius.org/sources/content/bible/ezra-on-cyrus/.

"Ezra 1 NIV - Cyrus Helps the Exiles to Return - Bible Gateway". https://www.biblegateway.com/passage/?search=Ezra%201&version=NIV.

"Ezra 1:1-11 – Cyrus's Decree - Enter the Bible". https://enterthebible.org/passage/ezra-11-11-cyruss-decree.

"Ezra in the Bible - Who Was He and What Did He Do - Crosswalk.com". 21 de septiembre de 2021, https://www.crosswalk.com/faith/bible-study/important-things-we-can-learn-from-the-book-of-ezra.html.

"Ezra 1 - In the first year of Cyrus king of Persia...". https://www.esv.org/Ezra+1/.

"Enduring Word Bible Commentary Ezra Chapter 1". https://enduringword.com/bible-commentary/ezra-1/.

"Daniel and King Cyrus - Biblical Hermeneutics Stack Exchange". 30 de septiembre de 2021, https://hermeneutics.stackexchange.com/questions/69453/daniel-and-king-cyrus.

"Who was Cyrus in the Bible? | GotQuestions.org". 04 de enero de 2022, https://www.gotquestions.org/Cyrus-Bible.html.

"Daniel (biblical figure) - Wikipedia". https://en.wikipedia.org/wiki/Daniel_(biblical_figure).

"Daniel 10:1 In the third year of Cyrus king of Persia...". https://biblehub.com/daniel/10-1.htm.

"Daniel and Darius – Israel My Glory". https://israelmyglory.org/article/daniel-and-darius/.

"Daniel and Cyrus Before the Idol Bel - Google Arts & Culture". https://artsandculture.google.com/asset/daniel-and-cyrus-before-the-idol-bel-rembrandt-harmensz-van-rijn/bQEZf5tgp8ZerQ?hl=en.

www.ingramcontent.com/pod-product-compliance
Lightning Source LLC
Chambersburg PA
CBHW072341090426
42741CB00012B/2872